专家书评

"《非凡敏捷》是一本精彩的、可读性很好并且非常重要的书。相比之下，几乎所有其他关于变革、领导力和商业的书籍，都因片面、不完整或者缺乏包容等问题，或多或少存在着种种不足。而这恰恰就是这本《非凡敏捷》通过采用整合元理论（Integral metatheory）所致力于解决的问题，而整合元理论旨在构建一个尽可能完整、全面的系统框架。《非凡敏捷》是一本竭尽所能体现包容的书，这也是它为什么如此重要。因此，如果你正在进行敏捷转型，我强烈建议你停用以前那些使自己深陷泥潭而濒临崩溃的碎片化的、割裂的方法，向前迈出一步，选择《非凡敏捷》所倡导的全面、完备的方法。"

——肯·威尔伯，《全观的视野》作者

"《非凡敏捷》这本书对敏捷转型的问题直言不讳，非常直接，没有回避或淡化其中的困难或不愉快之处。从第一页到最后一页，《非凡敏捷》的敏捷转型操作系统传达了一个简单而核心的真理——改变一个组织依赖于你自己是否能够转变。否则，敏捷组织的转型就不会成功。这本书中有很多内容可以帮助你了解如何才能成功地实施敏捷转型，但如果你不能身体力行并亲自领导变革，一切都将是白费功夫，终会一事无成。你就是一艘扬帆远航的大船，除非你身体力行地进行转变，否则什么都不会改变。如果你真的想要成功实现敏捷转型，请阅读《非凡敏捷》这本书。"

——鲍伯·安德森，全景领导力主席

"人们在拓宽视野的同时保持专注而敏锐是很困难的事情，而这正是米歇尔和迈克尔在这本论述领导敏捷转型的书中所要努力促成的事情。他们以简洁有力的方式为转型领导者提供了有用的、直观的工具和基本建议。那他们是如何做到的呢？嗯，一方面，与许多前辈所不同的是，他们没有将传统观点和受敏捷启发的管理观点定位为相互矛盾而争斗不断，他们证明了这些观点是如何同等重要，并且是单一统一框架的互补特征。同样重要的是，他们知道哪些必不可少，哪些需要简化，哪些可以忽略，而这些知识只能从几十年的经验中提炼而来。"

——查理·拉德，埃森哲子公司 SolutionslQ，主席兼 CEO

"对于任何刚开始踏上敏捷转型之旅或正处于敏捷转型之中的领导者来说，这是一本必读的书。米歇尔·马多和迈克尔·K·斯派德的整合敏捷转型方法为组织提供了关于如何克服以流程为中心的转型陷阱的深刻见解，这些陷阱在很多组织里司空见惯。他们做得非常出色，将领导转型中许多看似模糊不清的地方变得清晰、相关且可操作。"

——香农·伊万，lCAgile 总经理

"米歇尔和迈克尔写了一本关于组织转型变革的好书，将他们在敏捷转型方面的深厚知识和丰富经验融合在一起，完整呈现出来。这本书让我知道并开始理解转型这个未知的疆域，如此说来，我现在也有了一种指南针。与此同时，这本书深深触动了我，使我踏上探索这个未知疆域的发现之旅，开启个人发展的新篇章。"

——兹沃尼米尔·杜尔切维奇，企业敏捷教练

非凡敏捷

整合敏捷转型框架原理、实践及五项修炼

[美] 迈克尔·K.斯佩德　　米歇尔·马多　　著
　（Michael K.Spayd）　（Michele Madore）

李月萍　吴舜贤　译

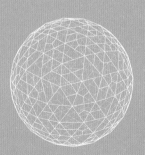

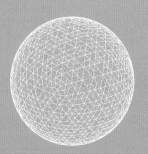

清华大学出版社
北京

内容简介

本书基于经过验证的整合敏捷转型框架（IATF，Integral Agile Transformation Framework），提供了全新的视角和整合系统方法，力求从操作的层面来引导个人和组织实现全面敏捷，帮助读者使用 IATF 将主观认知与客观量化数据结合起来。许多客户组织的实践经验证明，基于整合理论的敏捷转型框架可以帮助领导者顺利实现转型，引领组织最终实现真正意义上的进化和敏捷。

本书适合有责任心的个人、团队和领导者阅读和参考，是帮助他们升维并顺利走向持续成功的指南。

北京市版权局著作权合同登记号 图字号：01-2022-0486

Authorized translation from the English language edition, entitled Agile Transformation: Using the Integral Agile Transformation Framework to Think and Lead Differently1e by Michael K.Spayd and Michele Madore, published by Pearson Education, Inc, Copyright © 2021 Pearson Education, Inc.

All rights reserved. No part of this book may be reproduced or transmitted in any form or by any means, electronic or mechanical, including photocopying, recording or by any information storage retrieval system, without permission from Pearson Education, Inc.

CHINESE SIMPLIFIED language edition published by TSINGHUA UNIVERSITY PRESS LIMITED. Copyright © 2024.

This edition is authorized for sale and distribution in the People's Republic of China(excluding Hong Kong SAR, Macao SAR and Taiwan).

本书简体中文版由 Pearson Education 授予清华大学出版社在中华人民共和国境内（不包括香港特别行政区、澳门特别行政区和台湾地区）销售和发行。未经出版者许可，不得以任何方式复制或传播本书的任何部分。

本书封面贴有 Pearson Education 防伪标签，无标签者不得销售。

版权所有，侵权必究。举报：010-62782989，beiqinquan@tup.tsinghua.edu.cn。

图书在版编目（CIP）数据

非凡敏捷：整合敏捷转型框架原理、实践及五项修炼/(美)迈克尔·K.斯佩德（Michael K.Spayd），米歇尔·马多（Michele Madore）著；李月萍，吴舜贤译 .-- 北京：清华大学出版社，2024.6

书名原文：Agile Transformation: Using the Integral Agile Transformation Framework to Think and Lead Differently

ISBN 978-7-302-62606-0

Ⅰ.①非… Ⅱ.①迈…②米…③李…④吴… Ⅲ.①企业管理—研究 Ⅳ.① F272

中国国家版本馆 CIP 数据核字（2023）第 035716 号

责任编辑：文开琪
封面设计：李　坤
责任校对：方欣然
责任印制：杨　艳

出版发行：清华大学出版社
　　　　　网　　　址：https://www.tup.com.cn，https://www.wqxuetang.com
　　　　　地　　　址：北京清华大学学研大厦 A 座　　　　邮　　编：100084
　　　　　社 总 机：010-83470000　　　　　　　　　邮　　购：010-62786544
　　　　　投稿与读者服务：010-62776969，c-service@tup.tsinghua.edu.cn
　　　　　质量反馈：010-62772015，zhiliang@tup.tsinghua.edu.cn
印 装 者：涿州汇美亿浓印刷有限公司
经　　销：全国新华书店
开　　本：178mm×230mm　　　　印　　张：22.25　　　字　　数：433 千字
　　　　　（附赠全彩不干胶手册）
版　　次：2024 年 8 月第 1 版　　　印　　次：2024 年 8 月第 1 次印刷
定　　价：128.00 元

产品编号：092507-01

寄语中国读者

亲爱的读者，欣然获悉《非凡敏捷》中文版即将出版，值此特别向中国读者致以亲切的问候和由衷的敬意。我们因你选择这本书而向你致以热情的问候，也为你鼓足勇气通过这本书踏上变革之旅而向你致以敬意。

在这个"变化是唯一永恒主题"的时代，适应和创新的能力对于任何追求成功的组织都至关重要。《非凡敏捷：整合敏捷转型框架原理、实践及五项修炼》这本书在如此关键的时刻出现，为你提供了一个全面指南，帮助组织在当今复杂的商业环境中以敏捷力和远见扬帆远航。

全球化日益加剧，世界风云变化莫测，一些国家和地区遭遇经济难境，各行各业面临前所未有的挑战，颠覆无处不在，传统的管理和领导方法越来越显得力不从心。面对这种状况，《非凡敏捷》为你展示的整合敏捷转型框架（IATF）不仅仅是另一种方法论，更是一种全面综合的方法，整合多重视角和学科，为领导任何组织的变革提供了坚实的基础。

《非凡敏捷》的特色在于强调不同的思维方式。整合敏捷转型框架挑战传统智慧，鼓励读者拥抱持续学习和适应性的思维方式。通过将敏捷方法论、系统思维和整合理论的原则融合在一起，呈现了一个独特的框架，应对组织变革的多维属性。这种整合性方法确保组织的敏捷转型是可持续的，并与组织更广泛的目标和价值观一致。

敏捷转型背景下对领导力的要求不仅仅是技术知识，还需要情商、文化意识和对人类动态的深刻理解。《非凡敏捷》深入探讨了这些关键要素，提供了培育敏捷性和韧性文化的实用见解和策略。实际案例和示例为你提供了如何在各种行业和组织背景中应用 IATF 的具体感觉。

此外，我们还强调了包容性和协作在推动成功变革中的重要性。通过打破信息壁垒，促进跨职能团队合作，组织可以充分利用成员的集体智慧和创造力。《非凡敏捷》提供了关于如何营造这种氛围的实用指导，确保每个声音都被倾听和重视。

《非凡敏捷》对于致力于推动组织中有意义和持久变革的领导者、管理者和变革倡导者而言是一本宝贵的资源。无论你是在敏捷之旅的开始阶段还是希望加深你的理解和实践，本书都提供了丰富的知识和有益的启发。

当你踏上这段变革之旅时，请记住，敏捷不仅仅关乎流程和工具；它关乎人们及其在快速变化的世界中适应、创新和茁壮生长的能力。《非凡敏捷》呈现的见解和框架将使你具备领导自信，并使你装备上现代商业环境复杂性所需的技能和思维方式。

那么，你是否已准备好，要彻底改变组织在变革旅程中的导航方式并推动成功了呢？作为《非凡敏捷》的作者，我们很高兴在《非凡敏捷》中与你分享我们在迅速发展的世界中实现可持续敏捷性的方法。值得特别强调的是，书中深入探讨的整合敏捷转型框架（IATF）是一种超越传统方法论的突破性方法。通过整合敏捷方法论、系统思维和整合理论的原则，IATF 提供了一个全面而多样化的框架，旨在满足当今商业环境中的独特挑战。

它主要包括下面几个亮点。

1. **方法全面**：IATF 不仅仅是敏捷工具包中的另一个工具。它是一个综合框架，整合了不同的视角，确保组织的每个方面都能目标一致，准备好随时敏捷应对。

2. **心智模式转变**：在敏捷转型中取得成功不仅仅需要新的流程，还要求对心智模式进行根本性转变。IATF 指导你走向采用面向持续学习、适应性和创新的心智模式之旅。

3. **领导力洞察**：有效的转型始于组织高层。IATF 提供了可行的策略，帮助领导者培养情商、文化意识和对人类动态的深刻理解，掌握如何在团队内培养敏捷和韧性文化。

4. **知行合一**：理论与实践相结合，努力做到知行合一，我们展示了来自不同行业的实际案例和应用示例。你可以了解 IATF 如何跨越各种组织背景进行实践应用，推动有意义且持久的变革。

5. **包容性和协作**：打破信息壁垒，充分利用你组织的集体智慧。IATF 帮你探索如何创造出一个每个声音都能被听到和被重视的环境，从而为你带来更大的创新和成功。

整合敏捷转型框架将使你获得如下收益。

- **可持续的转型**：实现与你组织目标和价值观一致的持久变革。

- **更强的敏捷性**：通过持续改进的框架，迅速适应市场变化，应对新出现的挑战。

- **授权式领导力**：具备在复杂、动态环境中有效领导所需的技能和思维方式。

- **提升协作能力**：营造一个团队合作和包容性文化，推动创新和集体解决问题。

《非凡敏捷》不只是一本指南，它还是你在成为真正敏捷组织的旅程中的良师益友。无论你是刚刚起步还是希望加深你的敏捷实践，这本书都提供了你需要的洞察和工具，让你个人和组织蓬勃发展。我们诚恳邀请你探索本书中包含的丰富见解和实用智慧，并拥抱整合敏捷转型框架所带来的变革潜力。让本书成为向导，在持续学习和改进的旅程中，和你一起引领组织走向更敏捷、更有韧性和更成功的未来。

加入我们一起拥抱 IATF 的变革潜力吧。让我们以不同的方式进行思考，以全新的面貌展现新的领导力，共同创造一个充满韧性和成功的未来。

致以诚挚的问候和由衷的敬意！

——米歇尔·马多（Michele Madore）

《非凡敏捷：整合敏捷转型框架原理、实践及五项修炼》合著者

译者序一

三年前与本书结缘，从我当时所处的生命节点来看，可以说是一个福报。因为这不只是一本讲敏捷转型的书，还涉及了许多关于生命、灵魂及意识等我以往不曾认真思考的话题。彼时，新冠疫情笼罩着全世界，来自外界的这个突如其来的漫长挑战让我不得不慢下脚步，开始进行更深入的自我探索。正是在这样的契机下，结缘了本书。

为了启动本书的翻译，我开始研究肯·威尔伯的整合理论，全面审视过去十几年间在企业敏捷转型过程中所经历的点点滴滴。

我从本书中找到许多共鸣，令我印象最深的尤其是下面三点。

第一，打破疆界，回归整体。

我们都带着根深蒂固的非黑即白的二分观，生活在这个三维世界中。这种与生俱来的无明让我们在看待事物时，往往带有强烈的"我执"。无论是面对问题，还是与人交往，都是从个人的视角出发。因此，"只见树木，不见森林"的情况常有发生，这也正是我们在生活和工作中频繁遭遇卡点的关键原因。

然而，单从一个点去悟，总是极难的。一个对我们有帮助的方法是总有一个宏观的、完整的地图浮现在我们眼前，让我们站在一个全观的视角看待周遭的一切。而这份地图不仅有脉络，还极具包容性，能够帮助我们打开胸襟，看到世界上那么多流派和观点都不过是整幅地图上暂时处在某个位置或层面的点。如此众多的点彼此不矛盾，它们都是我们用来解决人生问题或组织问题的工具。万法归一，任何理论或方法都是我们通往彼岸之船，我们都走在探索生命和寻求组织发展的道上。

有了这样一份地图，我们就不会迷失自我。我们可以更加清醒、明智地借助于导航，从生命和组织的整体来着眼，从多维度、多角度来着手。在这样一个全观的视角下，我们不会剑走偏锋，顾此失彼。

"为学日益，为道日损"，敏捷的理论是学不完的，总会涌现出新的模型或新的认证。我们无法把所有的知识都掌握，我们需要一个"常"来应对所有的"变"。而这个整体的、多元的、全观的框架便是"常"。只要我们的心是开放的，我们就会理解，任何的敏捷流派或方法都没有对错或高下之分，只有适合不适合；也没有绝对的黑与白，只有像光谱一般的多彩渐变；我们遇到的问题也常常不是单点的问题，而是诸多因素缠杂而成。

因此，我们在解决问题时，就要充分打开思路，不能仅在一个点上着力。我们需要全方位打通，这也正是《非凡敏捷》中提出的整合模型的意义。

第二，厘清本末，提升意识水平。

敏捷转型离不开人，特别是领导敏捷转型的人，人是转型成功的决定性因素。然而，一个人最终能够走多远，则取决于此人的意识水平。

意识是超脱于三维世界的，是无形的、灵性的。我们虽然看不见它，摸不着它，却能够感知到它，觉察到它。无形的意识创造并主宰着有形的事物。我们常说的"领导力"，其各方面的能力和方法也都依赖于意识。比如换位思考，如果一个人并不知道如何觉察自己，就无法真正具备同理心；一位领导者若不能感知自己的需要，也无法真正看到团队的需要。这就是"推己及人"和"己所不欲勿施于人"想要表达的内涵。

西方人称之为心智，而在中国，我们称之为"道""心性""明明德"；西方人称"觉察"，我们中国人称之为"感"。

提升意识水平有许多方法，书中也有详尽介绍，这些都是能帮助我们了解个人和组织内在行之有效的法门。因为，内在决定外在，无形掌控有形。

总之，意识是"本"，是"体"，我们要搞清楚这个"本"，而各种各样的方法是"末"，是"用"。只有本体清晰牢固，人类才能把工具和方法发挥得淋漓尽致。否则，我们的脑袋知道再多，也无法智慧地应对复杂的组织转型，乃至应对自己的人生。

第三，知行合一，在"修"上用功。

本书第III部分深入探讨敏捷转型，全面介绍适用于敏捷转型的全观框架，并提炼出许多行之有效的方法和工具。这部分之所以命名为"修"，是因为无论前面有多少铺垫，无论我们懂得多少道理，最终还是需要体现在"行"上。这就是我们中国人熟知的"知行合一"，但"知"与"行"之间还有大的鸿沟，只有一步一个脚印地走，我们才能最终到达彼岸，这一个个的脚印，就是"修"的过程。"修"就是要动起来，身体力行，且要定时、定点、定事，带着觉察，带着反思，去实践。我们要牢记，组织和生命的探索与发展之路永无止境，我们走过的每一步都算数！

整本书，看似在讲敏捷，但又超越了敏捷。它先从宏观上徐徐拉开序幕，让我们从单点抽离出来，站在更高的角度去理解事物之间相互纠缠、制衡的种种力量，帮助我们开拓思维，在貌似矛盾和对立中找到统一。这让我有了一种离开井底，飞到高空鸟瞰世界的格局和气势。接着，作者又从人类意识入手，直指人心，带我们洞悉宇宙密码，摸到能够撬动整体的脉搏。最后，又回到敏捷转型，使本书成为一本既有理论高度又有实践细节，既有道又有术、虚实结合且融合了东西方思想的指导用书。

回首整个翻译过程，有过感动，有过共鸣，有过困惑，也有过质疑。有思如泉涌的得意之时，亦有驻足卡顿的彷徨一刻。无论何种情愫生发，过程都是极其美好的，体验即精彩！

感恩我的家人们在艰难的疫情期间，给予我莫大的鼓励和支持；感恩本书的责任编辑文开琪老师，没有她的引导，我也不可能在当时接触到如此丰富的精神大餐；感恩我的好搭档吴舜贤，他精益求精、博学多才的品质时时鼓舞着我；感恩欧兰辉和伍雪锋认真的审校，他们一丝不苟、严谨治学的态度使得本书的质量上了一个新的台阶；同时还要感谢好友张凯峰和姚元庆对一些翻译细节提出的建议。最后，感恩我们整个人类的智慧，让我们可以站在巨人的肩膀上"只管前行，无问西东"！

——李月萍

译者序二

再次合上原书，我想和大家分享这样一句心里话："回归本源，系统思考。"

自 2001 年《敏捷软件开发宣言》发表以来，二十多年过去了。如果从上世纪精益思想和敏捷运动的启蒙和早期发展算起，敏捷的历史更加悠久。它最初是一种软件开发方法，现在已经扩展到硬件、项目管理、财务、人力资源等领域，敏捷的理念已经深入人心。然而，敏捷仍然是一个随时可以引发热议的话题。尤其是近些年来，在一些组织里，甚至一些早期导入敏捷的专业人士，频繁抛出"敏捷已死""敏捷没什么用""敏捷就是加班""敏捷 996"等论调。在某些敏捷社区，甚至还颇为流行"敏捷失败论"，其中虽然有戏谑之言以及某些人的利益考量，但仔细一思量，似乎不乏道理。

之所以如此，固然有某些敏捷框架自身的原因，但也在提醒我们反思和穷根究底，看看问题到底出在哪里。全球那么多企业、组织和专业人士几十年来从无数成功和失败案例中萃取出来的优秀实践和宝贵经验，为什么到我们这里就不起作用了呢？一些组织的敏捷转型失败，到底是什么原因？为了弄清这些问题的来龙去脉，我们必须跳出问题本身，从更高的层次全面而系统地进行思考和观察。

敏捷思想首先出现在软件开发领域，因而带有软件开发的固有特征，比如迭代和增量，这也是人们所常见的敏捷方法的典型特征。以至于某些

人一提敏捷就会必提迭代，甚至认为敏捷就是迭代。这其实是对敏捷的误解，错把特征当成本质，但这种情况在很多组织里还非常普遍。为了追根溯源找出问题的真相，我们不妨回到软件产品研发的场景。

在现代软件产品研发中，不确定性和复杂性都处于"高位"，以下"五高"尤为典型。

1. **高度专业**：软件产品都是现实世界的数字化映射，体现所在领域的业务专业性。而 2B 软件的这种专业特征尤为明显，其背后是深厚的专业领域积淀，比如 AI 类和建模类软件。高度专业性带来的是专业理论性强、研发难度高、研发周期长、入门门槛高、专业人才少、培养难度高等问题。

2. **高度复杂**：高度专业性不可避免地带来了高度复杂性，业务、架构、数据建模和技术实现的复杂性，服务调用关系错综复杂。软件能力的提升，显著影响到代码规模、架构复杂度和使用难度。

3. **高度协同**：要想研发这样的软件，需要不同的角色密切协同、高度协作地开展工作，客户、业务、产品、架构、开发、质量、运维、市场等不同的角色需要以价值流的方式组织成目标一致、同呼吸共命运的团队，高度协同的特征体现得淋漓尽致。

4. **高度独特**：多角色协同的目标是构建一款高度独特、符合目标用户需求、能够带来业务成功的软件。在绝大多数情况下，每一款软件都是与众不同的，世界上没有哪两款软件是完全相同的。

5. **高度动态**：伴随高度独特而来的是高度动态。软件是为客户服务的，但客户需求随时都在变化，用户倾向、市场风向、技术进步、宏观环境、监管政策等，都可能为软件产品的最终形态带来重大影响。

软件产品的"五高"特征为研发者带来了前所未有的挑战，要求软件研发管理必须实现"三高"标准：高速交付、高精数据和高效决策。

- 高速交付指的是，在面对具有"五高特征"的复杂环境时，研发管理团队必须能够迅速提供满足客户需求的可用产品。这要求团队能够灵活应对，快速迭代，以确保产品能够及时上市。

- 高精数据意味着在研发交付过程中，必须利用各种高度精确的数据来真实反映研发状态。这包括对每个需求、每个参与者、每个系统、每项生产管理活动以及每项动态变化的准确感知、实时记录、深入分析和及时响应。这样的数据驱动方法为高效决策提供了坚实的数据基础，也推动了研发流程的数字化转型。

- 高效决策则要求决策者能够随时掌握产品研发的最新情况，迅速、准确地做出决策，以符合市场预期和客户需求。这涉及产品、价值和技术等方面。为此，产品研发人员，特别是管理和决策者，需要具备全局视角，从业务和客户价值的宏观角度出发，准确定位产品价值，共同创造高质量的软件。

面对这样的状况，敏捷有着得天独厚的优势，敏捷不就是因此而生的吗？敏捷的本质，就是让我们在正确的时间、以正确的方式、为正确的用户创造出正确的产品的工作方式。

- **正确的时间**：在恰当的时机为市场和客户创造产品，既不能过早也不可过晚。如果太早，市场和客户可能还未成熟、不接受或不认可；如果太晚，市场和客户可能已经被竞争对手抢占。

- **正确的方式**：创造产品的过程必须采用正确的方法。若方法不当，将严重拖慢研发速度，甚至可能导致项目走向错误方向，最终失败。

- **正确的用户**：明确产品服务于特定的用户群体，了解他们的需求和期望。

- **正确的产品**：创造的产品及服务应精准满足客户需求，解决他们的痛点，提供恰当的价值。

敏捷方法，还是一种有效的产品管理方法，它将各角色和要素有机整合在一起，围绕客户需求和产品核心价值，从实践措施、专业岗位到管理领域，构建端到端价值流，形成全过程、全要素、全专业、全员参与的立体化研发体系。这样的产品研发体系，有机、顺畅、协调地工作在一起，各司其职，像一架高速运转的高精密机器一样，去适应"五高"和"三高"，依托于产研的系统性数字化能力，为企业和客户快速、高效创造正确价值，实现产品、客户、商业和组织多方面的成功。

理想美好，但现实往往较为严峻。敏捷为我们提供了构建高效产研体系的能力，但这并不意味着所有组织里的敏捷落地实施就能轻易成功。出现偏差或失败，这样的情况并不罕见。原因非常多，究其根本，我认为主要是如下几个方面。

- **敏捷的应用范围不完整**。是产品管理方法，但有些组织在采用敏捷时只将部分实践应用于研发团队，而市场、客户、销售和产品等团队仍然采用过往的工作方式，造成割裂。完整的敏捷方法囊括了从客户中来、到客户中去的端到端全价值流闭环，包括市场洞察、客户细分和选择、价值选择、需求分析、产品设计、产品研发与发布、价值验证和客户反馈等诸多环节。只关注研发和发布这个环节，会导致团队不知道价值从何而来、到哪里去，不清楚谁在用、用哪些功能、使用情况如何。这本身就是对敏捷方法的一种削弱、矮化和误用。所以，这是敏捷的应用范围不完整。

- **敏捷的落地方式不完整**。敏捷方法关注的是为正确的客户交付正确的产品，而正确的产品就是真正能够解决客户痛点的产品功能和服务。我们要洞察客户、理解客户痛点，发现正确的客户价值，创造能够解决客户问题的产品并及时交付给客户，获取客户的反馈并快速做出调整。但某些组织并未形成有效的以客户价值为核心的端到端闭环机制。职能型的组织结构，部门墙厚重，职责不清，目标没有统一。这种"各管一段"的做法导致各角色分离，目标不统一，缺乏全局思维和客户意识，完全背离了敏捷原则的初衷。这就是参与角色目标不一致的问题。正确的敏捷方法应当遵循端到端价值流的主线原则，围绕客户价值和产品建立过程完整、目标一致、步调协调的产研管理机制。

- **敏捷流程不完整，目标不一致**。软件研发是智力创造活动，其核心要素是价值和人。其中价值涉及客户，也是产品存在的根本。因此，软件研发活动中，人是最关键的要素。从人性出发，关注人的需求，把研发者当成人，构建一个开放、平等、尊重、安全的环境，让研发者能真正发挥主观能动性，创建有机、顺畅、协调的工作环境，才能激发创新动力。从完整性看，很多组织的敏捷落地只注重流程方法和运作规则，却忽视构建自组织的团队文化，采取自上而下的管理策略，各角色被动接受任务，自主性受到压制，形成协作壁垒、互不信任，以致冲突不断。正确的敏捷落地姿势，既要关注流程、方法、策略和结果，也要关注人性和文化，构建真正自组织、创造性的团队。这是敏捷的落地方式不全面，也是本书第二章的四象限法所要解决的问题。

- **组织文化和敏捷理念不匹配**。从组织文化看，不同的组织有着完全不同的管理文化。有些组织的演化层次与敏捷文化有着根本冲突。本书引用莱卢在《重塑组织》一书中提出的组织演化层次，将其分为顺从琥珀色、成就橙色、多元绿色、进化青色等不同的层次，也就是第3

章所讲的组织演化高度。敏捷方法是处于多元绿色和进化青色这两个层次的方法论，非常注重多元个性的和谐、人的内在动力、主动性和创造性激发。这也是为什么我们经常讲要构建自组织的团队。但在当前多数都是顺从琥珀色和成就橙色层次的组织里，注重的是快速成果和短期绩效，进行短期的 OKR+KPI 考核，采取的是自上而下的命令与控制的管理思想，领导让怎么干就得怎么干，员工和团队没有足够的授权和自主的空间。管理者没有动力去培育一个尊重、平等、安全、自组织的团队，更没有耐心去培养下属的各项能力。在这样的组织里，团队成员感觉不到尊重，普遍缺乏安全感，敏捷文化是构建不起来的。大多数企业和组织如果目前处于成就橙色层次，与敏捷理念的冲突现象随处可见。这是组织文化（组织演化层次）与敏捷理念的不匹配，也是第 3 章想要解决的问题。

- **领导者的心智提升不足。** 组织领导者也不可避免地受到了组织发展层次及其文化的影响，形成差别各异的心智模式、工作方式和世界观。本书采用成人发展理论、全景领导力和螺旋动力学等揭示了领导者的发展层次，主要分为问题反应性领导力和成果创造性领导力。从问题反应到成果创造，形成了反应性、创造性、整合性和合一性等领导力发展阶段，心智模式也相应地有规范主导、自主导向和内观自变等阶段。敏捷方法是主要处于自主导向阶段的方法论，更注重人的内在动力，激发人的自主性、创造性和主动性的工作方式。但在顺从琥珀色和成就橙色层次的组织中，管理者的心智模式主要是反应性的，处于规范主导阶段，更注重规则、流程、方法和策略，领导做规划、下属做执行、最后看结果。在这种情况下，敏捷方法与管理者的心智模式不匹配，就会出现各种问题，产生各种拧巴的现象，甚至冲突、破坏和失败。敏捷方法要想在顺从琥珀色和成就橙色的组织中很好地落地，首先要提升管理者的心智发展层次，上升到创造性心智模式，进入自主导向阶段，才能真正释放组织潜能，激发团队和人员的活力，带来更高的创造性和组织效能。这就是敏捷转型中领导者的心智模式的不匹配，也是第 5 章、第 6 章的领导力发展层次所要解决的问题。组织敏捷转型，领导者升级自己的操作系统是首要任务。

- **敏捷实施准备不足，前提条件不具备。** 在特定的组织里，实施什么样的敏捷、如何实施都是有前提条件的。在敏捷基础不坚实的情况下，没有深入仔细地分析和规划就匆忙实施，教条地照搬敏捷教义和成功案例，会引发实施困难、团队冲突等问题。很多产品的业务架构耦合严重，尤其是巨型单体应用产品，随着产品复杂度增加，架构耦合剧增，团队间协调的难度加剧，沟通成本剧增，多团队存在严重冲突和依赖问题，因而困难重重，质量问题突出，研发效率低下，客户投诉不断，也就不足为奇了。敏捷方法本身不足以解决业务和架构问题，因此需要从顶层进行分析和规划，培育敏捷落地生根的土壤，设计正确的敏捷实施路径和策略。业务领域切分、架构解耦、组织基础设施构建、团队能力支撑、管理结构优化等基础领域的建设必不可少，这样各个团队才能更聚焦，更独立，更高效。

- **敏捷转型领导者的责任不明确。** 最后可能也是最重要的是领导者的躬身入局。敏捷转型是一场涉及人员、过程、方法、组织、文化、政策、工具和绩效的全面的、系统性的变革。领导者的转变，亲力亲为地领导变革尤为重要，这就是本书中所讲述的领导者不可推卸的责任。从领导力的发展层次，内在操作系统（思维模式）的转变，让领导者成为敏捷变革的动力和关键因素。

敏捷转型可以是"渐进式"，也可以是"颠覆式"。在"渐进式变革"中，团队需要领导者的持续支持和积极引导，围绕产品价值，从流程和方法逐渐转变，积小胜为大胜，稳步前进，团队的参与感、获得感和成就感逐渐增强，转型成功的概率会大大增加。而"颠覆式变革"则在短时间内将产品、目标、业务和技术架构、组织结构等方面做出较大的调整和变化，对领导层、产品和团队来说都是一种不小的挑战。这个过程中更需要领导者责无旁贷地大力领导和推动，在业务目标、产品架构、质量体系、组织结构、协作机制等方面做好系统治理和顶层设计。

所以，单纯地认为导入一些流程、落地一些实践、引入一些方法就能成功的敏捷转型，忽视领导者的责任，注定会困难重重。敏捷转型中，领导者的责任不可授权于他人。

对于前面这些问题，本书以整合理论为基础，整合了敏捷方法、组织发展层次、成人发展理论、领导力发展、螺旋动力学、组织变革理论等诸多领域的研究成果，形成了适用于不同组织成功实施敏捷变革的整合敏捷转型框架（IATF）。同时提出了敏捷变革的五项修炼和变革过程，为组织敏捷转型提供了系统性的方法和指导。本书提出的企业级敏捷转型方法，是系统性的整合方法。如果你的组织存在这些问题，那么仔细琢磨书中的系统性方法和整合框架，从中找到有价值的参考和建议，引发更多思考，为组织发展和转型找到明确的方向和路径。

书中一些词语比较晦涩，我们经过了多次讨论和迭代，有的以译注的方式进行了说明。在敏捷方法里，经常会提到 being agile 和 doing agile。doing agile 是注重敏捷实践本身，导入敏捷方式下的流程和方法。doing agile 只采用整合四象限中所说的"它 IT"象限和"它们 ITS"象限的实践，缺乏"我 I"象限和"我们 WE"象限的方法。真正完整的、整合的敏捷方法，既关注外在过程，也关注内在动力，这就是 being agile 的状态，完全回归本质的状态。

being agile 强调的是事情应该回归其本来的样子，回到事物原本真实的、本质的状态，坚持实事求是。being agile 强调的是回归敏捷本来应该的样子。在组织敏捷转型的过程中，即使导入了流程、工具和实践，但如果没有 being agile 的状态，不理解敏捷的本质，机械地执行流程和实践，过程中往往会走样，逐渐变得流于形式。如果缺乏实质内容，任何小的变化或动力的减弱都可能导致回归原有的模式，最后草草了事。

being agile 是从敏捷本质出发，运用整合方法，从思维方式（我 I）、行为模式（它 IT）、文化习惯（我们 WE）和组织流程（它们 ITS）等方面入手，将敏捷理念融入组织的价值观和文化血液，从领导力、人的内在动力、组织文化和价值导向等进行系统思考和导入变革，让敏捷真正产生作用，进而推动组织和业务成功。

being agile 这个词，字面和本意都易于理解，但找到恰当的汉语表达却颇具挑战性。有人建议译为"本质敏捷"，有人倾向于"真正敏捷"，还有提议"真敏捷"的，但经过深思熟虑，这些译法似乎都不够贴切。为了更准确地传达原意，我在不同场合采用了不同的译法。

2021 年初，得益于文老师的鼓励，我有幸开始翻译这本书，它引领我进入一个全新的世界。当时，我感觉自己像刘姥姥初次进入大观园，面对不懂、未知和疑惑的内容，感到既兴奋又迷茫。为了深入理解书中的理论，我阅读了青色进化理论、肯·威尔伯的整合心理学、凯根的成人发展理论、九型人格以及全景领导力的书籍，另外还学习了螺旋动力学的在线课程。为了深入理解组织敏捷转型的方法和工具，我参加了本书作者米歇尔·马多在 ICAgile 开设的企业敏捷转型课程，最后还获得了企业敏捷转型教练（ICE-EC）国际认证。为了领悟领导力进化的精髓，我还参加了全景领导力的个人领导力（LCP）及集体领导力（CLA）课程，获得了领导力发展教练资格认证。这一切，都源于这本书，我就像孩子一样沉醉于鲜花盛开的花园中，不停探索和思考，书中的理论和方法不仅化解了我心中的疑问，还让我常有醍醐灌顶之感。如此高强度输入的同时，让我得以更好地理解书中乍看之下略显晦涩的表述，更准确地翻译，为读者打磨一部精品译作。

坦率地讲，虽然本书原书名中有 Agile Transformation，但是书中很少单独讲敏捷，而是侧重于阐述整合理论之系统方法、人的心智发展、组织的进化、领导者的转型和组织变革修炼，这是其他书中不涉及的。本书涵盖整合理论、成人发展理论、全景领导力、螺旋动力学、组织变革等基础理论。尽管作者尽力采用平实、通俗的语言进行表述和解释，但由于内容具有一定的专业性，对不熟悉这些理论的读者来说，某些专业术语可能不容易理解。如果是这样，我建议有兴趣的读者阅读相关著作或者和我们联系，以便更好地理解本书中的方法和实践。

读得越多，思考越深，理解越透，看问题就会越全面和系统，许多看似费解的现象和问题也变得清晰起来。及时学以致用，使得我对问题的思考和理解也变得更加深刻和系统，能够更深入、更全面地进行分析、规划和实施。对我来说，这些都是翻译、学习和探索本书所收获的"宝藏"。

历时三年多，本书终于杀青。这个过程充满曲折和艰辛，译者、审校者、编辑以及天使读者都付出了巨大的心血和努力，我再次对他们表示衷心的感谢、感激和感恩。

在组织级敏捷转型和组织变革领域，我们仍是新手，仍有许多未知领域需要我们不断学习、探索和思考。书中的翻译可能存在不足之处，诚恳地希望读者朋友批评指正，同时也邀请大家和我们一起探索本书中的"奥义"。

——吴舜贤

前　言

在当今这个复杂的商业环境中，"敏捷转型"已成为一种新常态。在过去的二十多年里，许多人亲身投入，将敏捷从最初的软件开发方法演变为组织实现敏捷的手段，并在各自的领域内不断影响和重塑这一理念。在实现这种转变的旅程中，许多个人和组织直面挑战与阻碍，总结并贡献了应对各种挑战的成功经验和失败教训，成为我们持续学习和调整方向的源泉。一旦我们认识到每个人都能在实现组织真正敏捷中扮演重要角色，我们就会形成一个共同的、统一的愿景——深刻地意识到我们现在的位置、我们的目标方向，以及我们可能错过的东西。

本书是我们倾尽心血的诚意之作，融合了我们的经历、热情、偶尔的沮丧、成功与挫败、达成目标的欢乐与错失目标的痛苦，以及我们对取舍与梦想的理解和释然。

根据我们的观察，在面对敏捷转型时，领导者的回应方式决定着组织转型的成果。领导者主要有三种回应方式，不同的方式产生了不同的结果。

第一，对敏捷转型视而不见或不愿面对，故步自封或听之任之。这种态度导致问题被忽视、被迫斥重资应对或缺乏创新并用老方法解决新问题。最终，只能维持现状，甚至导致问题恶化。

第二，认识到问题所在，但没有意识到自己也有责任，而是"甩锅"。这导致组织中产生旁观者心态，如"IT 部门若能更有效采用敏捷实践就好了""业务团队若能尽职尽责就好了""希望领导能解决问题"。但要实现敏捷，需要每个人以不同的方式行动。如果我们不能承担责任，看不到组织转型中的联系，会使形势恶化。

第三，认识到问题，并明白领导者自身也是问题的一部分。他们理解，要改变组织的思想和行为，必须先改变自己。当领导以这种方式引领转型时，组织成员就会开始"明察"、确认和担负起责任，真正投入到敏捷转型中。领导已经意识到，必须采取集体行动，破除陈规陋习，鼓励创新，通过组织共创实现美好的未来。这种转型方式可以带来变革性结果，是变革型领导力的标志。

我们设想你正在领导或实施敏捷转型，无论是作为组织内的敏捷领导者、敏捷教练或咨询师等角色。在我们的语境中，领导者指引领和指导敏捷转型的任何人。

在众多转型工作中，我们体会到，转型所遇障碍和困境大多相似，比如管理层不支持、企业文化难改变、缺乏有效客户参与，或组织过程和系统不支持敏捷，财务、绩效、销售、产品支持、员工和人力资源、公司治理等都没有准备好导入敏捷。有人寄希望于敏捷规模化方法来解决这些问题，却发现仅仅只是落实敏捷框架，组织并不会有什么起色，更不用说有什么本质上的变化。

一旦这些新的问题渗透到组织，现实就会变得愈发严峻。组织面临将人员、个性、文化、结构、政策和系统间错综复杂的关系转化为动力的挑战，这要求我们必须深刻理解并以科学方法处理，激发人员和组织的变革动力。

面对如此繁杂的境况，领导者是否有能力理清关系，这决定着影响力和变革成效。我们鼓励采用"整合"或者"合弄"的方法——融合转型所需要的所有视角，去"不同凡想"，去看得更通透，采用新颖的视角去观察如何进行敏捷转型。本书的框架旨在帮助读者更清晰地认识问题，采取有效的行动。

如果我们的活儿干得漂亮——大家各就各位，以开放的态度和沉浸式的心态阅读本书——那么这本书将带领大家"明察"各种关系，帮助大家化解纷扰，进而以崭新的思维方式认识世界、立人行事。

我们殷切地希望，这本书可以激励大家启动各自的转型之旅，采用这种新的"存在即合理"的方式来启动组织的敏捷转型。最后，祝大家旅途愉快！

致　谢

完成本书写作之际，我们特别要感谢曾经帮助过我们的人。他们在我们的人生旅途以及个人和职业发展中发挥了重要的作用。这里要感谢并感恩帮助我们形成想法和思路并为本书的问世欢呼的师长、学生、同事和朋友们！

我们要特别感谢影响并鼓励我们写书的三位最重要的思想领袖：肯·威尔伯、鲍勃·安德森和比尔·亚当斯。

谢谢你，肯！你不仅慷慨接受我们的采访，还分享了你积累三十多年的经验。对个人而言，这些贡献意味着从最初的启蒙、成长、崭露头角和最后的成熟。你毕生的研究成果是我们这本书的基础。

感谢鲍勃，你不仅创立了全景领导力这个组织，还积极参与地球守护者的行动，把个人发展应用于组织领导力发展。我们感谢你花时间与我们深入讨论整合领导力这个概念。感谢鲍勃，感谢你的友谊、鼓励和合作。

感谢比尔，在人和组织的意识形成过程中，你作为领导者和思想家，为我们树立了榜样并提供了启发。我们衷心感谢你在此过程中为我们提供的友情和合作。

关于著译者

迈克尔·K. 斯派德（Michael K. Spayd）

大规模敏捷实践的先行者。迈克尔的敏捷职业生涯开始于 2001 年，主要以变革领导和教练的身份带领组织实施敏捷转型。作为其实践、演讲和教学的一部分，他致力于将一些重要的学科知识引入敏捷，如专业教练技巧、系统管理方法、组织发展、组织文化变革以及高效领导力培养等。2010 年，迈克尔参与创办敏捷教练学院，前后培养了几千名敏捷教练。2016 年，他参与创办 Trans4mation。2020 年，迈克尔发起 CollectiveEdge 行动，帮助组织培养关键性前沿觉察能力。

米歇尔·马多（Michele Madore）

Trans4mation 负责人和联合创始人。她以极大的热情投身于敏捷教练、领导力和组织发展领域。在三十多年的职业生涯中，无论是作为组织领导者、咨询师、教练还是雇员，米歇尔都遵从其初心——热衷于持续改进和创新，倡导以人为本的职场文化。过去十几年，她帮助过各种规模的组织实施敏捷转型并以教练和讲师的身份培养了几百名敏捷教练。米歇尔是一名专业整合教练，她的教练方法对整合敏捷转型框架（Integral Agile Transformation Framework）的发展和应用起到了关键作用。她乐于分享知识和帮助他人找到高效工作方式，乐于见证人们在转变过程中表现出来的高度的参与感和成就感。

李月萍，又名"直心"。曾任 IBM 软件数字化商务销售系统的经理和技术负责人以及 IBM CIO Engagement Program 中国区负责人，参与并领导了 IBM CIO 从零基础到全面展开的大规模敏捷转型。从 2021 年起，她便投身于推动中国儿童教育发展的事业，专注于教育咨询服务。目前，她从事教育行业与人工智能相结合的探索和实践工作。近年来，李月萍跟随多位德高望重的老师系统地修习儒释道等，探索身心灵的成长，同时以身作则，积极弘扬和传播中国传统文化。

吴舜贤，"冰块产研时间"公众号主理人，软件产品研发管理专家，资深敏捷教练，国际认证企业敏捷转型教练（ICE-EC）、全景领导力认证专业教练（LCP/CLA）、认证看板专业教练（KCP）。拥有二十多年专注于软件产品研发的经验，他具有丰富的软件研发管理、项目管理、团队教练、组织敏捷转型等经历。吴舜贤精通设计思维、精益敏捷、DevOps 等现代软件研发方法和框架。他在 TiD、敏捷之旅、RSG 和 CSDI 等行业大会发表过演讲和举办工作坊。目前，他专注于推动敏捷组织转型、提升产研效能、设计思维创新，致力于打造平等、尊重、安全、创新的组织文化及敏捷高效的产品研发体系。

关于审校者

伍雪锋，"八戒跑四方"公众号主理人，马拉松和美食爱好者，成长中的敏捷教练。他拥有十年一线开发经验，对技术实践、心理学和管理学等领域保持浓厚的兴趣。坚信以人为本的管理哲学。

欧兰辉，资深 IT 咨询顾问与培训师，擅长书画。他有二十年开发、咨询和教练经历，拥有丰富的行业经验，比如银行、IT、制造和教育行业。秉持"影响力驱动变革，游戏化丰富人生"的信条，奉行"知与行，行与精"的理念。作为敏捷社区和 DevOps 社区的活跃成员，他积极参与并组织过大量活动。他的代表译作有《教练技术：成为更高效的管理者》，此外还参与翻译过一些有影响力的文献，比如团体动力和影响力、南希·克莱恩的思考环境理论以及敏捷手册和全球敏捷状态报告。

简明目录

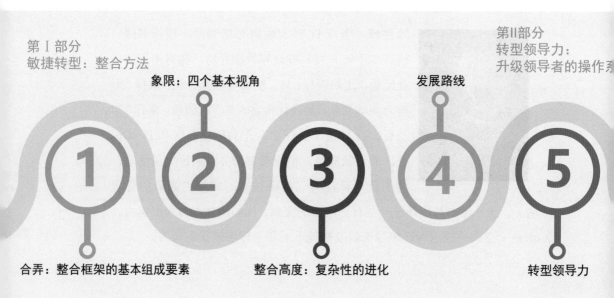

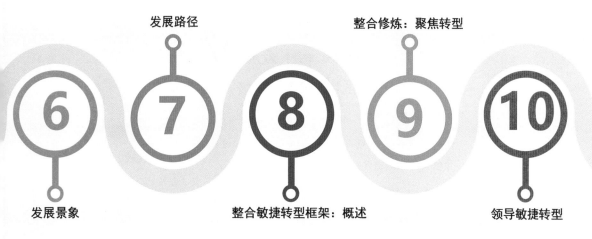

第III部分
组织转型：将整合指南针投入实战

发展路径

整合修炼：聚焦转型

6

7

8

9

10

发展景象

整合敏捷转型框架：概述

领导敏捷转型

详 细 目 录

第 II 部分　转型领导力：升级领导者的操作系统

第 III 部分 组织转型：将整合指南针投入实战

导论：为什么需要整合视角

整合（Integral）：包含所有必要的或重要的；完全的；完整的。

无论是医学、教育、生态学还是领导力，整合方法指的是将所有基本的观点、思想流派和方式方法融入到一个统一的、全面的、包容的和经验实证过的框架之中。

——布雷特·托马斯，"AQAL[①]元素在领导力发展中的应用"

对我们而言，整合理论具有很大的威力和价值，尤其可以帮助我们理解个体与世界的关系。首先，整合理论自带系统属性——被有意设计为多层次的，涵盖从个体到组织的所有层面。其次，整合理论有两面性，既面向感性（以内在为中心），又面向理性（以数据为驱动），将我们的内心和灵魂结合在一起。最后，整合理论承认当下，通过我们各自的思想、假设以及偏好所塑造的相互关系、对话、行动和决策，让我们认识到如何协作和共同创造未来。整合理论让我们心怀慈悲，去看见真实世界中人与人之间不同而又冲突的世界观，为我们提供新的方式来观己察人见天地。

① 译者注：AQAL 是 All Quadrants, All Levels 的缩写，意为全象限、全层次。该理论由肯·威尔伯创建，试图将所有人类文明的成果整合为一个框架，展现一个清晰的人类、世界进化与成长的方向。AQAL 框架包括五个元素：象限（quadrant）、层次（level）、路线（line）、状态（state）和类型（type）。

肯·威尔伯是一名哲学家和跨学科研究者，他开发了整合框架（又称整合操作系统），把他研究多年的数百种思想流派融入其中。本书将探讨整合理论的诸多方面。我们这里要特别说明一点，该理论是整合的，因为它确实是由各种不同的方面和视角组合而成的，不同流派不分主次，且未来还有增加。选择新的视角对理解这种新的思维方式至关重要。威尔伯著述颇丰，有出版于 2000 年的《万物理论》和《整合心理学》以及出版于 1995 年的《性、生态、灵性》。[②]

在当下这个自我觉醒的时代，迫切需要领导者采用更卓越的领导方式。遗憾的是，大多数组织还在用牛顿科学体系下的管理思维，仍像过去那样基于预测来制订计划和采取行动。当然，在现实世界中，我们不可能准确预测未来。公平地讲，这种方法在过去是有效的，无论环境是简单还是复杂。但在新兴的复杂世界、疫情大流行以及我们当下所处的世界，这种方法已经失效了。作为领导者，必须放眼之前不曾预见的未来——一个快速变化的、错综复杂的未来。在这样的情境下，领导者需要做出回应，重塑并重新思考组织，努力创造一个柔性的组织。这个迈向敏捷的多层次、复杂旅程明确提醒我们，为了提升敏捷性，我们需要提升认知维度，提高理解和应对当前状况的能力。

实际上，升级认知的底层思维逻辑成了我们的刚需。一旦做到认知升维，我们就可以用新的视角看待问题，并以不同于以往的方式进行思考：我们认识到，除非采用整体方法（文化和心智模式内置于其中），否则我们无法使组织成为它应该成为的样子。这种整体方法是一种整合方法，也是我们这本书采用的方法。

为了向你展示这种方法，我们特意提供了地图和指南针。我们确信，这份地图可以为组织级转型的复杂度提供准确的评估。它可以用作通用翻

---

② 译者注：其他中译本还有《恩宠与勇气》《灵性的觉醒》《生活就像练习》《没有疆界》《意识光谱》等。

译器，在你遇到障碍时帮助你切实理解具体情境、看清疆界并找到合适的应对策略。这份自带指南针的地图会为你提供方向和地标。这份地图基于整合模型（又称整合操作系统，Integral Operating System，简称IOS）。

整合操作系统

迈克尔的分享

几年前，我去伦敦出差，当时是打算在第二天上课前在伦敦溜达溜达。当时手机上网不方便，但有 GPS 信号，所以在前往莎士比亚环球剧院之前，我在手机中预装了谷歌地图。巧的是，莎翁逝世 400周年纪念时，我还去过那里。谷歌地图显示的路线很清楚，所以我确定自己不至于迷路。可是，漫步在伦敦街头，时不时驻足于酒吧和古老的建筑（谁让我是美国人呢），最后发现自己来到了老城区——伦敦城墙边。然而，快步离开那条路并走向莎士比亚环球剧院的途中，我很快就迷路了。等我打开地图定位一看，才发现自己早就偏离了路线，因为自己没有频繁查看地图并按照指南针（GPS）来调整路线。实际走的路线并不能把我带到自己想要去的地方。看来，我既需要地图，又离不开指南针。

现在，让我们稍微扩展一下这个故事：想象一下，我们在意大利，地图上显示的是意大利语。我们需要一个额外的功能——地图上方的通用翻译器。有点像古埃及的罗塞塔石碑③，它提供的关键信息可以辅助我们将象形文字翻译成通用语言，而我们这本书提供的是一个基础又强大的框架，将组织转型中的复杂性转为一个完整的系统，一幅地图。在这个框

③　译者注：Rosetta Stone，罗塞塔石碑是一块同时刻有古埃及象形文、古埃及草书和古希腊文三种语言的玄武岩石碑，是解密古埃及文的一把钥匙。它与中国的景教碑、法国巴黎卢浮宫的摩押碑、墨西哥国家博物馆的阿兹特克授时碑并称"世界四大名碑"。

架中，组织这个有机体的所有元素，包括领导力思维、组织文化、组织结构、财务模型、团队动力、采用模式、个性冲突和敏捷过程本身，各有其位。

我们的罗塞塔石碑由两部分组成：整合操作系统（IOS）和整合敏捷转型框架（Integral Agile Transformation Framework，IATF）。整合操作系统由威尔伯与全球各地的整合理论实践者经过 25 年的探索发展而来；整合敏捷转型框架最初由迈克尔开发并在 2016 年米歇尔加入后得以迭代升级。

整合敏捷转型框架以整合操作系统为基础，专门为转型领导者、变革领导者和企业敏捷教练精心设计，助力他们的敏捷转型工作，这也是本书的重点。本书第 I 部分旨在帮助你了解 IOS 的组成部分和基本元素，以便于读者了解基本知识，为用好整合敏捷转型框架做好准备。我们对整合敏捷转型框架进行了缜密的取舍（定制版 IATF），以支持你对重大的组织转型（尤其是敏捷转型）进行深入的思考。

通用的 IOS 和定制版 ATF 都可以作为组织的操作系统，因为它们共享操作系统的一些基本属性，如命名、提供基本功能、可使应用程序运行于其中的环境，以及帮助这些应用程序协同工作的服务。这个比喻中的应用实际上可以是组织的任何要素，包括领导力发展模型（如全景领导力模型 LC）、规模化敏捷框架（如 LeSS、SAFe 和 SOS）、敏捷实践（如 Scrum 或看板）、人员关系发展技术等。这些应用在 IATF 中进行了上下文适配，以帮助转型领导者和整个组织了解每个应用程序在其复杂的组织整体架构中的作用、何时合适（何时不合适）、哪些应用程序可能需要支持原生应用并使其正常运行，以及每个应用与其他应用如何影响、交互或冲突。

最重要的是，作为整合地图，IATF 并不试图替换其他任何模型或应用程序；相反，它在一个易于理解的元框架中为所有模型或应用程序提供清晰的定位，该元框架提供的是通用地址。换句话说，IATF 不会尝试取代应用（如规模化框架或领导模型）；相反，它提供的是一个地图或地址系统，所有这些应用在其中都有自己的位置，并且与整合操作系统所有其他应用保持清晰的关系，无论是当前已有的还是新出现的。

IATF 揭示了每个应用的内在优势和不足。从某种意义上来说，IATF 是中立的，它不偏重于任何一种方法，它兼容并蓄，包容所有的方法或模型，并将其绘入地图中。这并不意味着所有应用在给定情况下都被视为"同等适用"。事实上，IATF 有助于我们辨析什么时候给定应用在给定情况下可能无法正常运行。IATF 是一个框架，可以帮助你看得更清楚，行动更有效。

本书如何用于改变视角

我们写作本书的根本目的是帮助你成为真正的变革型领导者，所以不仅要为你提供一些好的想法、新的理论，还要提供更多能够激发你思考的内容。本书旨在展现更多新的观点，从根本上改变你对工作、组织、世界以及自我的看法。

整合模型的意义和价值在于，具备相应的能力海纳百川，纳入越来越多的观点。[④] 如果你真正接受这些新的观点，那么开放的心态（openness）便可以从根本上改变你应对挑战的方式（无论是个人生活还是职业发展），成为你转变为变革型领导者的催化剂。

---

④　译者注：席勒在《审美教育书简》第十三封信中提到："感受性越是得到多方面的培养，越是灵活，它给各种现象提供的表现面越多，就让人可以越多地把握世界，越多地在其自身之内发展天赋；人格性的力量和深度越大，理性获得的自由越多，就让人可以越多地理解世界，越多地在其自身之外创造形式。"

我们确定，为了实现转型，需要升级方式方法。我们还知道，依托于整合，可以升级我们的思维，给我们带来觉知，以更深刻的方式"明察"当下诸多复杂的挑战以及随之而来的新的可能性。在这些新的探索方式中，最要紧的是认识到每个人都是推动变革的工具（⑤关键因子。通过探索整合敏捷转型框架，你会发现自己的局限性可能正在以多种方式妨碍组织全面释放其潜能，会明白如何从个人做起以及躬身入局的真正含义。值得庆幸的是，有一种行之有效的方法可以系统而科学的方式突破你的领导力瓶颈和推动组织转型。

IATF 及其底层的 IOS 具有强大的改进能力，可以帮助我们捋清组织面临的复杂问题，使我们能够为此制定策略，洞悉之前的策略为何不再奏效，帮助我们更清楚当下如何行动以及如何切入。

本书超越整合理论，还为敏捷转型提供了实证有效的、突破性的方法。本书将深入研究我们提出的框架，探索其如何设计、如何发挥效用以及如何应用于具体的组织环境中。整合方法不是静态的或者说三言两语说得清的；相反，它是活跃的、持续发展的，它将以很多方式发展我们的系统思维，这是它的独特之处。

本书是如何组织的

本书主要由以下三大部分组成。

第 I 部分"敏捷转型：整合方法"

讲述底层的概念模型，这是本书（及未来新版）的基础概念模型。

---

⑤　译者注：本书采用了几个不同的词来表示"人即工具"的观点，比如
instrument（通常指能使人完成某一精确动作和精确测量的小型仪器、装置、
航空或航海的控制装置等）、tool（一般指工作时使用的手工工具，也指人
造的使用动力的工具）和 vessel（轮船、船舰、容器以及拥有某种特质或用途）
等。这些词放到英美文化语境中有其深意，有兴趣的读者可以深入探究。

- 第 1 章探讨合弄（holon）⑥。我们要探索合弄在个人、团队和组织层面上如何相互关联，以及如何看待个人是组织系统的组成部分也是独立的整体。更重要的是，如果要实现企业级敏捷，我们就要考虑合弄在过程中发挥的重要作用。

- 第 2 章全面探讨 IATF 模型的四象限视角（意识、行为、系统、文化），研究如何将它们全部同等且必要地纳入敏捷转型战略。

- 第 3 章探索整合方法中的"高度"，展示了每个象限视角内发生的从简单到复杂的进化路线图。这些"高度"对有效应对和处理更为复杂的组织发展尤为重要。

- 第 4 章深入研究每个象限的发展路线，以及企业为实现其目标在每个特定发展路线上如何精进。每个象限都有一系列发展路线，高度可能不同，就像我们人一样，"尺有所短，寸有所长"，组织也不例外。因此，组织可能需要在某些发展路线上培养更多能力，以便发展成为更敏捷的组织。

总体而言，从个人到组织结构和文化，从命令与控制的威权领导力到新兴领导力，整合框架的组成元素为包括组织转型在内的所有活动提供了一个统一的地图。整合将这种整体方式视为一张 AQAL 地图：全象限、全层次、全路线（如图 I.1 所示）。在第 1 章描述的不同合弄层级中，都可以看到这张 AQAL 地图。

第 II 部分 "转型领导力：升级领导者的操作系统"

在第 I 部分中，我们锚定了整合方法的基本构成元素，在这个操作系统上构建了我们的整合敏捷转型框架（IATF）。在第 II 部分，我们将焦点转移到转型领导者的操作系统和成功领导转型变革所需要的个人 LOS 升

---

⑥　译者注：合弄制是一种去中心化管理和组织治理的方法，权利和决策权不属于管理层。合弄制作为一种组织设计，旨在应对日益复杂的社会环境，以保证更大程度的透明度、有效性和敏捷性。

级上。为了充分实现敏捷所带来的优势，组织必须深刻认识到，领导者的认知水平是组织变革规模和成效的天花板。因此，与其首先聚焦于敏捷框架、系统、规模化模型、DevOps或者其他外部因子，不如将变革领导者的认知转变作为首要任务。这种转变意味着升级领导者的操作系统（leader's operating system，LOS），既包括领导者如何理解这个世界，也包括领导者成功转型需要哪些工具。这有点儿像甘地那句名言"欲变世界，先变其身"。

第II部分阐述领导者内在的变化，包括转型领导者到底是什么（第5章）；LOS如何作用于组织中几乎所有领导者都涉及的三大层次（第6章）；从一个层次发展到另一个层次，既提升自我又发展他人（第7章）。

第III部分 组织转型：将整合指南针投入实战

第I部分为整合理论在敏捷转型场景中的应用奠定了基础。第II部分介绍了转型领导力，用于指导组织逐步实现敏捷。在第III部分，我们准备实际应用整合指南针——整合敏捷转型框架。基于整合理论的整合敏捷转型框架是敏捷转型的底层操作系统，它为组织变革中的人和事及其具体状态提供定位，并以一种清晰易懂、行之有效且强关联的方式为转型领导者提供一种思考方式和行为模式。

- 第8章提供整合敏捷转型框架的概貌，带你洞悉全象限。然后介绍每个合弄层级，包括如何具体应用于敏捷转型的场景中。

- 第9章详细讲解我们自主开发的五项整合修炼，把它们对应到之前识别的诸多发展路线上，并以这种方式专注于实现高度敏捷的总体目标，从特定象限的角度和整体变革修炼中思考它们。

- 第10章对本书进行总结，为变革领导者提供了一个能力框架，深入探讨一些实用方法，以便企业教练或转型领导者能够运用整合变革框架来启动组织的敏捷转型之旅。

本书要解答哪些问题

- 敏捷转型到底意味着什么？针对领导力承诺、组织聚焦与持续发展以及变革的范围，实际需要完成哪些任务？

- 如何使用一种包含关键要素的变革方法来全面解决变革中人和组织的问题？

- 要实现这样的转型，我们需要什么类型的领导力？

- 如何与组织中的领导者合作，使其认识到将敏捷哲学注入组织文化心智与行为的重要性？

- 如何真正改变组织的文化，使其体现敏捷、自立自强以及客户至上的理念？

- 作为企业教练或敏捷转型领导者，如何与组织共同努力，基于现状来引发变革和激发人们对无限可能性的好奇心？

我们的观点与偏好

或许，我们最基本的信念和价值是，作为个体，人才是领导变革和决定变革成败的关键，而不是读过的书，学会的技能甚至以往获得的经验。相较于其他，个人的内在发展更是一个分水岭，要么在领导转型的过程中大有作为，要么成为转型之路上的瓶颈和阻碍。简而言之，要想取得成功，首先要关注自我。一旦走通整个变革过程，就具备了丰富的经验和深刻的理解，就可以帮助其他人实现变革。

亲爱的读者，我们希望你理解组织有机体中的"形"（度量指标、业务结果、流程、系统）和"神"（信念、思维模式、心智模型、价值观以及人性）之间的深层联结。此外，我们希望你明白一点：它们密不可分、紧密关联，总是一起出现的，正所谓牵一发而动全身，你若变了，世界就变了。

在写作本书的时候，我们试图严格采用整合视角来看待我们自己和我们的工作。对我们而言，这意味着了解不同组织和同一组织内部不同的价值体系，因为它们各有其命，各有其所；这也意味着既要尊重每个价值体系，又要清醒地认识到它们的局限。我们清楚地看到，在当下这个全球化日益加剧的复杂世界中，并非所有价值体系都能够带领我们抵达我们心目中的"迦南美地"。领导者和组织必须不断演进和发展，使我们能够消除原有思维方式和行为方式造成的问题。

至于自己，我们知道自己也受限于我们的偏好、成长经历、教育经历以及社会阅历。为了弥补这些不足，我们一直在征集反馈和系统化地吸收不同的观点（甚至来自国外的不同观点）。毕竟，我们两位作者都是"高纯度"的终身学习者。

在开始阅读第 I 部分之前，我们特别为大家指出我们的观点和偏好，使用一种整合的方法从根本上把这些观点联系在一起，旨在提升我们实时理解更多观点的能力。在这里，我们邀请大家敞开心扉（open heart，见他人），打开心智（open mind，见自己），开放意志（open will，见天地），通过全新的视角来明察各自的工作，各行其是，共同成就。

敏捷转型：
整合方法

为建立一套通用语言和共识，我们选择从敏捷转型的角度写作本书，目的是帮助组织实现更高的敏捷性。本书第 I 部分将描述一种基于整合思想的、完全不同的敏捷转型方法。在本书中，它是一种几乎无所不包的方法，我们将该方法扩展为一个经过精心设计的**元框架**（meta-framework），该框架可以用作第III部分所讨论的敏捷转型所需的新型组织操作系统。

在第 I 部分中，我们将讨论整合思想的主要构成元素，即合弄、象限、高度和发展路线，并举例说明如何在敏捷转型工作中使用它们。这些元素融合了转型变革中人的因素和商业因素，并且提供了一种手段，以便我们有意识地善用在每次组织转型中都能发挥作用的内外部变革动力。

第 1 章

合弄：整合框架的基本组成要素

本书一开始，我们将重点关注整合理论中所有要素的构建基石——合弄。这将使我们更清楚地理解个人、团队以及组织部门和整个企业等群体之间的关系。我们还将研究这些合弄组织在其存在过程中所遵循的通用模式。让我们从合弄组织赖以生存的错综复杂的关联环境开始讨论。

1.1 组织的复杂性

在实施敏捷转型的环境中，复杂性至少体现为 4 种组态：个体（领导者、团队成员、客户）、团队（交付团队、管理团队、质量团队、生产团队）、项目（产品、部门、价值流）和各级组织。

首先是个体层级，基于个人经验、独特的职业和个人目标与抱负，所有个体都有自己的追求、价值观和对事物的看法。这种个体层级的意义构建（meaning-making）正好解释了为什么有些人积极拥抱敏捷方法，而另一些人却极力置身于变革之外。

关于团队，研究表明只有当存在一个单一的、明确表达的绩效挑战（例如赢得冠军或创建一个改变行业的电子商务网站）时，才会形成一个"真正"的团队，它需要团队协同行动才能成功。在任何组织内部，由于目标和计划的重叠和冲突，任何人要想明确表达一个目标都是困难的。如果他们做到了，那么团队中的每个人都必须确保自己与这个目标保持一致！再加上团队与他们经理之间的关系，事情就变得更有趣了！

从项目层面来看，复杂性进一步增加了，因为我们增加了团队 A 成员对团队 B（以及团队 C 和 D，反之亦然）的感受这一维度，他们的领导者如何相互协调，每个团队的目标如何清晰地融入整个项目目标，以及各个领导者与团队和其他利益相关者之间的政治问题。我的天哪！

将组织背景纳入考虑，复杂性达到了一个新的高度。这也是组织障碍变得清晰可见的地方。在团队和项目组合层面，这些问题都没办法单独解决。在这个层面，存在很多阻碍组织转型的政策，比如鼓励最大化个人贡献而非团队协作的绩效管理体系；存在导致部门冲突的度量指标，比如办公设施管理部门极力将办公区域每平方英尺的费用降至最低，而不是鼓励团队协作最大化；存在产生令人困惑不解的混乱背景的传统管理思想，比如最大化资源利用率而不是最大化价值流动；以及最棘手的挑战——文化，比如因深陷于注重成就而非为客户创造价值的传统思维而使得我们无法形成真正的敏捷文化。

将所有这些复杂性整合在一起，我们可以看到系统无处不在：我们的爱人和孩子，他们都是家庭的一部分；我们所工作的部门，可能与我们工作的一个或多个团队相互重叠；我们的公司，以及所属行业下的所有公司；我们的社会或精神组织……你能想象的。1995 年，巴瑞·奥施瑞在其影响深远而又富有诗意的书《看见系统》中，结合这些视角描述了系统：

我们人类是系统的生物。我们的意识——我们如何感知自己、他人、系统以及其他系统——是由我们所在系统的结构和过程所塑造的。举个简单的例子，当精英们卷入地盘争端的时候，这不太可能是个人问题——尽管对于参与其中的人而言看起来像是那样——而是系统的问题，这是一个在精英世界里具有惊人规律性而不断出现的漏洞。因此，将地盘问题作为个人问题来解决完全是本末倒置。这在组织生命中的很多其他的"个人"问题也是如此。

看不到这些系统性过程及其后果，而将其作为个人问题对待但实际上却不是个人问题时，就会导致奥施瑞所说的系统盲点①。在随后的章节中，我们将更深入地探讨系统性的观察、思考甚至系统性意识。当不同层级的实体——个人、团队、组织——开始相互交互时，就会出现更高程度的复杂性。

显然，如果要使整个组织转向敏捷，我们必须超越交付团队的层级而将组织的所有层级都包含进来。而且，为了能够在不同的合弄层级都能有效地工作，我们必须使用各种各样的方法，包括将在第Ⅱ部分介绍的跨边界实践来帮助我们消除跨项目、跨文化甚至我们自身参与协作的边界。因此，我们必须要转换对转型的思考，树立整个系统所有部分（个体、团队、项目、组织）都必须协作的观点，理清各个层级的逻辑及其与其他层级的交互，并采用有助于跨越各个边界的方式方法。要实现此目标，我们需要考虑系统的所有部分以及它们为创建整个产品所采取的不同视角，并且每个视角都是必要且同等重要的。每个视角都有自己的逻辑，也有自己的作用。在本章中，我们将研究如何从不同的合弄层级（个人、团队、项目和组织）进行观察。那么，"合弄"这个看似奇怪的术语到底是什么意思呢？

---

① 译者注：空间、时间、关系、流程和不确定，是五种类型的系统盲点（system blindness）。

1.2 合弄

几千年来,人们——主要是我们现在称为哲学家的那些人——一直在争论宇宙是如何构造的,特别是宇宙的基本组成部分是什么。他们的答案范围甚广,从大物质(具有许多构成物质)到一系列的过程或事件,再到"上帝的智慧"这样无所不包的表述,不一而足。原子哲学论者与整体主义论者长期争论的焦点是,哪一个更接近事实:整体还是部分?宇宙是否是由所有部分(如原子或玻色子)构成的基本元素组成?或者,它是一个系统体系(SoS)、盖亚体系、历史进程或上帝智慧这样大的整体吗?

整合理论认为,如果简单直接而又务实地去观察,我们看到的就是既有整体又有部分。例如,个人是团队的组成部分,团队是项目的组成部分,项目是组织的组成部分。一方面,每个实体都可以合理地视为从属于一个更大的整体;另一方面,每个实体就其本身来说,又是一个独立的整体。

让我们以一个非常简单的事物(例如狗)为例。狗显然是一个整体——如果你正在家里看书,也许它现在就在你附近。相当简单,对不对?再仔细观察,我们观察到狗是一个由各个部分组成的整体。例如,诸如循环系统、呼吸系统等身体系统是狗身体的组成部分,狗体内的细胞也如此。狗是由细胞和身体系统等部分构成的整体。

继续往下看,我们注意到,狗身体的细胞也是一个整体,它也有自己的组成部分。细胞由分子组成(每个细胞有数百万个分子),每个分子也有复杂的结构,都有自己的组成部分(如原子,由电子、质子和玻色子组成)。因此,所有这些实体——狗、循环系统、细胞、分子、原子——都既是整体又是部分,即称之为"合弄"。

从另一个视角观察，我们的狗可能是某个更大整体的一部分，比如狗群。（如果你只有一条狗，那你的宠物狗已经是"人群"的一部分了。）狗群也是一个具有其自身结构（比如哪条狗处于支配地位，哪条狗先吃等）和组成部分（单个狗）的整体。到目前为止，一切都很好理解。现在转向我们人类，作为个体我们显然是一种整体，物质上由细胞和器官系统组成，心理上由信念、价值观和子人格组成。同时，我们也是更大集体的组成部分，比如家族和先祖谱系、部落、专业团体、教会、社交俱乐部等。

世界上的所有事物，无论是物质的、符号的、概念的、情感的还是系统性的，都是既自成一体又从属于某个更高的层级。对于这种整体与部分关系的技术术语就是合弄，一个由亚瑟·库斯勒创造的单词（Wilber 1996）。这种关系看起来似乎非常直接或者显而易见，但所有这些整体 - 部分关系的通用模式以及相互作用方式在敏捷转型中却非常重要。在日常工作环境中，个人就是一个单子（合弄）——自己是个整体——但也是团队、部门、事业部、工作职能和企业（以及家庭和通常不同背景下的其他系统）的组成部分。

再往上看，我们看到，团队不仅是一个由个体组成的整体，而且是更大项目或部门的组成部分；同样，依此类推，项目是组织的组成部分，事业部是企业的组成部分。严格来说，团队、项目和组织这样的合弄，与原子、分子和细胞不同。前者被称为社会性合弄，与常规合弄的结构有些不同。就我们的目的而言，不必纠结这种区别，而是将它们全部视为合弄[②]。

你可能会问，这种对整体 - 部分关系的分析在敏捷转型中对我们有什么作用？研究表明，合弄制框架具有明显的特征和巨大的潜力，可以处

[②]　有兴趣的读者可以进一步参考维基百科：https://en.wikipedia.org/wiki/Holon_（philosophy）。

理和整合组织变革的许多观点和方面。从物理学到心理学，再到灵性（spirituality）和社会意义构建（meaning-making），在威尔伯广泛的研究中，他发现所有合弄都有某些基本特征或模式。每一个合弄层级都有不同的逻辑：与个体（如领导者或者团队成员）一起共事有别于与团队一起工作；与团队一起工作则不同于与项目一起工作等。举例来说，我们常常习惯于考虑我们的个人意识，而大多数人通常不考虑系统意识，例如，团队确立的某些做事方法，具体的个人并不能真正地随意去改变。个人意识和团队意识的逻辑是互不相同的。通过理解跨不同合弄层级的基本模式，我们可以洞察每个合弄层级的底层逻辑和固有同一性，从人员到组织，以及跨越众多组织边界和视角的东西，比如文化、结构及政策，正是这些东西组成了一个企业。这最终将帮助我们了解转型过程中的模式。下面，我们将重点介绍这些合弄模式中的四种模式。

合弄的四种模式

威尔伯在 1996 年识别出 20 种合弄模式（或原则）。就本书而言，重点关注我们认为最基本的四种模式：个体性（agency）、共融性（communion）、整合性（integration）和超越性（transcendence），如图 1.1 所示。前两个是彼此相反的趋势：一方面，合弄"力求"维持其自身的完整性，整合理论称之为"个体性"；另一方面，它又"渴望"将自身与类似合弄结构联系起来，以结合成更大的整体，称之为"共融性"。个体性和共融性代表了人类对个性和归属感的需求，这两种力量或者两个极端总是存在于动态张力之中。个体性和共融性可以看做是水平维度的张力，而我们讨论的另外两个趋势则是垂直维度的张力。整合性是合弄的"向下"力量，拥抱和约束其自身的组成部分以成为一个集成的整体。而超越性则是相反方向的力量，"向上"寻求更高层次的复杂度或意识。在接下来的章节，我们会进一步介绍各个模式。

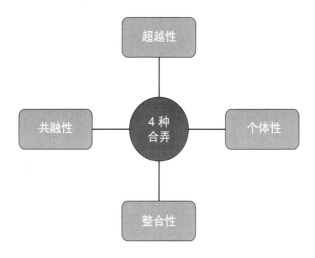

图 1.1　4 种合弄驱动力：垂直和水平方向（来自［Wilber，1996］）

1. 个体性

个体性（agency）是一种趋势，即合弄要维持其自身的完整性，成为一个独立的个体，一个自治实体并独立自主地行事，以体现其整体性而不是其部分性。简单的物理示例，如一个氢原子，无论其处于何种环境，都保持其自身作为氢原子的完整特性。人类的例子是，个人会表现出独特价值观和对事物的看法而不受环境的过度影响。然而，当其变得僵化、被疏远、被压制或被孤立时，个体性也会变成病态。例如，被疏远或被孤立的个人，与朋友或者同事之间就会缺乏足够的联系或纽带。

个体性的"待在一起"促成了合弄的整体性。自我决定理论（Lavigneetal.，2011）认为，人们对自成一体有着基本的欲望，也就是要相对自给自足，掌控自己的命运，具有人格完整性和个体性。跨文化研究表明，满足这种对个体性的需求对于健康发展、进取心和总体福祉都很重要。在这方面，我们每个人都有不同的需求。对于何时感觉到自己受到冒犯，不同的人可能有不同的感受程度，但是我们在某种程度上都会感觉到它。在组织环境中，我们发现，在没有清晰阐明当前的角色、职责、绩效奖励系统以及在敏捷环境中会发生变化的职业发展路径等问题前就开始敏捷转型时，个体性就会受到侵害。当我们重视人类对自治性（个体性）的需求时，人们会觉得自己拥有对命运的选择权。当我们将变化强加于人们时，我们并没有尊重受影响个体的个体性需求，因没有能够正确处理这件事，可能会导致人们作为贡献者的身份失效。反过来还会引发抵触，并可能以多种不健康的方式展现。

有时可能会出现病理性个体。例如，当职能部门的领导们争夺自己项目的优先权，不愿意跨组织边界开展工作以实现更高的共同组织目标而进行协作时，病理性个体表现尤为明显。过多的个体性可能会从根本上削弱高级合弄；团队（或项目）整体可能会解散，变成一群相互独立的个体领导者，而不是一个集体领导团队，或者变成一个个分离松散的团伙，而不是一个团结一致的团队。根据我们的经验，在项目、部门或组织层级实现这种整体性尤为困难。

2. 共融性

个体性的对立面是共融性（communion），即动态张力中的拉力。共融性是合弄的又一个趋势，即一个合弄渴望加入其他类似合弄，相互联结，成为某个更大整体的组成部分，以适应其所处的环境。实际例子是，一个氢原子作为水分子的一部分与另一个氢原子稳定共存。人类的例子，个人通过了解彼此的长处和短板而相互理解对方的为人，继续与其他个人保持联结，形成更具凝聚力的团队级合弄。

当共融性变成病态时，它可能表现为融合、从众心理和超共融性（hyper-communion）。在团队环境中，当存在极端的群体思维和极力避免健康的冲突时，就会出现超共融性，以至于过分重视团结而牺牲多样性和一定程度的自主权。

自主决定理论（Lavigne et al., 2011）认为，为发挥最佳效用，我们必须在我们存在的核心内在上满足与他人建立关系和关爱他人的基本心理需要。这种归属性（共融性）需要如此深入地根植于我们的灵魂（psyche），以至于当我们觉得遭到了拒绝时，会体验到伤痛，这与身体受到创伤时的感受十分类似。在另一个完全不同的情境下，那些引导系统排列的人发现了相同的基本归属需要，这种需要始于我们的家庭系统，是众多伤痛和关系失衡的来源（详见伯特·海灵格与同事 1998 年的研究成果）。难怪共融性如此重要！引用威尔伯的话，合弄"自身存在依赖于其融入环境的能力，这种情况普遍存在于从原子到分子、动物甚至人类的情境中"（Wilber 1996, p. 22）。作为个体，我们具有个体性，但我们也是诸如团队、专业和组织等更大合弄组织的一部分。我们每人的经历都会促使我们彼此保持联系，成为这些系统的一部分而彼此共融（共融性），同时也会促使我们保持彼此分离的身份主体，独立地行事（个体性）。

当进行组织变革时，两极化张力将很可能是潜藏于组织中最棘手挑战之后的因素。下面这个例子来自某个转型过程，其中包含许多个体性，看看个体性和共融性之间的这种张力是如何变得问题重重的。

案例

鲍勃（为保护其身份，这里使用化名）是某公司人力资源部门的高级经理，负责整个企业的领导力发展。苏是本地人力资源团队的领导，她希望引入一个领导力发展项目，这个项目已经通过其他同事的尝试并受到推荐，这些同事是几个领导团队的成员。或许在鲍勃拒绝接受苏的推荐，不参与到这个领导力发展项目的过程中，表现出了他过于强烈的个体性需求。

鲍勃过强的个体性需要阻碍了一群领导者通过参与领导力小队而实现更大的共融性，他们确信这种共融会提升他们的集体效能。

合弄原则 1a（本章后面会详细描述）：**来自给定合弄的过多个体性往往会削弱其上级合弄。**

另一方面，让我们看看过强共融性（或归属性需要）的例子。

米歇尔的分享

由于敏捷转型并不成功，我受邀与一群包括新任 CIO 在内的高层领导者一起，花一天时间来研究他们的文化变革项目。在评估他们的集体领导文化时，我们发现这群领导者是典型的"服从－响应"领导风格（即过强的共融性）。历史上，他们的客户满意度很高，并且与客户关系密切。他们最看重彼此之间以及与其客户的共融性。当他们公司被另一家文化迥然不同的公司收购后，情形开始发生了变化。

之所以进行收购，是因为市场发生了变化，要求他们要么进行组织变革，要么被竞争对手超越。他们这种高度共融文化成为其敏捷转型的障碍，使其无法摈弃那些对他们不再有效的惯例，限制着他们重塑组织的能力。这种高度共融性需要甚至导致他们无法维持现状。

合弄原则 2b：个体性不足会削弱合弄的健康机能，最终逐渐破坏自己所从属的更高一级合弄组织。

在敏捷转型中，在组织范围内提升共融水平非常地重要。根据我们的经验，既有个体性又有共融性的强有力的团队是变革的基础，这就意味着个体必须放弃其自治性而加入团队，这在敏捷转型过程中至关重要。接着，强有力的团队能够相对容易地组合形成强有力的项目级合弄系统，理想情况下以产品或价值流为中心，然后依次形成强有力的组织级合弄系统。转型领导者可以思考如何运用一种系统级模式在整个组织中提升这种共融水平。

3. 整合性

整合性（Integration）是更高层级合弄组织包容、连结、一体化整合其组成部分使其成为一个统一整体的垂直驱动力，它是神圣之爱阿加佩③（Agape）的博爱之力，爱护、包容其所有组成部分。这个概念也可以被描述为向下的内在运动，包括初级层级的完整性、复杂性和意识作为其自身整体性的一部分。这个整合趋势并不寻求超越当前的配置。例如，水分子包含氢原子和氧原子，但它无意破坏或改变它们，而是保持它们不变。

就人类来说，人们接受并拥抱其各种不同的心理要素，包括使其独一无二的部分、为它们服务的部分以及内心受伤的部分、狂野地自我表现的部分等要素，但人体并不会试图去"修复"它们。

当整合性变成病态时，会导致合弄系统解体，退回到自己的初级阶段。届时，它就是死神塔纳托斯④（Thanatos）的毁灭之力，即死亡本能，导致合弄系统悄无声息地死亡，最终彻底消逝。

---

③　译者注：Agape 源自古希腊，被用来描述一种无私的、超越个人感情和欲望的爱。在基督教圣经中，Agape 也被用来表示上帝对人类的无条件的、无私的爱。这种爱被认为是一种超越人类情感和欲望的神圣之爱。基督教教义中将 Agape 之爱视为最高形式的爱，是人与上帝以及人与他人之间最纯净、最完美的爱的表达。

④　译者注：塔纳托斯（Thanatos）是希腊神话中的死亡之神，代表着死亡和毁灭的力量。在心理学中，Thanatos 被引申为一种自我毁灭的本能或倾向，与生命力相对立。这个概念最早由主张精神分析的心理学家弗洛伊德提出。

以下是敏捷转型中我们感兴趣的合弄级别的整合性的例子，既有健康的，也有不健康的：

- 通过将自己的内在部分——子人格、可能相互冲突的个人价值观、信念等——融入一个更加一致的整体中，使个体感觉可以发挥自己的全部潜能，个体由此体现出了整合性。当整合失效时，个体会拒绝其自有部分，抛弃某些他们觉得不舒服的子人格或价值观。

- 当团队（可能由团队领导者体现）鼓励成员既分享自己的不同观点又尊重他人，由此使所有成员都感到融入了整体时，团队显现出了整合性（一体性）。当团队功能失调时，他们会迷失掉使其团结在一起的集体目标和团队精神。因此，团队仅是表现为一群个体，而不再是一个整合了的"整体"团队。

- 通过将团队融合在一起成为具有共同组织目标和愿景的一个凝聚整体，具有良好整合能力的项目提升了他所有的团队及其职能。在不健康的情况下，项目不会在各个部分（团队、个人）之间建立起必要的有意义的联系，只会显示出团队和职能集体的官僚主义行为，而不是真正的"整体"。

- 寻求整合性的组织具有强烈的社区意识、团结感和共同使命感。相反，不健康组织环境中的那些组织，缺乏真实身份感，更像是仅拥有共同所有权结构但没有真正理由在一起的独立业务的集合。

在先前的人力资源例子中，个人层面的合弄（HR 资深领导）阻挠了更高级的领导团队合弄共融的意愿，导致社区受到损害，未能成为一个更有凝聚力的合弄组织。在米歇尔提到的例子中，当领导团队的个人成员无法通过将潜在引起争论的个人想法和解决方案带给团队来行使自己的个体性时，其结果就是不能形成领导团队级合弄。他们并不是真正的团队，而是一群个体，每个人都有自己的职责。表 1.1 总结了每级合弄及其相关的合弄驱动因素。

表 1.1 四级不同合弄以及每级的个体性、共融性、整合性和超越性

合弄层级	个体性	共融性	整合性	超越性
个体	自己做出决定或采取行动；意识到自己的感觉和需要并为之采取行动；当有不同看法时，可以不同意他人的意见	建立关系；放弃个体的某些自主权，与其他人一起加入更大的整体中，成为其一部分；遵守团队或组织的规则	将自己的各个部分一起融合进一个一致的整体	向上迈向更高的自我；作为个体，寻求更高、更深、更广的整体性、复杂性和觉悟
团队	团队决策；不受整体（项目或组织）的过度支配；在项目结束时拒绝解散	通过与其他团队一起参与我们所在的更大整体（如项目或组织），放弃团队的某些自主权	成员彼此绑定；认可他们的独特贡献，同时保持整体凝聚力	成为一个高度凝聚的团队，拥抱当前状态，同时也力求克服局限，从而提高团队整体能力
项目	尽管存在政治或其他组织方面的压力，仍担当实现其使命的自治机构	自愿放弃项目的部分自主权以参与组织的新计划	在各个构成合弄（如团队和项目中其他职能）之间创建凝聚力和整合，以帮助他们更好地合作并因其独特性而受到赞誉	拥抱并欣赏团队和项目职能的紧密结合，同时认可他们跨越现有局限并超越更高职能项目的潜力
组织	清楚地按照自己的目的和使命行事，不必过多考虑行业趋势、局外人的偏好或过于有影响力的内部领导或团队	参与更大的整体，如行业团体和与其他组织的贸易协会；充当全球公民	将组织的各个部分——个人、团队、部门——整合为一个有凝聚力的整体，平衡每个下级合弄的独特性及其成为整体社区一部分的需要	尊重并欣赏组织的整体和每个贡献部分的价值，同时也向上发展，寻求更高、更发达的整体能力，能够以更高的复杂性和更高的觉悟开展工作

4. 超越性

第四个主要的合弄驱动力是超越性（transcendence），它对于纵向发展和迈向更高层次的敏捷至关重要。超越是向着更高的层级迈进。它是一种寻求更高、更深、更广的完整性、复杂性和意识觉察的爱神厄洛斯[5]的力量。一个氢原子与另一个氢原子和氧原子相结合，超越到更高级别的合弄——水分子。一群独立的个体——与其他人围绕着共同目标紧紧联合在一起——共同组成了团队合弄，这个团队合弄拥有自己的需求和表达，超越了构成它的各个个体。

当超越性变得病态时，它就会变成恐惧（恐惧之神福波斯[6]）之力。它并不试图超越当前的配置，而是试图逃避、压制并摆脱它。例如，当我们个人寻求"更高"层级的发展时，我们可能会害怕构成当前层级的当前特征和倾向，希望摆脱（或压抑）它们，而不是在达到更高层级时将它们也接纳在内。

当整合性和超越性都处于健康状态时，当我们超越到一个更高、更复杂的合弄层级（爱神厄洛斯）时，低层级合弄的有用部分也会被包含进来（爱神阿加佩）。整合理论称之为"超越并包含"（transcend and include），这是我们在发展主题中将反复提及的一个术语。但是请注意，超越性受到关注，不仅与合弄的四种驱动力有关，还与整合地图的其他方面有关，我们将在后续章节中继续探讨整合地图。

超越到更高层级的合弄是一种涌现的特性。例如，多个个人可以组成一个真正的团队（超越性）；以此类推，凝聚的团队可以聚在一起形成部

---

[5] 译者注：在希腊神话中，厄洛斯（Eros）是爱神，代表爱情和欲望的力量。Eros 通常被描绘为一个年轻俊美的男孩，手持弓箭，用箭射中人们的心，使他们陷入爱情之中。Eros 的力量被认为是无法抗拒的，他被视为促进人类之间情感联系和亲密关系的神明。

[6] 译者注：在希腊神话中，福波斯（Phobos）是战神阿瑞斯（Ares）和爱神阿芙洛狄忒（Aphrodite）的儿子，也是恐惧之神，象征恐惧、惊慌和恐怖。

落式项目，而部落式项目既有强烈的团队意识，也有明显的成为某个更大事物一部分的观念，显然，这也是超越。项目可能加入其他强有力团队和个人一起创建一个充满活力、整合的社区或组织级合弄，与理解在该项目中的职责的个人和团队一起，围绕一个整体的、共同的使命进行组织。

超越性是整合理论的核心概念之一，在第 3 章探讨高度时将会进一步阐述。超越性也是成长的核心要素之一，它是指超越当前环境的局限性，同时保留、吸纳其健康或有价值的方面。就合弄而言，从一个低级合弄到下一个高层级合弄的超越是合弄突破其当前局限性而实现特定目标的能力。

米歇尔的分享

本是一名非常有创造力的开发人员，他性格内向、知识渊博，喜欢独立工作而不喜欢被打扰。他因在技术方面专业知识深厚而倍受尊崇。最近，本被分配到了一个敏捷团队，这在他的职业生涯中尚属首次。因为敏捷团队缺乏个人空间、嘈杂的氛围以及性格外向的人不断打扰他，想"让他干点儿事情"或帮助他们思考一些事情，本面临的挑战很快就显现了出来。本对自治性有很高的需要，而这个新的敏捷团队和团队空间却恰好迎合了喜欢高度共融的人。

超越性看到了自治性和归属性的这种两极化趋势，需要你发现当前方式的局限性并超越这些局限性。作为具有过多个体性（自治性）的个人，本应该如何超越其日常工作方面的局限性？团队中的其他人该如何看待他们对共融的高度需求并超越其局限性？组织该如何看待他在不知不觉中创造的环境所导致的高共融性和低自主性？

在很多组织最初开始的敏捷转型中，人们根本没有意识到这种两极性对团队聚焦的影响。后来，很多组织重新构建了他们敏捷团队的房间或工作空间，以兼顾成员的自治性和团队的共融性需要。他们还开始考虑对敏捷团队在何时、何地以及如何工作的要求，允许个人进行自我管理，以充分发挥其自治力、创造力、专注力和生产力。

我们必须提防这样的假设，即这种超越性仅仅因为人们聚在一起就会发生。如果单单个人遵循常规就能成为高度凝聚力的团队，那么这样的团队也能协同创建运转顺畅和联系紧密的产品线，进而产品线也能实现惊人的市场份额增长，带来狂热的客户，所有这些都可以带来履行使命的意识和健康的利润！唉，理想是很丰满，可惜现实却很骨感。因此，我们必须致力于在各个层级上实现具有超越性的共融，同时尊重各个层级对自治性的需要。

1.3 合弄与敏捷转型

组织环境中高效的领导者之所以高效，部分原因是他们有能力在自己的职权范围内管理好个体性与共融性的张力关系（两极化性）。同样，高效能的组织可以设计其组织的系统、流程和文化以很好地处理这些张力。为了成为更为有效的变革领导者，我们可专注于合弄各层级的边界地带，因为这些边界是最可能出现障碍或萌生机会的主要"断层"。我们首先识别从个人到组织的各个合弄级别内部及合弄级别正在发挥作用的潜力的模式，然后系统性地应用这些合弄原则以缓解潜在的问题，或善用新的机会。

在寻找这些模式的过程中，如下问题可以为转型过程中的领导者及教练提供指导：就不同层级而言，在哪个合弄级别上个体性不足？共融性不足？缺乏整合性吗？组织转型中的一个关键方法就是评估合弄层级的断层带。每个级别都健康的合弄会使各个级别之间能够建立起合适的关系。

那么，确切地说，断层对我们意味着什么呢？简而言之，它意味着在不同合弄层级之间的边界地带，事情往往会出现障碍。在断层处，要么个体性变得太强因而共融性非常微弱，要么没有足够的来自上级合弄的整合因而很容易崩溃。断层在水平模式和垂直模式中都会出现。

- 在水平方向上，能看到的模式包括相同层级不同合弄之间的争斗：不同部门为预算、资源、测试环境访问权等诸多事情斗得不可开交。

- 在垂直方向上，我们关注个人、团队、项目和组织这四个合弄层级内部的模式。例如，通常在项目合弄会出现过多的个体性，如果不能很好地在项目合弄实施规模化敏捷框架，合弄模式将会付出代价而牺牲团队合弄。导致的结果是，团队缺乏必要的自治能力，在其产品待办事项列表及其产品负责人的职权范围内无法自主决策。

1.3.1 转型的合弄原则

鉴于这些合弄原则代表人们的新思维方式，我们要在此做个总结。

1a. 给定合弄具有过多个体性的话，往往会削弱其上层合弄。 例如，当个人与团队无法很好相处时，当团队不愿与其他团队一道参与其所在项目时，当领导们表现得像一个个个体而不是集体领导团队，并且过分地抵制创建共同计划或实现共同的组织目标而努力时，就与这一合弄原则有关。它会损害团队、项目和组织的凝聚力和有效性，从而无法形成更高级别的合弄。

1b. 共融性不足会阻碍超越性和高层级合弄的形成。这条原则逻辑上与前面的合弄原则 1a 有关，但可能在不同情况下才能见到。例如，团队或许都有很强的团队认同感（团队层级的个体性、个人层级的共融性），但还认识不到其他团队的重要性以及他们为项目或价值流所做的重要贡献；相反，团队仍然陶醉于自己的"团队身份"，而不是将自己视为更大整体的一部分。同样，团队成员也会表现出这一现象，他们不愿牺牲自己的一些自我需要而与其他成员一起组成团队实体，因此造成共融性不足。值得注意的是，人们并不总是很容易认同一个大型组织，而是需要与低层级合弄系统建立联系，创造一种对其更有意义的组织归属感（共融性）。这种联系更容易在每天与我们一起工作的人之间发生。

2a. 给定合弄具有过多共融性的话，往往会削弱合弄自身。虽然似乎增强了上级合弄，但太多的共融性意味着个体丧失了自主权或完整性。例如，当个人未能进行解决冲突所需的勇敢对话时，当团队希望与其他团队和谐相处而不愿交流自己对团队工作的独特看法（因而最终损害了项目）时，以及当领导者因担心自己不合群而不进行多角度独立思考时，这一原则的体现就很明显。其后果就是自身及上级合弄缺乏具有创造性的想法或解决方案，并可能降低整体绩效。

2b. 个体性不足会损害给定合弄的建康运作，最终会削弱其所在的上层合弄。这在逻辑上与前一个合弄原则 2a 有关，但在此处描述的场景下可能更容易看到。例如，当团队中的个体没有足够的自主性时，比如在不同意技术方案时不能说出自己想法的情形下，就很难形成真正的团队合弄。想象一下，一个集体中所有成员的想法都完全一样，或者当有人有着强势个性而其他人就不再贡献自己的看法时，会怎么样？这种情况会破坏团队合弄的形成，因为团队是个人的相互协作，而不仅仅是一群思想相似的人聚集在一起。简而言之，无边界（个体性），不联结（共融性）。

这些合弄原则有助于我们根据不同的合弄层级聚焦并合理安排工作的优先级，实施跨越合弄边界的实践；加深对每级合弄逻辑的理解，这也是团队教练及个人教练需要具备的能力；提高我们自己的内在能力，以更巧妙地处理所有这些情况。每级合弄都有它自己的逻辑、技术、方法及存在方式。接下来，我们在介绍合弄的不同视角之后，将会提到合弄的一个最终应用。

1.3.2　尺度转换

贝蒂·米勒的经典歌曲《来自远方》展示了尺度转换的场景：

> 在远方，聆听天籁
>
> 回响大地
>
> 那是希望之音，那是和平之声
>
> 那是每个人的声音
>
> 在远方，我们都很满足
>
> 人无欲求

从正确的合弄层级的视角看问题，才能诸事顺遂。

尺度转换（scale shifting）是一种有意以不同视角、以一种新的方式看待事物的方式。当我们聚焦于个体合弄[⑦]时，我们可能会看到领导团队中两

---

⑦　译者注：个体合弄拥有一个占主导地位的、不可分割的主体；也就是说，它具有一个可定义的"我"（I-ness）。"个体合弄是离散的、自成一体的实体，而且也证明了个体性的质量或者自我指导行为。"社交合弄不具有占主导地位、不可分割的主体；它只拥有一个可定义的"我们"（We-ness），因为它是一个由个体合弄组成的集合。此外，与拥有分散的个体性不同，社交合弄拥有被定义为相互连结的个体性的实体。

位成员之间的个人冲突，比如财务副总裁与研发副总裁之间的冲突。通过分析他们的个性特征、情商或者二人之间明争暗斗的历史渊源，会让我们更深刻地理解这种冲突为什么发生。如果从更高一级合弄看，即团队级合弄，以不同的视角来洞悉这种关系，我们会有新的发现。要了解作为合弄团队如何工作，我们可以问，是什么模式正在团队中发挥作用？上面两个成员之间的冲突对整个团队有什么影响？团队的其他成员如何巧妙地与冲突中的两者之一进行结盟，表面上却又不承认这种隐藏的忠诚？更进一步，如果我们转向组织级合弄，我们看待事情的角度就更加不同了。我们可能会研究组织的文化，理解财务的必达使命（降低风险、为整个组织创造财务安全）和研发的存在价值（更高的风险、为组织创造巨大的生存机会）之间的割裂。

从个人层级看，这种情况看起来像是个性冲突；从团队层级看，它可以是一种避免团队冲突的手段；而从组织层级看，它似乎是一种平衡所需的组织极性的一种方式，比如，管控安全风险与容忍创新风险之间的平衡。就冲突本身而言，这些都不是"真实"的观点，但每一个观点都是有效的。为了提升利用系统思维视角的能力，请尝试使用尺度转换的方法，针对组织中存在的各种问题从组织的不同层级进行思考。

1.4　小结

观察合弄模式，然后有意识地根据合弄的原则行事，这是转型领导的本职工作。以这种方式开展工作能够增强系统性，起到事半功倍的杠杆效应。通过实施某些实践，比如跨越边界的领导力发展和系统觉知实践，我们可以在多个层级上影响整个组织。例如，教会领导者使用跨越边界的实践，可以帮助他们弥合不同离散群体之间的传统边界，能够为提高各个层级的共融水平而创造一个杠杆着力点。接下来一章，我们将研究四个基本视角，以探究给定的合弄，这将为我们提供更多帮助。

1.5 知行合一

转型领导者需要认真思考及其变革团队下面几个问题。

- 作为转型领导者，你该如何提高整个组织的共融水平，使之达到系统级模式？

- 个人、团队、项目或组织，哪个层级存在个体性不足的情况？是否存在共融性不足？整体的组织级模式是什么？

- 在组织的每个层级，你能定义什么样的个体性、共融性和整合性，至少看起来像什么样子？

- 如果正在使用规模化敏捷框架，项目层级是否存在过多控制（整合性），因而牺牲了各自团队的自主权？

- 个体性和共融性是可以管理的两个极端，但却从未被彻底解决过。在各个层级发展个体性和共融性，哪些做法有助于创建组织级的技能？例如，使命和价值观声明、共同章程、探寻和倡导对话实践、建设性地进行艰难对话及其他手段，这些都可用于加强不同层级的个体性和（或）共融性，使其更加清晰明确。

- 我们可以从不同的角度做哪些尺度转换来理解各种问题？

第 2 章

象限：四个基本视角

在第 1 章中，我们了解了如何从不同的合弄层级来看待事物。当我们从个人层级看待事物时，我们会以个人的视角来审视各种事物，包括我们的感受、信仰、行为方式、渴望、目标以及所处的系统等。然而，当我们从组织级合弄上看时，我们看到的是完全不同的东西——组织动态、系统、结构、工作流程、包括文化和结构在内的多人思维的新兴模式等。

目前，我们已经对合弄及其四种趋势（个体性、交融性、整合性和超越性）有了很好的理解。那么让我们来考虑一下，如何跳出合弄之外来研究各级合弄。事实证明，这四个象限是我们看待任何事物的四种主要方式。它们共同构建一个地图，为我们提供了容纳所有事物的空间。

2.1 解构四大视角

本章后面会更详细地深入探讨四大视角，不过现在我们先简要地介绍一下为何四个基本视角对我们理解敏捷转型如此重要。在整合理论中，有四个基本的不可分解基础维度视角：主体性、主体间性、客体性和客体间性。这些象限代表着人类在整个人类历史中观察和理解世界及其任何基本问题和现实的四种基本方式。在任何特定时间里，任何特定情况下，现实世界都存在着多重维度，通过这四个视角我们可以看到不同的维度。每个视角都是有效的，但也是局部的。因此如果不能从所有视角来看待事物，我们的认知就只能是片面的。

通常来说，我们每个人往往都会立足于某个主要象限，以此来定位自己，这就是一种定位方式。换句话说，就是通常主要从某个角度来看待事物，并据此来决定如何与周围的人和世界进行互动。当我们有选择地偏向四种基本视角中的一种或两种时，我们就会错失其他视角所包含的重要信息和方法，这些信息和方法可以帮助我们解决复杂、不确定环境中的挑战。特定的职业或角色通常具有特定的社交惯例及训练，使某个象限特别受重视。例如，传统管理思想认为右手侧的、客观象限的看法才是"真实故事"；而左手侧的、主观象限中的事物似乎或多或少地无关紧要。

当然，仅仅因为我们将自己定位于一个或两个象限，并不意味着我们在这些象限中肯定都非常资深或老练。相反，我们的倾向性只反映我们看待事物的首选方式，一种类型偏好，类似于性格内向或性格外向。更进一步，当我们系统地采用所有四个视角来看待事物时，将提升我们自己的系统思维和整体领导能力（第 II 部分的重点），而这需要一种平衡的、全面的方法。同样，对我们的领导团队来说也是如此。

有了这个基础的理论认知，让我们回到前面谈到的朋友——狗。回想一下，我们曾谈论过的狗既是个体的，也是集体的（即狗群）。看起来很简单，它们是理解任何合弄的所有基本视角中的两个视角：个人和集体的看法或视角。当我查看个人层级时，我会看到某些类型的事物。当我观察集体层级时，我看到了其他的东西。在整合操作系统（IOS）中，我们区分了四个方面，另外两个方面是从内部和外部的视角，即内部的无形视角和外部的有形视角。

把这些视角画成一个2×2的视图来看会更清楚一些。具体来说，如图2.1所示，我们将个人视角放在顶部，将集体视角放在底部，将外部视角放在右侧，将内部视角放在左侧。

首先看个体维度，我们可以从两种视角之一来看待狗：内部视角或外部视角。我们也可以将它们分别视为对狗的主观（左侧）看法和客观（右侧）看法。当我们从外部看时，我们看到了狗的外表或外部特征，任何人都可以观察到这些。从这个外部视角来看，我们可以通过测量、检查等手段来客观地看待这只狗。例如，我们可能会看到狗的颜色是灰色，一条腿比另一条腿稍长，诸如此类。检查一下出生记录，我们可能会发现这只狗已经五岁了，或者用显微镜对其进行检查，我们可能会发现它已被感染。即使在狗死亡之后，我们将其解剖并检验其身体内部，我们仍然会关注其外表或外部特征。从外部对单个狗的这种看法无疑是一个有用的方法，从中我们可以学到很多关于狗的知识。但这还不是全部。

这个矩阵中，左侧是我们讨论的这个合弄的内部视角、主观方面（或深度方面）。举例来说，迈克尔养过一条狗，名叫Feine（音同"菲娜"）：

我出差 10 天后回到家。菲娜一看到我，简直就像疯了一样，摇晃着尾巴，不停地蹭来蹭去，吵闹着把尾巴撞在门上，到处跑来跑去，撞这儿碰那儿，用一种急切而欢快的表情抬头看着我。我虽然不确定但我认为，我能感觉到菲娜喜欢我，它很高兴见到我。

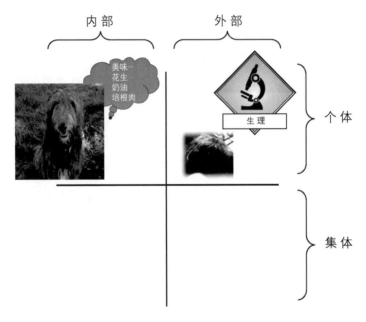

图 2.1   象限：个体层级的主观视角和客观视角

"很高兴见到我"是对菲娜假定的内部状态的描述。由于它不是人，所以我们不能直接问它，只能做出有根据的猜测。不管这种解释是否正确，我们所采取的视角都聚焦于菲娜的内部。图 2.1 左上象限（带有它的照片）显示了菲娜的主观状态。右上象限中显示的是外部视角，显微镜图像用来代表科学的认知方式。

从内部和外部视角来看，虽然还不完整，但我们可以得到一个更为全面的看法。另一个要考虑的方面是狗如何融入集体。事实证明，菲娜是一群（由三只狗组成）小狗中的一员，另外两个成员是格里芬和泰迪。让我们将它们作为一个整体来看：

> 我回家歇了一会儿之后，狗群就趴在门口和客厅里的地板上悠闲地休息了。不知为何，菲娜突然站起来，跑来看我，然后走开了，这似乎唤醒了泰迪，它最终也站了起来。突然，狗群就准备好出门了。菲娜似乎是"煽动者"，它让狗群有了行动，它与泰迪"眉来眼去"，让格里芬嫉妒，然后菲娜将它们"带"到外面去，即使是走在它们后面。

如果你还能理解我们的分析，你会看到，这是对狗群集体的内部（主体间）视角，有点像它们的群体文化，包括相互关系；因此，我们将其放置在矩阵的左下象限。尽管很难对不同的物种直接进行这样的研究，但人们可以感受到这些狗作为一个群体的"文化"，包括它们的动机、彼此之间的关系等。当我们开始观察人类时，这个过程会变得更加清晰和熟悉。

通过从右下角（集体、外部）来观察事物，我们平衡了内部视角。例如，我们可以创建一些实验来检查狗群的组织方式：狗群中通常有一只领头狗（阿尔法狗），它表现出一些行为来建立支配地位和服从地位；具有防止严重伤害的礼节性的争斗方式；分享食物的方式；还有其他行为。我们甚至可以使用某些科学方法，比如观察菲娜的狗群、留意等级顺序中每只狗的地位、随着时间的推移它们的互动行为、三只狗在大小和年龄方面的关系以及第四只狗加入会如何突然改变这些关系。图2.2添加了集体方面的内部和外部视图，并在内部视图中显示了菲娜所在狗群的图片以及一个系统化的对象，旨在从外部视图描绘对狗群进行的科学研究。

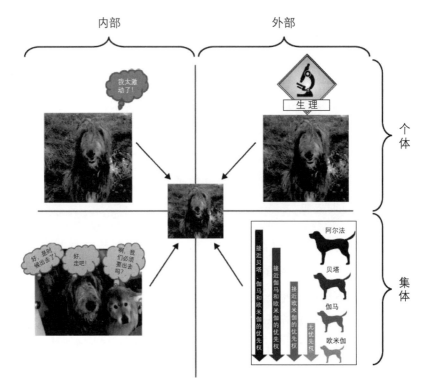

图 2.2　象限：在集体层面添加主观和客观视图

2.1.1　每个象限如何工作

出于简洁的考虑，我们将首先总结这四个视角，然后更深入地研究每个
视角如何工作。

● 左上（UL）象限是个体合弄的内部视图，无论该个体是一只狗、一
个人还是一个组织。一般情况下，左上象限被标记为"我"（I）视
角，因为是以第一人称单数的角度来看事物的。当我们透过"我"
这一象限来观察事物时，我们看到了思想、信仰、价值观、动机、
个人思维模式、假设、感觉以及其他主观和个体的事物。从"我"
象限的角度来看，一些方法或技巧也是有效的，这些方法包括内

省、冥想和祈祷、反思、日志以及更普遍的一种称为"现象学研究"的方法等。现象学被定义为"一种集中于研究意识和直接经验对象的方法或途径"（《牛津在线英语大辞典》）。或者，我们可以说，这是一种个人经验方法，它与我们意识中事物如何出现有关。一般来说，只有自己才能直接经验自身的"我"视角，有一些人更善于应用这种方法，因此这是一种可以被实践、被开发的方法。东方的灵性传统已经在冥想实践中集中精力掌握这些方法超过2500年了。

- 右上（UR）象限——个体的外部视角——被标注以"它"（IT），因为它代表第三人称单数的视角。透过"它"象限，我们能看到个体的可观察到的行为、包括大脑在内的身体以及它们的活动。我们看到人们的技能和专业知识、才能以及他们的个人绩效评级和可衡量的结果。我们还可以看到某些有效的方法或技术包括观察、实证研究、以各种方式测量事物以及一般科学方法等。"它"象限还包括神经生物学等特定领域，即大脑对威胁、焦虑和创伤的反应。"它"象限被描述为客观的、有形的和关注外在的事物。崇尚行动或测量事物的人和组织，或对具体的、可观察到的看待事物方式更满意的人和组织，通常也处于"它"象限。

- 右下（LR）象限是集体的外部视角，被标记为"它们"（ITS）。请注意，第三人称复数视角在英语中是模糊不清的。在这个"它们"象限中，我们从生态、社会、经济、政治、结构或系统理论的角度看待事物。这个象限中一些有效的研究方法包括系统思维、网络理论、人种学、结构设计和其他类型的科学对称分析等。

- 左下（LL）象限是集体的内部视角，称之为"我们"（WE）视角，代表了第二人称复数视角。"我们"象限看到的是主体间的事物，如共同的信仰、共同的价值观、人际关系（内部方面或经验）、驱动我们行为做事的精神模型、文化表现和情感领域。从"我们"的角度看，有效的研究方法包括文化观点和世界观、哲学、宗教和政治探索、情感－社会智能、感知群体关系中的情感领域、同理心和关系系统情报等。

我们经常简单地将 I、WE、IT 和 ITS 用作四个象限的简写，并依此指代它们所代表的观点、视角或认识论。此外，为每个象限添加另一个特征，而不只是"我""我们""它"和"它们"，通常是有帮助的。我们可以将"我"象限视为意识（或心智模式）视图，将"它"象限视为行为（行为模式）视图，将"我们"象限视为文化（或关系模式）视图，将"它们"象限视为系统（或结构模式）视图。

这些新标签并不是要代替"我""我们""它"和"它们"，而是添加一些内容来表示基础视角或该视角的方法学（我们在第 8 章中完整阐述 IATF 时，会进一步加以区分）。

到目前为止，我们已经以一般方式探索了这些象限。实际上，我们还可以用两种不同的方式来使用它们：维度或视角（详见肖恩·埃斯比约恩－哈根斯）。分视角法或**四学科法**（quadrivium method），需要使用每个象限作为观察给定情况的视角或方法，从中来研究该事物，例如，迈克尔的狗——威尔伯称之为"从什么来看"象限视角。

相比之下，当使用整合方法所指的**二次法**（quadratic approach）时，就狗如何看待这个世界来说，我们可以使用每个象限的透镜从狗的角度（威尔伯称之为"透过象限来看"）来研究狗狗们。在图 2.2 中，请注意箭头指向内，表明我们正从每个象限的角度来观察狗。如果我们采用二分象限方法，狗会在中间，箭头指向外面，是因为我们采取了从每只狗的象限镜头或维度的角度来观察事物，假设我们实际上能够进入狗的脑袋里，通过狗的眼睛来观察事物。

作为人类，如图 2.3 所示，我们可以使用相同的方法来分析我们如何观察和感知这个世界。图 2.3 中，请注意，箭头向外指向四个象限。这表明这个人正在根据自己的现实和经历来感知世界。在这种二分象限方法中，人运用自己所体验到的现实实情和能力，使用这些象限所代表的每个现实的维度来观察世界——经验性、行为性、文化性和社会系统性。

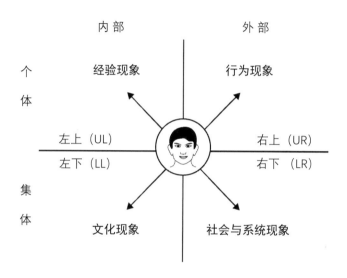

图 2.3　二次方法：从它们的个体现实和经验来观察 ①

图 2.4 描述了使用这些象限来"观察"特定场景或问题的另一种用法——四学科法。在此示例中，四个象限视角现在直接对准湖中垂死之鱼这一场景。该场景反映的是湖中成百上千的鱼濒临死亡，所以我们分析的是这些鱼的死亡。如果你使用这种四学科法，可能需要寻求专家的帮助，从各个象限进行分析。

---

① 来源：Integralacademy.eu/about/about-integralLtheory/all-quadrants-the-basic-dimension-perspectives。

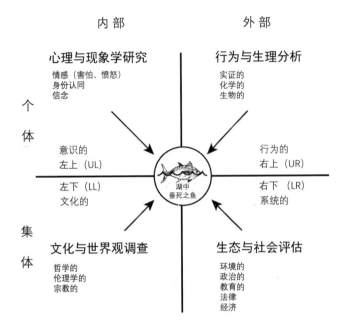

图 2.4 四学科方法：从某些学科来分析 [2]

在对濒死之鱼的研究和分析中，每个象限代表一个特定的方法学，具体如下。

- 在"我"（UL）象限，你会通过心理学和现象学的探究来研究生活在湖上的人的情感、自我认同和信仰。

- 在"它"（UR）象限，通过行为学和生理学分析，探索导致鱼类濒临死亡的实证、化学和生物等因素。

- 在"它们"（LR）象限，通过生态和社会评估，你会调查导致鱼类濒临死亡这一问题的环境、政治、教育、法律和经济等因素。

---

[2] 来源：Integralacademy.eu/about/about-integral-theory/all-quadrants-the-basic-dimension-perspectives。

- 在"我们"（LL）象限，你试图通过文化和世界观调查来揭示与哲学、伦理和宗教有关的因素。

通过查看所有这些象限的观点，我们试图发现造成那个死鱼问题的所有可能的现实因素。如果我们没有来自所有 4 个象限视角的数据，就无法化解该问题的复杂性，因为每一个观点所包含的信息都是片面的，甚至很可能会掩盖其他视角信息缺失的事实。进一步讲，如果不能在解决方案中综合考虑所有这些因素，我们就不能有效地解决这个难题。

从每个象限所包含的观点中，我们看到了不同类型的"对象"，这反映了每个象限背后的世界观。这些世界观为我们展现了一套标准的方法、假设和理念，从这些世界观来看，这些方法、假设和理念都是有效的。此外，我们看到，每个象限本来都具有局限性，或者带有偏见。我们可以说每个象限都是"对的"，但只代表了现实中的部分视角。有些人迷失在"唯一视角正确论"这类观念之中，认为只有一个视角的观点才是"真正真实"的。例如，科学唯物主义相信可以将全人类心理学归纳为大脑生物学。在这种观点下，恋爱只是神经递质的化学反应，因为其基础理念认为，只有"它"象限才是真正真实的，其他象限都是虚幻的。

从整合理论的角度来看，这种偏好于单个视角观点的做法过于狭隘，丢失了一些必不可少的东西；只有结合所有四个视角的观点，才能帮助我们看到事物的整体面貌。不幸的是，许多现代组织往往偏重右手侧的两个象限，在度量指标、胜任力、工作流程和组织结构方面的行动远远超过了深信不疑的信仰信念、诚信正直、组织文化、共同愿景和慈悲同情之心等。这种极端行为使组织转型不得不付出相当大的代价。

2.1.2 如何具备整合思维

如果我们仔细审视自己的这种偏好或倾向，以及随之而来的偏见，很可能会看清我们对一两个象限的偏爱。事实上，有些人甚至认识不到其他观点也是有效的，反而固执地认为自己所偏爱的视角才是正确的。对某些领导者来说，可能表现为过度强调客观度量，忽视了与下属建立共同愿景。而对于另外一些领导者，可能更喜欢创造良好的关系（"我们"象限），却没有足够专注于实现具体的商业结果（"它们"象限）。

迈克尔的分享

我的主要象限偏好是"我们"象限。我几乎锁定在此了，它让我更多考虑团队的感受、如何与他人建立和谐的关系，并通过交谈和倾听他人来发现我认为最真实的东西。这一偏好体现在我的心理学和教练的背景中，特别是家庭系统疗法和系统教练活动中。然后，我的"我们"象限倾向支撑了我的第二倾向——"我"象限。尽管我并不倾向于那样看待这个世界，但我仍然被"它们"象限（和客观的系统思考方法）深深地吸引，所以我肯定会努力钻研。与此同时，"它"象限经常被我视而不见，除非我特别专注于它，否则它经常会从我的意识中消失。

米歇尔的分享

我的主要象限偏好是"我"象限，我常常通过触达自己的内在、感受、思维和观点等内在体验来赋予事物意义。我可以通过对音乐的热爱观察得到我的首要象限偏好。作为一名音乐人，我发现，音乐是一种精神表达、一种让人们走到一起的通用语言，是连结我内心声音最强大的媒介。这种首选的象限取向成为我与他人建立联系的

> 方式，那是我的第二象限取向（"我们"象限）。与我的内在价值观保持一致，它也指导着我所采取的行动（"它"象限）。在组织生活中，具体体现为我追求理解组织心理学和我的个人发展（"我"象限）以及指导他人和领导文化变革（"它们"象限）。我不得不刻意提升我在"它们"象限的能力，以引领组织应对复杂的转型变革。

这就是问题所在：一旦沉溺于某一个或两个象限，我们就会全然忘记其他象限的存在并错失在特定情境下的许多事实真相。回到我们的问题："是否存在一个真正真实的视角？"显而易见，答案应该是"没有。"事实上，仔细察看一个特定的情境，每时每刻，所有四个视角的事实都有呈现并且都在起作用；唯一的问题是我们是否留心那个视角的信息并被其蕴含的智慧所折服。

案例

敏捷教练正在与敏捷团队的某个成员面谈，以确定如何才能帮助到她。教练可能首先注意到她内心的动机和愿望（"我"象限），并向她提出有关动机和愿望这些主题的"重磅"问题，以设法站在"我"象限的视角去理解她。在以后的会议中，教练可能会注意到她的外部行为（"它"象限)以及这些行为是否符合团队的行为规范或她自己所声称的价值观。她遵循敏捷实践吗？教练也可能察看该团队成员的周边环境：她们团队的文化是什么（"我们"象限）？他们的共同价值观是什么？以及他们如何影响她的行为（"它"象限）和她的动机（"我"象限）？最后，教练可以观察构成其组织环境的社交系统（"它们"象限），这些社交系统包括组织结构、限制或授权团队行为职责的政策、公司的竞争环境以及绩效管理系统对她及其团队的影响。依次察看每一个视角，教练可以获得更全面的、更完整的理解。在我们完成一个给定难题的整合系统分析（Integral systems analysis）后，我们再来回顾这个案例。

总结一下，这些视角中没有一个看法是"真实"的；而是，它们都是同时发生的（我们称它们为"**四面同现**"）。每一个视角都是窥见特定情况的镜头——无论是一只狗、一个人、一个团队还是一个敏捷组织。采取任一特定的视角可以让你获取某些信息、某些思维方式和某些类型的方法，而同时也会错失其他重要的信息。系统地采取全部象限的观点，通览所有四个象限关于某个给定情境的观点，会带给我们一个非常完整或整合的看法③。

2.1.3 象限间的争论

整合理论的四象限法将不同的方法和不同的思想流派统一到一幅无所不包的详尽的地图中，帮助我们洞悉每一个观点的智慧，而不是只选择"正确"的观点。正如威尔伯指出的那样，在任何情况下，所有四个象限都是息息相关的，因而忽视任何一个或多个象限，都会丢失重要的数据和观点。实际上，历史上充斥着右侧象限与左侧象限孰是孰非的争论，右侧象限强调经验主义、可重复性、客观规律和用感官或诸如显微镜这样的感官延伸工具而来的感知能力，而左侧象限则强调意义、价值观、深度以及那些必须通过解释或意识来探究的观点。这些论点被赋予多种不同的名称，例如科学唯物主义与人文主义、客观主义与主观主义、硬科学与社会科学等。

---

③ 我们对象限的偏好会延续到我们对系统的看法之中。在敏捷社区中，我们经常从"它们"（ITS）的角度来思考组织系统（例如看板、精益、约束理论和其他系统方法），同时也从"我们"（WE）的角度来思考敏捷团队，比如他们的文化、人文背景、共同价值观等。我们将在第 3 章继续讨论这方面的内容。

我们可以通过两种基本方式来概括不同象限的特征性方法：第一，每个象限都有其首选的研究主题或研究对象；第二，每个象限都有其首选的研究方法或研究途径。因此，我们可以使用"我"象限的方法来研究动机、意识或参与程度，例如内省、日志和冥想等，也可以使用"它"象限的方法论从外部观察可观察到的行为[4]，例如经验主义、客观及结构化观察、正式访谈等。或者，我们可以兼收并蓄，两者皆使用。图2.5 总结了每个象限中的一些首选方法、研究对象等。请注意，"我"象限在这里重新命名为"心理"象限。

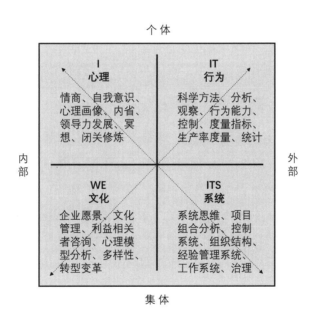

图2.5　各象限的首选研究方法和思想

正如威尔伯所说："外在表象可被看见，内在深度则必须阐释。"（Wilber

④　威尔伯在《灵性的觉醒：肯·威尔伯整合式灵修之道》一书中进一步指出，我们也可以从"内部"或"外部"来思考每一个象限。因此，我们可以在"我"象限中进行冥想和内省（对"我"象限的一种内部视角），但我们也可以从外部科学地研究冥想。无论哪种情况，研究的重点都是内部个人视角，即"我"象限。每个象限的内部方面和外部方面通常不在本书的讨论范围之内，因为这种考虑很快会变得较为复杂，这对我们当前的工作而言并不重要。

1996, p. 90）。内在深度必须通过沟通交流和认真解读才能为人们所了解，而外表则是所有人都可以直观看到的。右手侧方法会问："它做了什么？"而左手侧方法则会问："这意味着什么？"在个人维度上，关键区别在于意图和行为，而在集体象限中，区别则在于文化和社会。在敏捷社区中，这种左右两侧观点之争也屡屡上演，不同的思想流派坚信只有自己的方式才是最好的，而其他观点则被排除在外。整合视角努力寻求每个象限视角中的真相及其效用。

作为领导者，采取整合视角来审视组织，可以得到一个全面而整体的理解，并以此为基础采取有效的行动。这样的方法可以帮助领导者理清战略的所有含义、缺失的内容以及如何重新定位或重整个人领导力使其更有效。例如，或许我更需要关注结果（"它"象限），或者我也许应该更关注关系和文化（"我们"象限）。

另外，不要误认为"客观"就是"真实"。左侧的主观、以意义为导向的视角具有与右侧相同的有效性标准，但它们完全不同。例如，针对某些事物，有些解释方式明显是错误的，有些可以解释得很好，有些却解释得十分糟糕；如何正确地解释某个事物，通常由与该主题相关的从业者社区来定义。例如，评判"我"视角的有效性的一个标准是真实性（authenticity，或者说权威性）。当我们听一个人表达"我"象限的某个观点时，我们会根据它是否一个真实、真诚的表达来判断其"真实性"。

客观方法威力大，但限制也不小。对一些人来说，因为可以在不受那些乱七八糟的人类情感蒙蔽的情况下获得认知，所以这些方法似乎能够保证"客观性"，因而非常讨人喜欢。然而，客观度量却也不得不屈服于如下名言所总结的局限性（通常认为是爱因斯坦所说的）："并非所有纳入考量的事物都很重要，也并非所有重要的事物都在我们的考虑之内。"

这就好比醉汉灯下找钥匙的故事，尽管是在昏暗的小巷里弄丢了钥匙，他却偏偏要去路灯下找，因为"只有那里看得见"。有时，科学执念使得我们就像那个醉汉一样："嗯，我们找不到真正能够度量人与人之间关系强度的方法，所以我们决定观察谁在谈话中说话最多，观察者需要接受一些方法培训以便能够'客观地'进行观察。"⑤

我们当然不是在暗示这些度量方法毫无用处，即使确实如此。这些度量方法提供了关于人际关系的新的看法，并不断提出新的发现和观点。此外，我们不能将人类关系简化为可被客观量化的指标。我们既需要左手侧象限的方法，也需要右手侧象限的方法。我们需要的是**整合思维方法**。

至于集体象限，对于我们中的许多人来说，那些视角的观点可能比个体象限更为陌生，因而有必要进一步澄清。许多模型和框架被明确地称为系统思考；它们专注于集体的某种定义（或观点）、支配系统行为的原则以及系统的涌现属性（比如合弄的超越性特征）等。一旦我们从这个角度在这个层级上来看，正如彼得·圣吉所言，我们才开始从整体上来看待事物，或者可以说，我们从一个更大的合弄层级来看问题。

任何对系统的专注始终都是对群体的专注，由下半部分的象限代表。回顾各象限的构造方式，我们发现系统既具有内在视角（"我们"），也有外在视角（"它们"）。对我们来说，这是一个基本的区别——并且据我们所知，在系统思考领域也是一个新的区别。

心理学和组织发展（OD）领域使用系统导向概念的历史至少有 40 年。

⑤　在西方哲学和东方精神传统中，存在一个由内而外严谨研究意识的悠久传统（"我"象限）。埃德蒙·胡塞尔、马丁·海德格尔和让·保罗·萨特在西方传统中采用的现象学方法或佛教徒对阿毗·达摩的研究算得上是更严格的科学探究，佛教徒通过超长期的冥想实践所理解到的微秒至秒级的意识分析对阿毗·达摩进行了佛义上的研究。

然而，如果我们观察敏捷世界中的系统思维，则会发现它与心理学、组织发展学和系统教练领域中的方法截然不同。

这些象限帮助我们在两种类型的系统思维或系统导向之间做出了根本的区分。一些系统模型和理论解决了"它们"象限的问题。彼得·圣吉（1990）和德内拉·梅多斯（2008）的系统动力学学派就是其中之一，而另一个是高德拉特的约束理论（Goldratt, 1990）。其他类型的系统思维则专注于人及人际关系（"我们"象限）。会议室中紧张的能量场就是该领域的典型例子，该案例被 CRR 全球组织关系系统教练（ORSC）学派以及系统排列（Systemic Constellation）流派作为特别例证。

将这一区别应用于敏捷转型，"它们"象限的各种变体就涉及目标、政策的外部视图、反馈延迟周期、数值建模、组织结构影响以及组织环境等。通常，这就是敏捷社区中"系统思考"一词的含义。"我们"类型的系统思维——我们称为左手系统思维——更侧重于关系系统、情感领域、系统中的文化或感觉、领导力文化以及系统意识和排列。"我们"类型的系统思维刚刚开始被敏捷实践者所使用，但还不熟悉。在本书第 II 部分介绍转型领导者的部分，我们将探讨更多传统（右手侧）系统思维方法和左手侧的系统思维方法。

2.2 敏捷转型中的各象限

如果现在就直接将本章所讲的象限思想应用于敏捷转型环境，那么需要注意两个主要问题。

- 首先，鉴于敏捷转型中有很多不同的方法可用，如何将这些不同的方法映射到各个象限中？请记住，各象限需要平衡，这将影响到在特定的时间点上取用哪种方法作为变革策略的一部分，因为采取整合方法意味着要关注所有四个象限。

- 其次，如何使用象限来制定组织变革计划？例如，提出有助于评估变革准备情况的关键组织问题，或在所有四个象限中设计组织转型所构想的未来状态，并最终分析和解决敏捷转型过程中出现的组织障碍。

2.3　小结

在一个组织内，系统性影响会在四个象限之间不断上下波动。一个象限会影响另一个象限，因为它们仅仅只是对特定情形的某种看法，仅仅只是事实真相的"冰山一角"，并不是全部真相的不同方面或维度。由于我们的思维本性、意识偏好、个人偏见及自然本能，注定了我们以不同的方式来看待它们。记住，四个象限就是事物的"四个面"，也就是说，所有四个象限同时存在。

由于这四个象限普遍适用于任何情况，所以整合方法就是要促使我们关注所有四个方面的因素，而唯一不同的是，是主动利用它们还是有意忽略它们。敏捷转型使用所有象限和各层级的合弄（以及尚未引入的其他组成元素）来彻底探索更大范围的主题，从个人到团队、项目，再到整个企业。

2.4　知行合一

思考一下当前敏捷变革举措中使用的方法。以下是从每个象限视角探索的一些可能问题（仅是众多问题中的一部分）：

"我" 象限：思维理念

- 查看一下"我"象限，关于敏捷，团队成员都秉持着什么样的态度、情感和信念？中层管理人员呢？高层领导呢？

- 对于为什么要参与敏捷变革，每个个体都有什么样的信念？

- 关于将有什么不同的做法，每个个体都有清晰的看法和理解吗？

"它" 象限：行为方式

- 从"它"象限的视角看，团队的共同实践是什么？领导者的呢？部门的呢？

- 为应对挑战，采用了哪些合作措施？

- 对于新的工作方式，人们是否具备足够的必要技能？

"它们" 象限：系统结构

- 组织结构是什么样的？扁平式、层级式、矩阵式还是其他什么结构？

- 组织的当前系统和结构是促使工作更顺畅地流动而建立起来的吗？有没有大量的临时性应急方案和小毛病？

- 组织当前的结构如何支持人们适应当下紧急情况的能力？

"我们" 象限：文化关系

- 如何描述组织的文化？

- 组织中不同团队成员之间关系如何？中层管理人员之间的关系呢？高层领导之间的关系呢？跨层级之间的关系呢？

- 对尝试新事物，人们是感到安全（即心理安全）还是说在其组织 / 团队文化中对失败心怀恐惧？

第 3 章

整合高度：复杂性的进化

我们在上一章探讨的四个基本象限视角是一种横向看待事物全貌的方式，一种"从不同角度看事物"的方式，一种帮助我们克服个人思维偏好将个人经历的复杂性简化为一个简单模式，进而将其应用到我们的象限导向或偏好的所有区域。当我们推动自己从所有四个视角来看待事物时——以一种整合的方式行为处事——我们会将我们的思想和内心扩展到新的领域，使自己能够看到以前看不到的东西，我们以前将其拒之门外的东西。由此，我们变得更有见识，也更有同理心。

如果可以将象限视为一种"水平"看待事物的方式，那么也有一种"垂直"看待事物的方式。在整合理论中，我们称这个"垂直"维度为高度（altitude）。整合理论的高度概念与我们经历的复杂性的演化有关，不仅仅是传统生物学意义上的，而是真正应用于所有事物，所有四个象限；它不仅仅是以世纪为单位来衡量，像生物进化一样，甚至可能以月份来衡量。作为人类，我们的本性之一是赋予我们的经历以意义，然后追求对我们有意义的事物。我们都以相同的意识水平出生到这个世界上，出生在特定的文化或高度中，并有机会在我们的一生中发展和成长。

如果我们稍微从历史的角度出发来反思自己的一生，就会清楚地看到随着时间的流逝我们在不断地进化发展。孩提时代，我们可能无法完全理解某些概念，或者不能容忍某些情感。也许我们因数学问题或家庭内部的矛盾情绪而感到不知所措。随着年龄的增长，我们逐渐成熟，处理人际关系、感情和思维挑战的能力也随之增强。反过来，过去使我们不知所措的那些事物——无论是认知上的还是情感上的——都变得更加可控。

多年来，研究人员一直在努力研究人类和组织中的进化过程。相应地，整合模型充分利用了进化这一事实及研究成果。

如果我们能清晰地阐述一种重要而有意义的方式来理解这一进化过程——相当于象限所揭示的四个关键视角——它将为我们提供罗塞塔石碑的另一个基本要素，帮助我们进一步解密不断发展的企业的诸多方面。如果这种进化模型在个人和组织层面上——实际上适用于所有四个象限——都适用，那么我们将拥有一幅非常完备的组织现实地图，它将像一个友善而明智的朋友一样指引着我们，而不是像一本枯燥的教科书一样进行说教。

总而言之，四象限是我们整合地图的水平维度，而进化高度是整合地图的垂直维度。在整合模型中，其中心地位由该模型的另一个名称来表示：全象限、全层次、全路线（AQAL）。关于发展路线，我们将在第 4 章中进行介绍。

3.1 高度为什么如此重要

本章将用较多篇幅来总结关于进化模式的研究结果。在切入正题之前，让我们先思考一下，作为变革领导者，你为什么应该关心这一背景。随着我们逐渐展开本章的内容，你会毫不惊讶地发现，敏捷从进化意义上讲比较先进，在组织中主要作为一套实践（IT 象限）得以实施。相比之下，虽然敏捷教练和其他敏捷布道者一再建议，但是在许多组织的实际情况中，敏捷的基本信念（I 象限）和哲学（WE 象限）仍然屈居次要地位。作为变革领导者，如果你将复杂的敏捷实践（IT 象限）用作转型的核心，那么当组织的领导理念（I 象限）、组织文化（WE 象限）和组织结构（ITS 象限）不能很好地进化以匹配这些实践时，会怎么样？

正如哈佛大学著名的人类发展研究专家罗伯特·凯根 1994 年所说，当我们生活的现实世界对复杂性的需求相对我们当前的发展水平来说过于超前时，我们就会如热锅上的蚂蚁，惶然无措。我们认为，你可能现在就处于这种状态：水深火热。

可以公平地说，敏捷方法（如通常所倡导的）确实对关系、文化和领导力重要性给予了认可，尽管它们主要是通过断言这些方法固有的重要性来实现这一点的。敏捷方法指向了 WE 象限的视角——一种文化、同一套价值观以及同一个愿景的需求；它强调了价值观和思维方式（I 象限）的重要性。问题是，通常并没有一套相应的方法论或实践来帮助文化或领导力发展到与之匹配的复杂性水平。

考虑一下敏捷社区成员在实施敏捷实践（IT 象限）方面的相对有效性，以及他们对组织如何实际使其领导力（I 象限）更成熟或改变其文化（WE

象限）之有效性和深刻理解。问题不在于这些项目被当作"软技能"或仅仅是"锦上添花"，而是我们根本不知道如何才能达到那样的状态。"高度"这个概念提供了一种方法，帮助我们理解在这些情况下的实情并且知道需要在哪些地方进行演变才能得到我们期望的结果。本书的第Ⅱ部分将对此进行更详细的介绍。这幅更完整、更清晰的整合地图，首先纳入高度的概念，然后是发展线的概念，有助于我们理解当前转型的局限性，让我们开始看到如何才能克服种种艰难险阻。

3.2 整合理论中的"高度"概念

在整合理论中，"高度"这一概念综合了多条科学研究路线。实际上，它的出现早于科学的概念，其历史可以追溯到东方传统智慧的各种冥想与内省等探索微观细节的现象学，或直接根植于心智体验之中。近些年来，在心理学、社会学、人类学、生物学、历史学以及其他聚焦于人类发展或进化之不同视角的领域中兴起了又一波研究热潮。这些研究包括对大脑开发的研究（生物学和神经科学）、人类社会领域（文化人类学）、心理学的认知、伦理和自我意识等方面、领导力成熟（教练和教育）、人类和组织文化（组织发展、心理学和人类学）的发展，等等。所有这些共同构成了整合操作系统（IOS）中"高度"这一维度的基础，"高度"揭示了事物如何在复杂性方面进行演化、互补并完善相关的象限视角。

"高度"的概念帮助我们完善了整合理论的综合地图，适应了组织的实际复杂性，涵盖从个人动机到部门间竞争，从领导力文化成熟度到工作流程的可见性，以及从技术实践到组织文化等范畴。回想一下合弄的第四个模式，即"超越性"，"高度"是"超越性"的具体行动体现。

在继续深入探讨之前，我们先郑重奉上一句告诫：正如阿尔弗雷德·科尔兹布斯基那个著名的警告那样，地图不等于疆域。没有哪个模型是完美的。即便如此，整合模型仍然是我们见过的最好的地图，它可以帮助旅行者避免途中迷路，也不期望在特定情况下根本不会发生的事情。这幅整合地图将帮助我们识别何时需要翻山越岭、何时需要航行于水面或只是避免让我们走进死胡同。"高度"以无与伦比的方式揭示了这些陷阱。也许最重要的是，它为我们提供了指导，帮助我们增加自己的内在复杂性，以便我们能够真正为我们所领导或指导的组织提供帮助，帮助它们全面释放组织的潜能。我们首先会概述一些用于描述组织内部"高度"的研究，然后更广泛地从四象限的角度观察"高度"如何在各种发展线（能力）中表现出来。

3.3 "高度"在组织中如何呈现

在本书中，我们将一再回顾组织发展领域的最新研究：弗雷德里克·莱卢在 2014 年出版了《重塑组织》。莱卢的研究非常出色，他深入研究了已发展到新的意识和运作水平的前沿组织，这种发展影响到管理到员工，从文化到组织结构以及工作实践的方方面面。莱卢提供了当今组织内部出现的对各种"高度"的总结。他的工作将帮助我们讨论处于较低"高度"（特别是其领导力和文化方面）层次运作的组织中是否可以实施进化上较为先进的敏捷实践。

3.3.1 阶段发展模型的几个要点

首先，由于频繁被误解且又是"高度"研究背后的理论基础，所以对于阶段发展模型是什么以及有什么用处，理解一些关键点就非常重要。

- 本章详细介绍的各个层次，例如顺从 - 琥珀色、成就 - 橙色或自主导向（self-authoring）心智，并不是诸如内向 - 外向、DiSC、托马斯·基尔曼冲突模式等的类型学。它们不是偏好或风格，也不是"众皆平等，只是不同"。

- 相反，它们是个人或组织发展过程中所经历的一系列连续阶段或波段。从这个意义上讲，它们是有机的层级式结构。"较高"层次的个人比"较低"层次的个人具有更多能力，因为他们已经经历了"较低"层次。他们并不是更好，而是能力更强。

- 阶段发展模型类似于计算机游戏，只有掌握了前一个层次的技能之后，个人才能上升到下一个层次。随着人们的进步，他们并不会失去之前所学到的东西，而是变得更有能力、更复杂。我们说他们"超越并包含"了较低层次的能力。

- 通过各个层次的进化是一个循环性进展，在过渡到下一个层次之前会经历前一个层次内的各个阶段。起初，我们能够从"头脑"视角（如知识、意识和"口头上"）将所在层次识别出来。然后，我们变得更有能力、更扎实牢靠并且在当前层次中表现得更活跃（"行动上"）。最终，随着我们的新意识将我们带入一个新的层次，我们就会超越当前这个层次。这种进步既代表着在"高度"上的横向发展，也代表着垂直方向上的纵深发展：我们不仅在超越并包含带我们进入另一个层次的新能力，而且还在当前层次发展到一个健康状态。我们在与组织合作时，有时会发现，真正所需的工作是使组织回归常态，稳行在他们各自的"高"处。

- 另一种说法是，这些"高度"本质上也是合弄：成就 - 橙色组织包含（并超越）了顺从 - 琥珀色组织，因为成就 - 橙色的"高度"是顺从 - 琥珀色组织进化的下一个"高度"。

- 就像我们永远不认为还没有掌握语言技能的牙牙学语的婴孩比那些已经掌握了语言技能的大龄儿童"不善于讲话"一样，我们也不能说处于较低层次的人比处于较高层次的人更渺小，或者更没有价值。较高的层次表示较高的复杂性，通常也表示较强的能力。层次发展使右手侧各象限增加了更大的复杂性（例如，新的行为能力或更多的适应性结构），也使左手侧各象限具备更高级的意识（例如，能够在情感和认知上处理更大的复杂性并采用更多样化和差异化的观点）。

- 考虑到人们会"高调呈现"出某个具体的"高度"是有帮助的，因为在那个时刻甚至可能在他们的整个生命中，这种"高度"的表现对他们来说都是主动的行为。人们的行为表现与其所在的发展"高度"可能不同。例如，我们不会说一个人是"多元 - 绿色的"，尽管那人可能会因为热爱工作而明显呈现出那样的"高度"。实际上，那个人可能在灵性或宗教方面现出迥异的高度，而从一个工作环境转换到另一个工作环境，其高度有所不同。大多数人都有一个重心，大多数时间都由此重心出发进行日常生活，组织亦如此。

- 一个人的生活环境（例如问题、机遇、挑战、忧虑、巅峰经验、失败等）与特定的个人"高度"相对应（请参阅格列夫斯 2005 年发表的研究）。在某些给定的生活或组织环境下，某些层次的采用效果很好，而另一些则不然。当目前的改进措施不起作用而系统（个人、团队或组织）又积极乐于改变时，就会出现进化的势头。

- 至于大多数人格特征（包括智商），处于不同层次中的人并没有什么不同。例如，格列夫斯对分组成员进行各种心理测试以确定他们的性格特征。他发现，给定层次的成员与普通人的许多属性（例如智力）一样。相反，对于少数某些属性（例如教条主义），其特征性表现方式在不同的发展阶段中出现了变化。

- 发展层次（"高度"）提供了复杂性层次的边界条件或限制条件，使个人或系统（例如团队或组织）可以有效地理解这些复杂性。

- 敏捷思想源自相对较高的发展"高度"（多元 – 绿色和进化 – 青色）。如果试图将敏捷引入主要表现为较低"高度"的组织（或团队），比如顺从 – 琥珀色组织或者成就 – 橙色组织时，正如莱卢和格列夫斯的研究所预测的那样，敏捷思想的终点往往是要么被干脆拒绝，要么"淹没"在琥珀色或橙色的思维方式中。

- 我们可以说，鉴于现代世界的复杂性，低于一定"高度"的组织都步履维艰。对他们来说这也代表着要么是一场需要积极应对的硬战，要么是一场攸关生死的灾难。

3.3.2 超越并包含

在讨论"高度"时，必须强调组织发展的"超越并包含"因素，这一点很重要。如前所述，"高度"是有机的层次结构，它包含我们经历过因而被称之为"向上移动"的所有层次。在整合理论中，超越并包含的概念实际上包括四个组成部分：超越、包含、否定和突破。也就是说，在此过程中，我们超越了此"高度"的限制，包含此高度上健康、有价值或部分真实的方面，否定了不健康（不再有价值）的方面，并突破（打破或超越）了限制我们思维的界限。随着生命中"高度"层次的不断演变，我们最终发现新的"高度"层次的下一组限制、界限以及健康和不健康的方面。下一轮进化之旅又随之开启。

米歇尔的分享

作为专业的整合教练，在与人们一起合作培养相应的能力来实现特定的发展目标时，我们采用了超越并包含的方法。在整合方法中，

> 我们使用超越并包含这一思维来创建隐喻，用隐喻来代表并包括当前工作方式中有价值和让人觉得荣耀的东西，以及当前工作方式如何阻止（限制）他们采用新的、更理想的存在（Being）方式。不理解这一点的话，人们常常会犯一个错误，即完全忽略当前方式中存在的优点、应当保留和欣赏的东西以及仍然在为他们服务的东西。

尽管整合模型在形式上是层级化的，但并不表示要以那种方式使用它。它是一种自然的层次结构，但并不是统治性的层次结构。换句话说，更高层次是具有更大能力、能够处理更大复杂性的层次，而不是本质上更高的人类地位或特权。在本章的末尾，我们将更深入地探讨如何使用超越并包含的方法在"高度"的各个层次上进化。

接下来，我们准备更深入地研究"高度"，首先看看莱卢的描述，然后讨论一下格列夫斯和其他人的研究。接下来描述的内容虽然与在"我"象限和"我们"象限显著相关，但它们也解释了"它"象限和"它们"象限。这些研究内容主要基于莱卢对前沿组织的研究工作。但是，莱卢的研究本身主要基于格列夫斯、贝克和科万、凯根和威尔伯的研究，并从中得到启发。此外，对"高度"的分析基于我们过去 18 年来在敏捷转型中运用这些概念的亲身经历，因此从某种意义上讲，它比基础的整合模型更适合敏捷转型环境。

3.3.3 顺从－琥珀色高度

顺从－琥珀色组织高度聚焦于流程，相信有一种正确的做事方式。他们寻求秩序、控制和预测性，他们不喜欢竞争。他们往往以固定的层级进行组织，具有正式的工作头衔：上级做计划，下级来执行。这种方式背后的世界观是，工人需要指导，因为他们没有能力自主决策。人们开始对自己的角色有强烈的认同感，并倾向于远离个人的真实感情甚至压抑自己独特的个性，重视社会归属感高于自我表达，并强烈内化群体规范（凯根称其为规范主导心智，我们将在后面讨论）。对群体及其价值观的认同是强烈的民族中心主义的来源，坚信自己所属的文化群体远远胜过其他群体。当对与相应等级和角色相关的人的行为进行内化时，顺从 - 琥珀色组织的人们也开始戴上社会面具。其好处是得到一部分群体归属感（共融），而消极的一面则是逐渐疏离了我们自己的感情和个人观点。

格列夫斯发现，在具有这种导向的组织里，人们希望具有清晰明确的权力结构和角色要求。在研究处于顺从 - 琥珀色阶段中工作的人时，格列夫斯发现，他们自然地将自己组织成两个或多个等级式或金字塔式结构，某个等级结构中的较低级别的人仅与另一个等级结构中处于相同级别的人交谈，而从不与较高级别的人交谈。

在莱卢的组织研究中，顺从 - 琥珀色高度表现为基于业务职能来划分的大筒仓，各个筒仓的员工遵循各自的规则，而创新和批判性思维通常并不是他们想要的。管理者依靠的是命令和控制，并强调遵守规则。不同职能部门之间往往彼此不信任，遇到事情相互推诿，相互怀疑。例如，格列夫斯研究发现，最极端的冲突出现在顺从 - 琥珀色组织不同等级的群体中。

相对处于冲动 - 红色高度的组织中权力掌握在某一个特定的人手中，在顺从 - 琥珀色高度的组织中，权力则被赋予某个既定的角色，就像军队中的将军一样。即使具体的任职者不能胜任其特定角色，整个等级体系也将共担所有责任，弥补不足。规则和层级体系为组织中的每个人定义了对与错。极端地讲，这可能有点儿像《星际迷航：下一代》中的博格人。

不管给定的组织是否主要以顺从 - 琥珀色为导向进行运作，这种信念体系的痕迹都深藏于我们的集体记忆之中，并且时不常地以不可预测的方式宣示着自己的存在。为避免我们试图将琥珀色阶段误认为是过时的，我们需要意识到它相较于前一阶段（冲动－红色）取得了多么巨大的进步，并造就了不朽的成就（例如建造金字塔）。此外，对于较简单的工作环境以及必须有秩序的环境（例如，军事领域），健康的顺从－琥珀色结构仍然是适当且有效的。进一步讲，琥珀色高度有着深厚的荣誉、责任和贡献的传承，它彰显了人类的精神，是文明社会的根基。没有监管机构、规则和法律等结构体，社会话语和商业就不可能实现。在组织中拥有一定数量的顺从－琥珀色结构组织和思想，尤其是在财务和监管合规等领域，对于保持业务乃至文明社会正常运转至关重要。这就是为什么企业在向欠发达国家投资之前会先在国外市场上寻求这种思维层级的原因：琥珀色是文明社会的基础。

3.3.4 成就－橙色高度

在《重塑组织》一书中，莱卢将成就－橙色与顺从－琥珀色这两个高度进行了对比。他说，我们认为世界"不再是由不变法则控制的固定宇宙，而是可以研究和理解其内部运作方式和自然规律的复杂钟表装置"。该论述指出一个事实，即成就－橙色组织基于认知发展的飞跃（被皮亚杰称为"正式运算阶段"，可以在大脑中进行更复杂的逻辑运算），从而取代了基于固定的、不变规律的宇宙概念，并带来了个人对权威和现状的质疑。对科学方法及寻求最有效方法的关注取代了对道德和正确行事的关注。这种定位还导致了一个结果：将组织视为一台机器并从工程的角度看待管理。在此过程中，它仅认可唯物主义，即特别重视右手侧象限的、可看到和可触摸到的事物，并拒绝任何形式的灵性和超越，这使得左手侧象限被边缘化。

成就－橙色高度在复杂的世界中非常合适且适应性强，在这个世界里，分析和发现可以带来显著的成就。橙色组织热爱创新（创建了研发和产品管理部门）、问责制和精英管理。理智带来的额外好处是可以使成就－橙色组织中的人员在专业的面具下"隐藏情感、疑虑和梦想"，以免显得脆弱而受到伤害。请注意，在这个层次上使用的面具是专业而非社交。我们的身份不再如琥珀色阶段那样与我们的等级和头衔融合在一起，而是与我们对能力和成功认可并凭借专业能力得到晋升的需求相融合。

不同于琥珀色组织由流程驱动的，橙色组织由流程和项目共同驱动，最终聚焦于成果。它保留了琥珀色组织的层级体系作为其组织结构，但随后使用项目和其他跨职能组织打穿层级结构，因为客户更倾向于为项目成果埋单。随着组织努力实现其期望的结果，琥珀色组织的命令与控制变成了预测和控制。管理层通过设定目标来行使其控制权，然后将这些目标向下瀑布般逐级分解到整个层级结构中（按目标进行管理）。管理层放弃了对事情完成方式的某些控制，只要实现目标即可，试图挖掘整个组织的人力智慧——尽管这种努力通常达不到多元－绿色高度中建立起来的完全授权。战略规划、年度预算、关键绩效指标、绩效评估、奖金和股票期权都是成就－橙色思维的标志。对于大多数人来说，这就是他们所说的"商业现实"。这表明作为一种文化，成就－橙色思维是我们所畅游于其中的"水"，它是我们得以一窥真相的镜头；对我们大多数人来说，它是我们借以观看事物的主体，而不是我们观察的对象（见第 7 章关于主体－客体关系的讨论）。

格列夫斯（2005, pp. 116–117）发现，成就－橙色高度工作团队中的成员，会为领导力而进行激烈的斗争。一旦某个人控制了这个团体，他就会努力工作以保持其领导地位，倾向于对成员的行动进行微观管理。实际上，在阅读格列夫斯的研究后，一个令我们惊讶的发现是，顺从－琥珀色的管理者倾向于通过等级制度和非个人化的角色来行使控制权，而成就－橙色管理者则通过从其他人手中夺取控制权来进一步特立独行地行使控制权。即使不由人身实力所强迫，而是由政治和绩效导向的力量来主导，结果也有点儿像丛林法则。

莱卢在《重塑组织》中特别提到，成就－橙色导向的组织主张应将决策推到层级体系的下层，以促进创新和激励，但"在实践中，领导者对放弃控制权的恐惧胜过了他们的信任能力，他们继续做出各种决策，而这些决策如果交由层级体系中等级较低的人来做，则会更好。"（Laloux 2014，p.27）。通过这种方式，我们开始看到，本质上是多元－绿色的模因（如团队授权）或甚至是进化－青色的模因（如自组织团队）可能会引起在较低层级（即成就－橙色）行事的人们的兴趣，因为它充分挖掘了某些橙色价值观：提高效率和效益、获得更大的利润、取得成功等。但成就－橙色范式的其他部分，如一旦掌权则控制他人并保护自己的位置，妨碍了该构想的全面实现。与实施同一构想的领导者和组织相比，创造该构想的思想具有更高的复杂性。正如我们将在第 II 部分中看到的，这与敏捷转型中的变革领导者有着根本的关系。敏捷价值观和组织背后的文化之间的冲突可能会造成深深的挫败感和组织进一步混乱。

成就－橙色高度重视自由，使得个人可以追求自己的生活目标，实施精英管理，这样的环境可以让最优秀的人能够升到高层位置。当其处于健康状态时，成就－橙色高度能够产生一种文化，在建设性竞争且公平的环境中激发创新和成就。人们仍然拥抱自己的社会角色，表现得趋炎附势，不顾一切地向上爬（尤其是在欠发达的人群中）。成就－橙色导向的阴暗面可能表现为普遍的贪婪、通过精明的营销而挖空心思捏造莫须有"需要"以及为增长而追求增长。橙色高度还依赖于外部效应——不必承担其生产的所有后果，例如环境污染和资源消耗。

美国是当时思想非常先进的一群成就－橙色思想家建立起来的。尽管所有象限中的演进都已开始通过限制其有效性来超越这种思维，但成就－

橙色仍是当今商业和政治领导者的主流世界观。实际上，现代世界是由琥珀色、橙色和绿色构想组成的复杂模因体系，成就 - 橙色居于中心位置。

在思考成就 - 橙色导向组织中敏捷企业看起来应该怎样（我们将在本书中反复讨论这个主题）时，我们最好能够专注于这样的组织结构：能够激发创新、消除问责制障碍以及建立产生名副其实的精英管理体制。莱卢从成就 - 橙色思想组织中识别出的这三项核心创新与这样的组织所持有的价值观相呼应。这就产生了某种一致性，促使成就 - 橙色组织能够取得成功。换句话说，如果我们在这样的成就 - 橙色下开展工作，我们的成功将如期而至。

3.3.5 多元 - 绿色高度

成就 - 橙色导向将我们带入这个复杂的、相互联系的、多样化的后现代世界，就到此为止了。它趋向于走向一种唯物主义的世界观，基于这个世界观，成功比人更重要，取得成功比同事之间的关系要重要，人们通常认为理性比感性更重要，而不是与感性互为补充。正如莱卢所说："多元 - 绿色文化对人们的感受高度敏感。它坚持认为，所有观点都应得到同等的尊重，无论其来自何处。"多元 - 绿色导向超越成功本身而追寻归属感和包容性。它以人为本，靠的是关系驱动，而不是目标驱动。我们当中那些深受敏捷开发吸引的人将在多元 - 绿色高度（及更高高度）中发现许多引起我们共鸣的奇思妙想。

由于工作中注重实际，所以成就 - 橙色导向以自上而下的方式来做出决策，但多元 - 绿色导向则更喜欢自下而上的过程，从每个人那里获取输入并努力达成共识，同时认可来自不同类型的人不同的思维方式，从而培养了包容性文化。多元 - 绿色优先考虑相互关系而不是短期成果，这会使效率降低，但更具个性化和人性化。在格列夫斯对学生工作团体的研究中，他发现这些人很难启动一个项目，因为他们迫切需要在进行下一步工作之前听取所有人的意见并让所有人达成共识；此外，因为害怕冒犯他人或让人感觉自以为是，没有人愿意行使领导权。其结果往往是团体分裂为较小的兴趣小组，因而在完成任务时效率低下。我们确信，在敏捷环境中的确能够存在这种情况。

不同于成就－橙色导向重视掌控全局并做出决定的领导者，多元－绿色导向的文化认为，领导者应该为其领导的人服务（因此与服务式领导力有琴瑟共鸣之妙）。在橙色组织中，战略和执行至关重要，而多元－绿色组织中，则注重公司文化。多元－绿色组织还将利益相关者的概念扩展到股东以外的范围，从而涵盖了员工、客户、供应商、社会和环境。多元－绿色思想发起了企业社会责任的理念。成就－橙色组织的隐喻是一台机器，而多元－绿色的隐喻是一个家庭。

一方面，多元－绿色的个人通常对权力和等级制度感到不适，因而有时可能会导致极端的平均主义并在执行过程中出现陷入僵局。另一方面，多元－绿色思想催生了赋予员工权力的理想，将决策的权力推给一线的员工，确信一线员工相比"听不见炮声"的专家能够做出更好的决策。它要求管理者放弃控制权，这与以成就－橙色为中心的企业社会背道而驰。莱卢明确指出成就－橙色的这种以控制为导向的领导力根深蒂固，并指出多元－绿色组织应该如何合理分配培训预算，以帮助新领导者采用服务式领导力的思维方式和技能。

多元－绿色高度的第二个创新是价值驱动文化。莱卢指出，尽管这种文化可以在多元－绿色的环境中推动建立真正充满活力的组织，但在成就－橙色组织思想者的手中，这种"价值宣言"往往变得平淡无奇，被认为不真实。然而，一些研究表明，以价值观为主导的文化优于其他文化，例如科特与赫斯科特的研究。

莱卢从多元 - 绿色范式中识别出的第三项创新是多方利益相关者的观点，而其中，股东不是唯一的甚至不是最重要的利益相关者；也就是说，利益相关者被定义为包括员工、客户、供应商、本地社区和环境。在非营利组织中，这已成为著名的三重责任底线（人：社会责任；地球：环境责任；利润：经济责任）管理方式。

绿色思想的其他想法包括 360 度反馈、鼓舞人心的愿景宣言、管理人才库以及以导师方式支持员工的领导者。在我们的敏捷工作中，有两点值得注意。首先，与精益思想的联系，尤其是爱德华兹·戴明①的贡献，这一点似乎很清楚；当我们能够以多元 - 绿色的方式思考时，许多敏捷思想就开始成形并真正变得有意义。其次，当诸如授权和愿景宣言等想法被那些曾经务实并希望获得更多优势的成就 - 橙色管理者采纳并付诸实施时，往往达不到预期效果，甚至最终不了了之。这表明，缺乏适当的思维基础，例如"我"象限中真正重视他人观点和反馈的能力，只不过是鹦鹉学舌式的模仿，而不是真正的全身心拥抱。很显然，这种情况在许多敏捷转型的过程中都有发生，并且也是企业敏捷教练倍感沮丧的根本原因。

多元 - 绿色导向在非营利组织中尤为普遍，但在营利性世界中并不流行，西南航空公司、本 & 杰里公司和容器商店集团等公司则纯属例外。在本章稍后部分，我们将探讨克莱尔·格列夫斯的发现，即以多元 - 绿色层

---

① 戴明最初试图教美国人采用这种做法，但遭到拒绝后，他在日本这个更为多元 - 绿色的文化中找到了它的用武之地。然后，处于成就 - 橙色的美国汽车制造商看到他取得成功后，也想亲自尝试一下。但是，美国人的橙色思维方式再次使他们专注于他们能够理解的与成功和削减成本相关的战术事项，而不是诸如教练型领导者和真正重视人的基础、绿色的哲学理念，这些理念使整个组织都能运转起来。欲了解详情，参见杰弗里·里克的《丰田之道》一书。

次为中心的人们很难开始他们的项目，因为要等待所有人的意见和同意。正如莱卢所指出的那样："要打破旧的结构，绿色范式非常强大，但在创建实用替代方案时通常效果不佳。"（Laloux 2014，p.31）

3.3.6 进化‐青色高度

大学时上过心理学课程的人也许记得亚伯拉罕·马斯洛和他著名的需求层次理论。马斯洛确定的第五个需求是自我实现。仅当满足对人身安全、职业安全、自尊和归属感等更基本的需求之后，自我实现的需求才可能得以满足。一旦达到自我实现，人类自然会演变到成为独特的自我、从规范主导心智转变为自主导向心智（我们将在本章稍后介绍）的广阔天地。在那里，人们可以找到自己的"天命"，找到使命感和存活于世的独特意义。

莱卢把这种状态下出现的思想类型称为"进化‐青色"思想，也就是第一个属于第二阶梯的高度层次。之所以称为第二阶梯（由克莱尔·格列夫斯首先做出的区分），因为以这种方式思考的人或组织开始认可从琥珀色到青色的所有高度层次及其代表的观点都是有效的 [②]。

当我们开始超脱对自我的认同并"腾出空间聆听其他人和我们自己更深层次的智慧"时，便会发生向进化‐青色导向的转变。判断我们行为是否正确的核心标准转移到一种内部度量上：我们会扪心自问，对于一个给定的行为，我们的内在是否有正确的判断，我们对自己是否真实，是否诚心诚意在实践并服务世界——古希腊哲学家苏格拉底称之为内心的守护之音。这就转变了成就‐橙色者心目中的成功动机，以完全不同的标准来判断世界。

---

②　确切地说，从价值的角度思考，也包括了琥珀色之前的思想，即冲动‐红色。

请注意，这迥然不同于尝试成功本身。"成功"通常在社交或专业背景下定义，与顺从－琥珀色高度和成就－橙色高度中引用的社交和专业的含义保持一致。我们称这种成功为外在成功（outer success）。在进化－青色高度中，我们则专注于内在成功（inner success）：由我们最深层、最独特的部分所定义的成就，它发自我们的内心，并真正忠于我们自己。问题在于，除非我们在内心找到了这个位置，取得一定程度的外在成功并满足我们的基本需求（根据马斯洛的理论），否则我们将不具备合适的条件来进化到"进化－青色"层次，因为我们将受到自身基本需要的束缚。在第Ⅱ部分中，将详细研究这个内在发展过程，以帮助你成长为一个转型领导者。

根据莱卢的描述：

> 随着自我恐惧的减少，我们就有能力不去绞尽脑汁权衡所有的可能结果，而作出看似有风险实则与自己内心信念有共鸣的决定。在感觉不是很好或者需要自己仗义执言和行动的情境中，我们进化出一种敏感度，哪怕遭到其他人的反对或者成功率看起来极低，我们依然尊重内心的正直与真实。

莱卢将进化－青色层次的这种创新称为"内在正确性"（即罗盘）。在青色思想中，基于这种内在罗盘做决策是一种完全有效的方法，而在成就－橙色世界中，这或许会被视作头脑发热。

正如我们将看到的那样，要在这样的高度上很好地工作，就需要个人发展成凯根所说的自主导向心智模式，在这里，我们真正地"创造"我们自己的经历，而不是依靠他人的意见和价值观来决定如何判断我们自己③。莱卢如此刻画这种基本的思维模式转变："与其为生活设定目标并

---

③　在全景领导力的通用领导力模型中，也被称为创造结果或创造型领导力。本书第Ⅱ部分对此进行了详细介绍。

嚷嚷着生活应该走向何方，倒不如学会放手，倾听生活，实现自己的人生。"在流行的成就－橙色思维模式下，这听起来不亚于某种神秘主义或者不切实际的胡言乱语。相比之下，尽管以绿色视角行为处事的人可能因担心他人是否认可自己的行为而受到限制，但处在这个多元－绿色高度的人仍然能受到鼓舞，从而遵从内心的声音大胆且勇敢地前行。

与进化－青色高度相关联的第二个创新是超越理性的智慧观念。在成就－橙色高度中，理性为王。但是，任何超出具体事实和逻辑推理的见解来源都被认为是不合理的，并且经常被轻视。超越理性的智慧越过了这一限制，考虑了所有数据来源。莱卢指出了成就－橙色导向的另一个不足：即使采用确凿的数据方法，有时数据也不符合我们的世界观或个人希望达成的未来状态（例如目标）。因此，当我们采用成就－橙色视角时，可能会对我们不愿看到的现实情况视而不见。从这个意义上讲，这实际上并非是完全理性的，不是真正地"检视和调整"。

但是，一旦我们成长到某个点，在这个点上我们对自己的需求不再感兴趣，就很少受到丢失数据的困扰，即使这种情况实际存在。此外，我们不仅对分析性方法持开放态度，还对在不同层次上提醒我们的情绪反应以及直觉洞察持开放态度。通过实践练习和信息反馈，我们可以开发、磨练并善用所有这三种方法——头部的"大脑"、心脏的"大脑"和肠道的"大脑"。这就是我们所说的智慧的真正含义，它包括并超越了理性。

前面两项进化－青色创新为第三项创新——力求整体性——奠定了基础。莱卢指出，"工作与生活的平衡"这一术语暗示我们日常并没有给"生活"留下太多空间。要真正地遵从内在目的（与组织的目的一致）行事并信任超越理性的智慧，就需要充分利用个人存在（Being Agile）的全部，包括个人的经验、直觉、情感、分析甚至是灵魂或内心的声音。这意味着在工作中创造一种文化，在这种文化中所有这些存在要素均可得到展现。它并不是要把工作变得像一个应急小组或心理疗法，而是我们上班时无需隐藏我们的基本人性——我们时刻保持真我，并乐在其中。我们保持完全的人类性情，甚至尤其是在工作之时；当我们来上班时不再需要"自我克制"（check our soul at the door），这种提醒也是 COVID-19 大流行期间的"礼物"之一。

成长为自主导向（self-authoring）思维所产生的高度自信（self-trust），使我们能够不再对他人多加评判。在早期阶段，当我们与别人意见不一致时，我们只是简单地认为他们的意见是错的而我们的意见是对的。然后，我们准备去说服、教育、修正或全然无视他们的意见。当我们发展到可以完全信任并完全依靠自己的程度时，就不会觉得需要去说服他人以证明自己的立场。与其反驳他人，我们更鼓励主动去"创造一个不受评判的共享空间，深度倾听以帮助他人找到他们内心的声音和真相，就像他们帮助我们找到真实的自己一样……现在，我们有机会在新的基础上重建社区，在这里倾听彼此，回归自我，重塑完整。"我们现在包含的"完整"涉及我们自己的方方面面、一起工作的社群、我们生活和为其提供服务的社区，甚至也包括大自然和我们居住的这个星球。

当格列夫斯研究由进化-青色类型的成员组成的学生工作组时，他发现了我们所谓的新兴领导力并不是基于等级制度中的地位或目标成就本身的先前成功，而是仰赖于对观点的激烈辩论（不是个性），并将最打动小组的想法作为最合适的结论。组织围绕想法运转而不是个性，鼓励基于任务来解决问题且方法可以因人而异。

一旦发展到进化-青色高度，不仅在某些只有内行才懂的方面更显优势，在商业上也有重大的影响。大量的研究证据表明，无论是从成就-橙色的视角（会议目标、取得成功），还是从多元-绿色的视角（包括所有利益相关者、将人视之为人），发展到更高的高度后，领导者在商业上都更加成功。此外，有证据表明，CEO 的发展阶段决定了大规模组织变革计划的成败。实际上，莱卢曾说，他从未见过这样的案例：在首席执行官和董事会尚未发展到进化－青色层次的情况下，组织可以提前发展到此层次。

引用格列夫斯的研究，莱卢描述了其相应的效果："格列夫斯用不同的方法得出了类似的结论。他依据人们最常表现的高度范式将人们归在一起，安排他们执行复杂的任务。"然后，莱卢引用了格列夫斯的话：

> 我带着一群以同样方式进行思考问题的人，然后把他们置于各种情境当中，比如他们需要用多个答案来解决问题的情境。瞧，当结果开始出现的时候，我发现了一个最奇特的现象：青色组发现的解决方案，远远超过了红色组、琥珀色组、橙色组和绿色组的解决方案的总和，这令人难以置信。我发现他们的解决方案从质量上也好得令人惊讶……我还发现，青色组达成解决方案所花费的平均时间比其他任何小组少得多。

探索人生使命与深度意义的主题，已从个人合弄这个层级向外或向上扩展到了组织级合弄。不同于橙色高度的机器隐喻和绿色高度的家庭隐喻。进化－青色高度的隐喻是，组织是一个活生生的有机生命系统。实际上，可以说组织本身有其自身的目标。这似乎就是，青色组织召唤具有共同目标和共鸣的个人加入，帮助彼此实现他们共同的目标。青色组织的目标不是成就－橙色层级中那样只追求持续不断的销售和利润增长来实现基业长青。取而代之的是，青色组织的目标之一是能够在某个时候实现其组织目的，然后组织自然而然解散（即"消隐"）。这种思维方式在处于较低高度的组织看来，是完全无法理解的。

青色组织学会了自我管理，彼此之间主要是同侪关系，不需要层级体系或共识。从某种意义上说，组织的生命系统有其各自的生命和方向，我们可以为此目的服务和协作。莱卢推测，人们只会越来越倾向于只为那些拥有清晰且高尚宗旨并与个人宗旨保持一致的组织工作，利润、增长或市场份额的重要性次之。

根据莱卢的研究和记录，有趣的是青色实践大多来自还没有实施敏捷方法的组织；然而，就像大多数敏捷专家所能找到的一样，这份榜单非常吸引人！青色实践示例包括团队自我管理，这些团队的教练没有管理权；项目只有自雇人员而没有项目经理；人们没有职位头衔；专注于团队绩效和同伴评估，而非管理层主导的评估；团队成员进行面试并自行决定是否录用。让我们重申一下：这项研究的对象是并未实施敏捷的组织！这些发现之所以令人惊讶，是因为它们证实了敏捷思维在很大程度上处于人类意识的前沿。这个消息鼓舞人心！更富有挑战性的信息是，你的组织可能尚未发展到这种高度，至少目前还没有。

3.4　高度的确证研究

就如我们所提到的，到目前为止，在我们总结的材料以及下一节概述的跨象限分析中，汇聚了许多研究路线。为了使我们的理解更充分，我们将展示对比莱卢的组织研究成果与相关领域的其他研究成果。表 3.1 将莱卢的高度名称（用他的记录）映射到组织发展其他研究人员使用的高度名称和概念。之所以选择这些研究人员的成果，是因为他们在各自的研究领域中处于中心地位，并且我们看到他们的研究成果在敏捷转型工作中已经得到应用（例如托伯特，他的学生是比尔·乔纳，发明了螺旋动力学等），并希望能够为大家提供一个完整的对照。虽然这些研究路线明显不一致，但它们仍然有足够的相关度，可以让我们描述组织发展的"定向归纳"（使用威尔伯的说法）。我们清楚地看到了人类发展的总体趋势——从不那么复杂到越来越复杂、从较低层次到更高层次而不略过任何层次——即使某位研究人员使用华氏温度测量了这些层次（隐喻），而另一位研究人员则使用摄氏温度进行测量。就进化方向和进化目的地而言，并没有争议，只是由我们来决定记录中的各个里程碑。

表 3.1　跨研究者的高度名称对照

莱卢采用的 高度名称	莱卢的命名 灵感	对应名称 （来自不同研究者的名称）
进化－青色	盖伯瑟：整合理论 洛文杰：集成理论	• 库克－格罗伊特：建构意识 • 凯根：个体间（内观自变） • 托伯特：战略家与炼金术士 • 格列夫斯：A-N • 螺旋动力学：黄色 • 马斯洛：自我实现 • 韦德：本真
多元－绿色	无	• 洛文杰和库克－格罗伊特：个人主义性 • 托伯特：个人主义者 • 韦德：亲和型 • 格列夫斯：F-S • 螺旋动力学：绿色 • 通用："后现代主义"
成就－橙色	韦德：成就理论	• 盖伯瑟：精神 • 洛文杰和库克－格罗伊特：自我意识和良知 • 凯根：制度的（自主导向） • 托伯特：成就者 • 皮亚杰：形式运算阶段 • 格列夫斯：E-R • 螺旋动力学：橙色 • 通用："现代主义"
顺从－琥珀色	洛文杰、库克－格 罗伊特和韦德：顺 从者研究	• 盖伯瑟：神秘主义 • 格列夫斯：D-Q • 螺旋动力学：蓝色 • 凯根：人际（规范主导） • 托伯特：外交官与专家 • 皮亚杰：具体运算阶段

（续表）

莱卢采用的 高度名称	莱卢的命名 灵感	对应名称 （来自不同研究者的名称）
冲动 – 红色	无	• 洛文杰和库克 – 格罗伊特：自我保护性 • 凯根：帝国主义 • 托伯特：机会主义 • 格列夫斯：C-P • 螺旋动力学：红色 • 皮亚杰：前运算阶段 • 韦德：利己主义

3.4.1 克莱尔·格列夫斯的研究

在"高度"这个概念的发展过程中，有一位研究型学者的研究和贡献特别突出和重要，他就是来自联合学院的克莱尔·格列夫斯。

格列夫斯曾经饱受困扰，因为学生们老是提出哪种人格理论正确这样的问题。为此，他开展了一项长达 9 年的研究项目，随后又进行了 12 年的自然观察和文献研究。在一门长达 15 周的课程中，针对他的（主要是成年人）学生[④]的基础研究课题，格列夫斯要求学生们自行定义"成熟成年人的个性构成"这个概念。学生们花了数周时间来构思，然后又花了数周时间仔细研究相关评论和其他问题，修订或坚持自己的观点，最终以书面形式提交。然后，格列夫斯将这些书面构想提交给独立评委，将其归类为尽可能少的类别（假设可以进行归类）。每年，格列夫斯都会聘请 7 至 9 名新的评委来做这件事情，这些评委并不了解学生或格列夫斯的研究目标。最后得到的结果相当惊人。

---

④ 格列夫斯的学生中，一些人是本科生，其他的则是教育或工业管理专业的研究生，还有一些来自成年学生项目的学生。后两类成员大部分从事全职工作，因而比全日制本科生成熟很多。

格列夫斯的发展层次与组织启示

真正令格列夫斯感到惊讶的是，对于评委来说，这项任务出奇地容易且一致，因为大多数学生的想法可以一致归入一个类别；其余几乎所有学生的想法都可放入两个相邻的类别中⑤。第一年就出现了这种情况，这已经足够引人注目了，当时有 7 到 9 名评委参与。真正令人震惊的是，在接下来的连续 9 年中，每年都得到相同的结果，而且每年都有一组不同的评委⑥！很难断定这个结果是一种巧合。

格列夫斯看到，两个高层次的模式出现了：成熟人的概念通常要么倾向于"表达自我"，类似于个体性；要么倾向于"牺牲自我"，类似于共融性。表达自我概念有三种不同的变体，但牺牲自我类型只有两种，因此算起来一共有五种类型。简而言之，下面是格列夫斯标记的每个类型名称的特征⑦：

- 表达自我，不管对他人造成什么后果（因为我不想因为不支配他人而感到羞愧）；

- 现在就牺牲自我，因为我知道以后会得到奖励;

⑤ 研究人员发现，很容易将 60% 的人归为五个概念之一，而其余的 40% 是五种类型的混合型，几乎所有这些人要么集中在两个相邻的概念中，要么在一个概念中占至少 50% 的优势。请注意，这与将 40% 归类为多种类型的随机集合的情况大不相同。

⑥ 评委各自对这些概念进行分类，然后合力提出通用分类。仅当所有评委都一致同意时，某个单独概念才被归为单独一个类别。随着每年新一届评委继续工作，他们获得了当年的概念和以前评委的概念（未分类）。这里，我们看到了惊人一致的结果：在大多数情况下，所有评委都彼此认同，并且与往年的分类相一致（第 93 页）。格列夫斯总共研究了 1 000 多人，在此类研究中这算一个非常大的样本群体了。请参阅史蒂夫·麦克唐纳的文章，网址为 www.eman8.net/blog/?p=489。

⑦ 我们无法从格列夫斯的《探索无止境》一书获得引用许可，因此所有参考文献都用我们自己的话来表述的，我们将尽力忠实地解释这些内容。强烈建议有兴趣的读者阅读格列夫斯的原著，可以直接从出版商处获得这本书。这是一个了不起的故事！

- 以策略性方式表达自我，无需过多担心或有负罪感；

- 现在就牺牲自我，以这种方式立刻获得报偿；

- 表达自我，但以不伤害他人的方式进行。

格列夫斯最终将这些概念称为发展的层次或阶段，成人发展领域的其他研究人员也提到了这些概念，包括罗伯特·凯根、苏珊·库克·格罗伊特、比尔·托伯特、劳伦斯·科尔伯格等人。这与我们在整合模型中使用高度概念所做的基本区分有异曲同工之妙，尽管对我们而言，它适用于所有四个象限，而不是主要关注"我"或"我们"象限。

最终，格列夫斯构建了另外三个发展层次，总共有 8 个。最初的五个发展层次是关键，因为它们代表现代组织中的人们主要集中的阶段。

格列夫斯最初识别的五个层次后来被随意标注颜色，以方便记忆[8]。有兴趣的读者可参见格列夫斯在《探索无止境》中的完整论述。

经过多年的数据解读，格列夫斯得出结论，每个类别（层次）都代表着一个微型人格系统：一个内部一致的系统，可以帮助我们理解生活的目的并指导我们的行为。后来这个系统在螺旋动力学中被称为"价值模因"。回顾过去，格列夫斯意识到评委们制定的分类系统并不是基于人们在想什么，而是基于人们是如何想的。

格列夫斯得出的结论是，从教育到管理再到教练和其他形式的支持，一个处于既定发展层次的人往往更喜欢采用特定类型的方法来处理各种事务。另外，那样的人强烈倾向于拒绝与其所处发展层次不同的其他发展

---

⑧　因为不想损害自己的数据，而且坦率地说也没有真正的理论来合理解释它们，因此格列夫斯非常中立地将其所谓"生活环境"的第一组标为"A"，并将相应的发展阶段标为"N"。他把随后的情境 - 阶段配对继续称为 B-O、C-P 等。格列夫斯的两个学生唐·贝克和克里斯托弗·科万在写《螺旋动力学》一书时，添加了颜色作为名称。

层次中的方法。格列夫斯引入控制论和系统理论来处理那种一应俱全的管理理论所面临的失败，这种管理理论在具有某一类人的环境中能够获得巨大的成功，但在另一种环境中却以落败告终。同一时期，施耐德（Schneider，1994）使用自己的核心文化理念，对"既定管理方法在一种文化类型中适用但在其他文化类型中不适用"这种现象也进行了研究。作为转型领导者，这种现象也给我们敲响了警钟。想想将诸如敏捷之类的多元－绿色或进化－青色的管理方法导入成就－橙色或顺从－琥珀色的组织并期望它能奏效时，我们将面临哪些挑战。

在1971年，基督教青年会管理论坛（YMCA Management Forum）的一次组织会议上，格列夫斯在演讲中阐明了他的这一发现，即处于他所称的开放、成长状态的人更喜欢接受高于其所在高度（层次）的管理风格。因此，例如以顺从－琥珀色层次为中心的开明的个人倾向于接受咨询式领导方式（成就－橙色高度的方法），而思想保守的个人（停留在特定的层次、似乎没有任何变动的迹象）在同一阶段更倾向于接受相同层次的自然风格，换句话说也就是家长式领导作风。同样，成就－橙色层次的开明的人更喜欢以参与方式进行管理，处于多元－绿色层次的开明的人更喜欢引导式管理，而处于进化－绿色层次的人则希望以系统化方式进行领导。

哇！对敏捷敏感的我们实在是太震惊了！尽管也在成长，虽然以顺从－琥珀色层次为中心的人并不想以引导式或参与式的方法接受管理，但他们乐意在权威人士做出决定之前问一问自己的意见。只有处于成就－橙色层次的开放、成长型的人能够欣赏敏捷团队的参与式方法。我们可能由此感叹，更糟糕的是，以琥珀色层次为中心的某些人，已经停止成长发展，并且基本上过着得过且过躺平了的生活，这些人更愿意接受家长式的管理！以橙色层次为中心的类似人员更喜欢接受咨询式的管理。这有助于我们理解许多敏捷教练所报告的情况，即他们的一些团队成员只是想被告知该做什么，那么他们该如何自组织呢？作为转型领导者，这给我们提出了一个问题，即我们如何才能尊重那些身处高度不同于我们自己所处高度的人，欣赏他们的见解及其所提供的交付成果，让他们掌控自己的命运？

3.4.2 螺旋动力学：继续格列夫斯的研究

克莱尔·格列夫斯的学生唐·贝克和克里斯托弗·科万将格列夫斯的研究带入更现代的时代。他们著书立说，命名自己的模型并写了《螺旋动力学》一书，用心理学、生物学、复杂性和系统科学以及其他领域的研究成果更新了格列夫斯的概念。他们引入一个关键概念来阐明格列夫斯最初发现的人和文化的演变，即模因。

在生物学中，基因是进化的主要机制。在心理学领域中，可以说模因是进化的主要载体。模因是通过模仿以在人与人之间传播的思想、行为或风格。时尚是模因的一个很好的（即使微不足道的）例子。网络模因则是模因的最新体现。强大的模因会被复制，而弱小的模因则趋于消亡，如此说来，这与进化的优胜劣汰和适者生存是相关联的。敏捷范式可以看作是一组相关的模因，这对我们寻找适合种植敏捷模因"种子"的沃土将有重大的意义。

"模因"一词最早由理查德·道金斯于 1976 年提出，然后由米哈里·契克森米哈赖（心流之父）用来识别人类行为的起源，跟基因与我们身体特征的关系形成对比。约翰·佩里·巴洛进一步阐明了这种社会进化的发展机理。他说，无论是心理上的还是社会性的，模因在人类的生态系统中都是自我复制和繁殖的，类似于基因的繁殖和变异方式。

贝克和科万在《螺旋动力学》中扩展了这一理论，提出"元模因"的存在，他们称之为系统或价值模因（value meme，vMEME）。这些价值模因在个人和文化内部作为思维风格的吸引子，凝聚成整合理论所说的高度。通过价值模因的概念，贝克和科万清楚阐明了格列夫斯的发现如何适用于个体发展，即我们心智模式的"我"象限结构，以及格列夫斯的概念如何像文化吸引子一样（"我们"象限）发挥作用，将信念、价值体系和世界观汇集成连贯的整体，形成组织的文化。

根据贝克和科万的说法，某些和谐的价值模因（vMEME）可以像音乐和弦中的音符一样产生共鸣，而冲突的价值模因则会导致个人、公司和文明陷入困境。换句话说，某些价值模因集在一起（或分层集中）可以和谐相处，而其他价值模因一旦相遇则会剧烈冲突。此外，价值模因也会以健康或不健康的方式表现出来。贝克和已故的科万使用这些概念维护着一个单独的网站、各种培训以及应用。

现在，我们已经在自己最熟悉的组织环境中介绍了"高度"的这个基本概念。我们将扩大此概念并讨论它在每个象限内的进化。第 9 章将更详细地介绍这个概念。

3.5 跨象限进化

正如威尔伯所言：

> 右上象限（"它"象限）中出现的复杂的、新的大脑皮层，对应于左上象限（"我"象限）中出现的更高智力。这四个维度同时并继续演变到意识和复杂性的更高波段。

追溯这四个象限的演进历史（图 3-1），威尔伯接着说：

这种从简单到复杂、从无意识到有意识的深化可以追溯到几十亿年的宇宙演化之中。每个新出现的层次都超越并包含以前的所有层次，并始终成长为程度越来越高的新事物和意识。例如，在"我"象限中，自我从本能自我进化到魔幻自我，到私我中心，再到成就者、敏感自我和全然自我。相应地，在"它"象限，从爬虫类到哺乳动物，再到复杂的新皮质大脑（并进入 SF1、SF2 和 SF3）；在"我们"象限中，从古老的到神奇的，从早期神话到晚期神话，再到科学理性，再到多元及全体；最终，在"它们"象限中，从生存氏族到族裔部落，再到封建帝国，再到早期国家再到协作国家联盟，再到价值社区及全体公有。

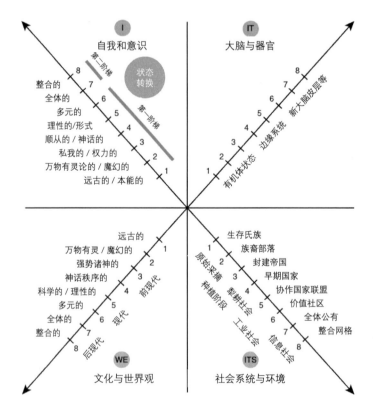

图 3.1　每个象限内的发展阶段示例名称（来自威尔伯）

图 3.1 代表了四象限中每个象限的演变，为每个象限中适用的发展体系提供相应的名称。请注意跨象限在相似级别上的对应关系，跨象限的高度处理的事务非常不同，例如，"我"象限中的个人思维对应于"它们"象限中的社会结构或社会经济系统。

3.5.1 通用高度名称

图 3.1 显示了每个象限的不同进化方案。尽管该方法是用于表现每个象限内进化进程最准确的方法，但是有四套不同的标签，每套标签对应于相应象限内相关的复杂性层次，这确实有点儿麻烦。威尔伯在发明整合模型时，他想要一个统一的高度概念，该概念在各个象限中都有其更有意义的应用。他倾向于根据上下文而使用各种通用名称，但始终将它们锚定为一组特定的颜色。这些颜色最初取自螺旋动力学，但后来威尔伯进行了调整，使其在方法论上更加中立，并与彩虹的颜色顺序相对应。颜色是任意分配的，并没有固有的含义。

莱卢关注的是与组织以及员工个人有关的发展高度，而不是像威尔伯那样关注整个世界。可以说，他们主要都聚焦于"我们"象限，但在某种程度上也关注"我"象限。在实施敏捷转型的时候，我们关注的是业务流程、敏捷和其他实践、组织策略、结构、系统、文化、思维方式和其他组织现象。如果我们可以引用一套通用的、中立的高度（层次）概念，而不考虑它涉及哪个象限，都将大大简化整个系统。这种跨象限的高度为我们提供了一个单一的接入点，用于访问任何给定现象的演变，无论我们当前采取的是哪个象限的视角。这就是整合模型的强大之处，因为它提供了一个全面的、能够映射所有现象的元地图（meta-map）。通过指定其象限及其高度，整合模型为任何特定的事物提供一种笛卡尔式的寻址系统，即整合模型所称的宇宙地址（kosmic address）。

鉴于我们对整合模型的使用只涉及组织生命，因而我们决定将自己限制为四种或五种整合颜色，即按复杂性顺序依次为红色、琥珀色、橙色、绿色和青色。在表 3.2 中，我们在莱卢之后列出了每种高度的颜色及其标识性的名称，莱卢在很大程度上采用了整合模型和螺旋动力学的传统命名。这些名称和颜色组合分别是冲动－红色、传统－琥珀色、成就－橙色、多元－绿色和进化－青色。在《整合心理学》中，威尔伯将许多不同的发展方案对应于引自心理学、社会学、脑科学、人类学以及各种东西方智慧传统的内容。与之类似，表 3.2 将关注不同象限的各派别的研究者如何映射到我们的通用高度体系，从而为读者提供参考，使其能为自己可能遇到的其他方案找到对应。

举个例子，在表 3.2 中找一行，传统－琥珀色的整合模型名称对应于格列夫斯所称的 D-Q（有关"我"象限的个体发展，以及后来在螺旋动力学中称为蓝色），对应于凯根在其精神复杂性（心智层次）方案中所称的规范主导心智，还对应于比尔·乔纳之领导力敏捷系统中的专家领导力，也对应于莱卢之组织命名中所称的顺从－琥珀色，也对应于盖伯瑟在其社会结构演变方案中所称的神话阶段（相对于农耕时代和社会文化的早期状态）。每个名称也可以用与其象限相关的术语来描述，或者用通用的整合模型标签来描述，例如传统－琥珀色。

表 3.2 部分来自威尔伯（2000b）以及格列夫斯、贝克、凯根、莱卢、乔纳和其他人的研究

通用高度名称	价值/人格：格列夫斯（贝克）	自我感：凯根	领导力：托伯特（乔纳）	组织：莱卢	世界观（社会文化）：盖伯瑟（威尔伯）
成熟整合：青绿色	B-O 世界观（青绿色）			【有所暗示，但没有命名】	整合（信息化）（全球）
新兴整合：青色	A-N 灵活流（黄色）		讽刺者	进化-青色	整合（信息化）（国家）
后现代：绿色	F-S 人类团结（绿色）	内观自变心智	存在主义者（催化者）	多元-绿色	
现代主义者：橙色	E-R 目标驱动（橙色）	自我导向心智	成就者	成就-橙色	工业社会（帝国主义）
传统：琥珀色	D-Q 真理力量（蓝色）	规范主导心智	技术专家（专家）	顺从-琥珀色	精神（高级农耕时代）
勇斗士：红色	C-P 强势诸神（红色）	至上自我	外交家	处于该高度的组织通常从事非法活动或腐败不堪	神话（村镇）（农耕时代）
部落：品红色	B-O 亲缘灵性（紫色）	冲动自我		复杂性不足以形成"组织"	魔幻（部落）（原始采集时代）
远古：红外	A-N 生存感（浅橙色）				远古

3.5.2 整合高度与敏捷转型

让我们回到四个象限的进化以及进化如何影响组织转型的话题。再次提到，如威尔伯所言：

> 所有四个象限均呈现出进化层次。左手侧象限根据内部深度或认知
> （意识）来度量其发展。右手侧象限则根据外部复杂性来度量其发展。
> 然而，由于所有四个象限相互联动，因此，至少通常是，内部意识
> 的提高将带动外部复杂性的相应提高。

正是这个论点——进化"至少通常"跨象限、以一致的方式发生——在组织转型中影响着我们。在说这些话的时候，威尔伯是以数十年（甚至更长）时间为尺度进行度量的。四个象限内的进化在很大程度上并行进行，但步调并不一致，尤其不是在以年为跨度的短时间内进行的。我们组织周围环境的外部复杂性已经急剧增加，尤其是在过去 10 年到 15 年中（仅考虑互联网、社交媒体、不断变化的国际政治格局以及新冠病毒大流行就可秒懂）。同时，处于"我"和"我们"象限的人及组织却没有培养出相应的意识。我们出问题了！具体来说，推动领导力发展的内部认知或复杂性以及创造组织文化的价值观和思维方式，已经落后于开发像软件这样的产品所需的复杂过程和框架的发展步伐。正如罗伯特·凯根所说的那样，"认知落后于时代发展而惶然无措"，因为我们并没有以某种根本方式来直面挑战。当领导者认识到这种不足的时候就会警醒，并寻求机会实现更长远的个人发展。

我们的同事阿尔·沙洛威非常简洁地指出了这一点。阿尔和许多实施精益敏捷方法的客户合作了多年。他如此表述这种进退两难的困境：

"多年来，我们一直都非常清楚如何通过精益敏捷流程使软件产生最佳结果和量化延迟成本等。（指向'它'和'它们'象限）。但尚不清楚的是如何使领导力和文化与之相匹配。"（来自私聊）

根据我们与领导者在组织文化方面一起协作的经验，这种动态情况一直在重复上演。

迈克尔的分享

自 2001 年我从事第一次敏捷转型工作以来，实施的敏捷实践层次（多元－绿色，有时是进化－青色）与领导者的思维方式以及盛行的组织文化层次之间，始终存在着鸿沟。除了少数例外，组织文化多数集中于成就－橙色层次以及一些传统－琥珀色的亚文化。如果说有一些多元－绿色文化成分的话，那么在很大程度上它也只是存在于内部敏捷社区之内或者偶尔由富有远见卓识的领导者带队的小型组织。一般来讲，领导者是成就－橙色到某种程度的多元－绿色的混合体。这导致我所教授和教练的敏捷实践与领导者及其文化并不匹配。一个值得关注的例外是，有一位负责管理 200 多人的业务部门的绿色－青色领导者，亲自认真地学习了精益思想及其实践，以便为员工做出表率。他完全致力于采用这种思维方式并赋能于自己的员工。在他这种领导力的影响下，教练团队取得了卓越的成功。另一个例外是某中型企业工程部门的一位负责人，他期初可能处于以橙色为中心的层次，但后来快速转到绿色层次。他全心全意地致力于敏捷实施，看到了改变组织文化的必要性。在其整体呈现橙色本质的组织文化下，他虽然取得了部分成功，但也遇到了极大的阻力。

正如本章前面所提到的，我们敏捷社区知道如何使用"它"和"它们"象限的方法开展工作，例如可视化工作流、量化延迟成本、设计并度量价值流、实施流程框架等，但我们还不能成功更改任何象限中的基础形式，这就限制了这些新的创新发挥其实际作用。其根本原因是"我"象限和"我们"象限中缺乏与之相对应的层次进化。如果高管和其他领导者的内在复杂性与敏捷所代表的进化层次相匹配，那么他们将更容易成功实施"它"象限和"它们"象限中的这些新实践。该主题将是我们第 II 部分中讨论的重点。这种不足造成了那些优势明显、前景更广阔的更复杂想法的失败，其中就包括精益创业、产品开发流程、精益思维、经验过程、Scrum 和看板等。一旦这些方法得以成功实施，它们所带来的更大复杂性就会推动"我"象限和"我们"象限内进化层次提升和成熟，因为所有四个象限在任何给定情况下都会同时出现。但我们的经验是——并且已经有研究可以证明这一点——左手侧象限限制了右手侧象限的进化程度（可以走多远）。为了使一项实践真正有效，我们需要使得实践意图（"我"象限）与实践行为（"它"象限）相匹配。

米歇尔的分享

几年前，我曾与一家大型保险机构合作，该机构当时正在实施其第一次敏捷转型。业务部门发起并领导了这一变革。其中一项成功的成果是将一组影响团队层面有效实践的流程精简掉。若要成功实施敏捷，需要我挑战一些思维模型，这些思维模型是许多年前创建这些过程的"功臣"，现在却成了严重的瓶颈。这要求我在工作时不得不直面那些"因为我们一直这样做"的心态。只有管理者开始看到不同工作方式的好处，他们才愿意从根本上改变之前的某些流程。意图必须与行为相匹配才能带来健康的敏捷实践。这个约束长期以来就有，并一直存在于左手侧象限的进化过程中。

以一个简单的"它"象限为例，相比在某些规则或模式指导下新建的过程，许多带有详细步骤且没有改进空间的程序式过程简单得多。这并不是说一个方法在本质上就比另一个更好，而是要视情况而定。但是，在我们这个复杂世界中，新的过程频繁出现（回想一下繁杂与复杂之间的区别）。如果我们站在相应的"我们"视角来看，那么程序式过程对传统的顺从－琥珀色文化就更有吸引力，而新出现的过程则更适合后现代文化，如多元－绿色或进化－青色文化。而当前占主导地位的成就－橙色思想将会拥抱这样的过程，即只要它们能以结果的形式产生橙色所看重的东西：成功。但是，如果组织文化并不是一种非常健康的橙色文化，或者仍然具有琥珀色思维的某些弊端，很可能会拒绝或不正确地修改新出现的过程，使其适应自身的文化抗体，我们也可以说，这就是其领导层未实现的实现自我价值之需求。当然，它也会冒着无法满足其环境中"它"和"它们"象限中复杂性需求的风险，但这已经是这种文化和思维方式下最理想的状态了。

在本章前面，我们分享了"超越并包含"的概念，将其作为穿越个人或组织发展中各个高度的进化方式。考虑到刚才描述的不健康的橙色范式以及当复杂情况需要新的过程时琥珀色导向所带来的各方面的问题，现在正好可以趁此机会重新认识这个概念。第一步是先努力尝试达到健康的橙色层次，然后再尝试进入绿色高度或青色高度，以便真正能够超越并包含健康和有价值的东西，并在进入下一个层次的过程中抛弃那些制约其进化的东西。

组织转向敏捷实践时创建的指标及其度量就是体现上述观点的实例。如果组织从橙色的重心开始运营，并且使用的度量指标、度量办法和奖励措施会产生不健康的组织行为，这种情况并不会因为该公司采用了敏捷行为而自然改变。作为敏捷领导者或教练，启动组织进化的方式是首先匹配组织中人们所在的橙色文化,帮助他们建立他们所关心的度量指标。在橙色价值体系中,这些指标可能包括生产力、效率、创新和目标达成等多个方面。

多元－绿色和进化－青色的思维方式和价值评估方式通常更适合当前的复杂性。例如,进化－青色思想具有更高的行为自由度,因为它的僵化程度较低,能够为任务提出多种观点,因此能够更有效地解决问题。不幸的是,已经发展到这一阶段的人口还不到 10%。大多数领导者都了解组织对敏捷的需求,并因此而受到敏捷框架的承诺所吸引。但最后,正是组织无法达到达成变革所需的思维高度,造成最终无法实现预期结果。根本上,敏捷是非常擅长引领变革的。真的,如何经历变革过程决定着会取得什么结果。正是因为这个原因,人们的思想发展层次为人们如何参与人类和组织变革过程奠定了基础。

许多敏捷专家关注"它"象限和"它们"象限,因为这两个象限既简洁又直接,并且只要适当进行更改,就可以带来明显更好的结果。但问题是人们普遍缺乏对领导力提升和文化相应层次发展的理解。为了取得更好的结果,我们需要更加自觉地关注这一差距,因为它严重限制了我们的效力。尽管我们肯定不会忽略右手侧的象限,但关注左手侧象限仍是本书其余部分的重点。

3.6　小结

高度代表每个象限内的复杂程度。我们探索了四个主要的高度,它们适用于大多数人所在的组织类型:琥珀色、橙色、绿色和青色。我们在跨象限中使用这些通用名称,它们代表与给定象限相关的相似或并行(但不同)存在方式。了解组织环境所处的高度至关重要,因为处于给定高度的人对来自不同高度的想法和方法不会有很好的反应。因此，这是一个重要的实施因素，可以帮助人们理解所处的高度层次并与之更有效地合作。

3.7　知行合一

要使本章所讨论的高度和进化概念在具体的世界里付诸实施，请尝试进行一次简单的评估，确定组织运营当前所处的高度。

- 就目前的"重心"而言，你认为自己的高度是在哪一个层次？哪些价值观最能引起你的共鸣？请重新阅读每个高度的说明以进行确认。在阅读说明时，请注意自己所拥护的价值观（向他人宣扬、激励他人）和自己实际生活中价值观之间的差异。

- 你认为团队的高度处于哪个层次？这个团队可能是变革或转型的团队、与你合作的敏捷教练团队或领导团队。你正在寻找的是重心，而不仅仅是一个答案。

- 敏捷转型的总体组织目标主要在哪个层次的高度？

第 4 章

发展路线

发展路线这个镜头是能力镜头。它用于评估每个象限内与给定象限视角有关的特定能力线，而不只是查看整个象限。因此，发展路线用于度量一个象限内特定领域的高度。使用此镜头有助于理解需要哪些新的功能才能实现预期的结果。由于组织在一个领域中的发展可能比在另一个领域中的发展更好，那么通过评估每条发展路线，你可以将发展重点放在成功完成变革所需的相关领域上。

4.1 发展路线

威尔伯的研究为人们定义的发展路线超过 24 种，只不过这或多或少取决于你如何定义每条路线。许多理论家穷尽一生来研究某个发展路线，比如认知路线（皮亚杰）、情感路线（埃里克森）、灵性路线（富勒）以及道德路线（吉利根与科尔伯格）等。

作为人类，我们都有与生俱来的才能，也就是，一出生就自然具备不同的天赋、能力和素质，例如音乐、艺术和数学等。然后在我们感兴趣的领域或者父母或社会强加给我们的发展领域，通过花费精力和时间而培养出来的能力，这些能力都是通过学习获得的。成年之后，随着我们开始有意识地发展自己，使我们能够应对环境的复杂性，我们会发现需要构建更多的能力，以便能够应对这种复杂性。我们也可能为了个人成长而进行这样的发展，因为我们面临着个人挑战，需要更熟练的方法来应对这些个人挑战（我们将在第 II 部分中更深入地讨论这些内容）。例如，如果我倾向于过度服从别人，就可能限制我判断个人最看重什么的能力。例如，也可能意味着我需要努力发展自己的情感路线，使自己能够更加熟练地处理复杂的情感问题。这种努力就像去健身房并对需要强化的某块肌肉进行锻炼。这些能力或"肌肉"锻炼使我们能够达到理想的状态。

整合理论实践者将发展路线用作评估工具，以诊断当前的能力，然后有效地解决所需领域中的不足。图 4.1 概括了整合评估中可以包含的各种发展路线。在此表中，某个象限中的每一条路线都与其他象限中的路线相关。例如，随着认知路线在左上（"我"）象限中的发展，右上（"它"）象限中有相应的行为发展，左下（"我们"）象限有相应的主体间的能力发展，右下（"它们"）象限有语法系统发展。同样，根据整合理论的具体应用环境不同，可以使用许多条不同的发展路线及其变型路线。

正如我们个体需要发展这些能力一样，组织也需要针对环境的复杂性培养各种必须具备的能力。也正如人们通常不会尝试在所有方面都全面发展到较高的高度一样，组织也不需要在所有可能的领域追求较高的发展高度。

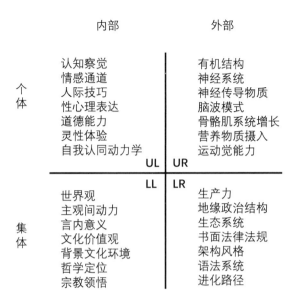

图 4.1　整合发展路线示例 [①]

我们已经为每个象限确定了一些发展路线（在第Ⅲ部分中介绍），这是基于我们对每个象限可能需要什么才能发展成为一个更敏捷的组织之思考。同样，可以根据你试图做的事情选择更多或更少的发展路线。将这种发展视为一种方法，可以将一个广泛的维度分解为子类别（或子维度），让你更容易从整体上评估该维度。这也是一种方法，让你更清楚地了解周围环境的全景影像并思考需要聚焦的重点区域，善用那些能够促进变革的领域。

由于在任何特定情况下各个象限会联动，并且所有象限都同样重要，任一象限内的某个发展路线的既定高度可能会影响并受到其他象限中的发展路线以及这条发展路线所呈现出来的高度的影响。例如，在"我"象限中，情商发展路线的高度将影响共享世界观发展路线的高度。所以我

---

① 资料来源：Ihtegralacademy.eu/aboutfabout-integral-theory。

们经常说一个象限的转变需要另一个象限相应的转变。这并不意味着所有象限中的所有发展路线都需要在同一水平，或者需要在高层次下运行，而是说，组织和人员必须能够基于那几条重要的发展路线构建能力，获得其预期的结果。

4.2 发展路线与敏捷转型

如前所述，每个组织都有其独特的能力以及需要进一步发展的领域来实现变革。因此，某个象限中的一个发展路线可能呈现为橙色高度，而同一象限中的另一条发展路线则可能已经处于绿色高度。不仅同一象限内可能会出现这种情况，不同象限之间以及组织的不同领域也可能出现这种模式，并且不同的合弄层级也如此！哇，这真是一个相当有趣的星座排列系统！

要有意识地达成变革，我们不仅要关注象限和高度，还要考虑敏捷环境中的特定领域。从每个象限的视角，我们看到以下内容。

- "我"象限：发展路线聚焦于领导力整体的成熟度水平，需要涉及与变革相关的个人信条、新的工作方式、领导力信念和愿景、领导力效能以及对精益和敏捷思维方式的认同程度。示例：情商。

- "它"象限：发展路线专注于企业级敏捷工作方式及组织交付产品（发布上市）所需要的实践和行为。示例：技术实践。

- "它们"象限：发展路线专注于组织的结构和系统、不断变化的外部条件的适应性以及价值流动，以实现所需要的敏捷程度。示例：沟通信息的流动性。

- "我们"象限：发展路线专注于建立合作、创新和集体效能所需要的文化和关系的健康情况，迈向变革性的"我们"空间，远离"我们还是他们"的心态。示例：共享世界观。

在第Ⅲ部分中，我们将更全面地讨论在敏捷转型工作中所使用的特定发展路线，以及它们与象限和高度层次的对应关系。

4.3 知行合一

要将本章讨论的发展路线付诸实践，请以每个象限中给定的发展路线为例，评估组织中这些发展路线应该是什么高度以及哪些指标导致你得出了这个结论：

- "我"象限：情商

  ◇ 呈现高度：

  ◇ 指示指标：

- "它"象限：技术实践

  ◇ 呈现高度：

  ◇ 指示指标：

- "它们"象限：沟通信息的流动性

  ◇ 呈现高度：

  ◇ 指示指标：

- "我们"象限：共享价值观

  ◇ 呈现高度；

  ◇ 指示指标：

4.4 第 I 部分要点总结

到目前为止，我们探讨了以下内容：

- **合弄：**组织生命中整体与部分关系的基本构成，从个人到团队、部门、组织以及个体性、共融性、整合性和超越性。

- **象限：**我们用来查看或探究任何特定组织的状况及任何合弄的四个基本水平视角。

- **高度：**在某个象限中，特定发展路线上任何特定合弄实例的复杂性进化层次。

- **路线：**用于评估每个象限内特定路线之发展状况的能力镜头，这些象限包含为实现特定目标而要具备的能力。

这就是基础性的整合操作系统（IOS），整合敏捷转型框架（IATF）的基石，也是我们进一步探索如何将这个系统用于敏捷转型、过渡或变革举措以实现企业敏捷性的基础。在我们继续阐述第 II 部分的转型领导力之前，请花一点时间来整理一下在第 I 部分中学到的内容，做一些简单的练习，将整合思想应用于当前的敏捷变革工作中。

4.5 将整合思想应用于敏捷转型

要对第 I 部分中所学的内容进行整合，请尝试下面这项简单的练习。回想前面使用整合模型来评估"湖中垂死之鱼"的场景（第 2 章）。现在，考虑敏捷转型工作场景。为了扩展本练习，你可能需要瞄准敏捷转型中遇到的一个特别大的障碍而无需考虑所有的工作（图 4.2）。

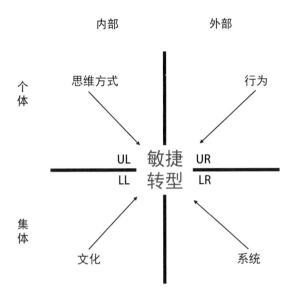

图 4.2　整合评估：检视自己的敏捷转型

透过每个象限的镜头，反思并回答下列问题。

- "我"象限：关键个人（无论是领导者、团队成员还是其他人）持有的哪些具体思维方式、理念以及价值观在影响着转型举措？这些思维方式呈现出什么高度？它们来自哪个合弄层级？

- "它"象限：展现了哪些影响转型举措的行动和行为，既包括支持也包括反对的行为？这些行为看起来呈现了哪些高度层次？

- "它们"象限：有哪些影响转型举措的结构、系统和政策？这些结构、系统和政策发生自哪个或哪些高度层次？涉及哪个或哪些合弄层级？

- "我们"象限：当前所处文化中的哪些属性在影响着转型举措？表现出哪个高度层次？冲突中是否有两种不同文化属性（如橙色与绿

色）的冲突？这种现象是否在不同的合弄层级都有所表现，如敏捷
团队的文化与整个组织文化的差异？

随着我们进入第Ⅱ部分"转型领导力"，你将开始更深入地了解自己如
何以变革领导者或教练的方式影响即将取得的结果以及如何更加有意识
地投身于毕生的事业中。

转型领导力：
升级领导者的操作系统

本书第 I 部分描述了一种基于整合思想的敏捷转型方法，第III部分将阐述一个用于敏捷转型的组织操作系统元框架（meta-framework）。中间的第 II 部分，则侧重于升级领导者现有的操作系统，使其达到领导敏捷转型所需要的层次。

领导力是真正转型的核心。从唤醒、愿景、战略，到实施、学习、纠偏以及保持等各个阶段、各个环节，领导力无处不在，它与授权（delegation）刚好相反。没有领导力，我们期盼得到的顶多是一场有组织的运动，从一个状态转换到另一个相似的状态，而不是转型。正是由于领导力的核心重要性，我们才选择在第 II 部分重点强调推动转型所需要的领导力类型，重要的是要理解它是什么样的、它涉及什么以及如何提升这种能力。

"转型领导力"（transformational leadership）①与有着特殊职责的"转型领导者（transformational leader）"不一定是同义词。在本书的这个部分，我们将讨论敏捷转型背景下的转型领导力和任何引领组织转型的转型领导者。这包括执行领导和高级领导、中层管理领导或具有"转型领导者"正式头衔的人、变革发起人、企业敏捷教练以及顾问等。总之，包含组织中参与转型变革的任何人。

以上提到的各种角色有不同的职责和不同的参与程度，但都被视为"变革使能者"。此外，所有人都必须承认，个人领导力和他人领导力是转型过程的基石。而转型领导者也深谙自己能够拥有的最重要的转型工具就是他们自己。因此，努力寻求自我发展是转型的核心任务。这是我们所谓"升级领导者的操作系统（LOS）"的用意。

---

① 译者注：业界对 transformational leadership 有多种译法，一种是"变革领导力"，另一种是"转型领导力"。从某种程度上讲，变革着重于行动，转型则除了行动还特别强调人的思维模式；变革让人感觉更有干劲儿，转型则如细水长流，润物无声。鉴于整合模型涉及的"超越并包含"方法本身带有层层向上突破的意思，所以在本书中，我们对该词的翻译选用了"转型领导力"。

关于整合领导力的思考

我们选择转型领导力而不是"整合领导力"（Integral leadership）作为本书的主题，可能会让你觉得意外。我们之所以做出这一决定，是因为我们坚信，要想达到整合领导力这个思维层次（而不是成果创造或自主导向思维层次），真的很难。据估计，只有不到5%的领导者处于这个层次。然而，我们的世界正在召唤着一种全新的领导方式。在很长的一段时间里，我们一直在努力解决隐藏在整合领导力背后的问题：它在实践中是怎样的？有多少领导者真正发展到了整合阶段？怎样才能发展到这一阶段？如何判断达到该阶段需要花多少时间？

考虑到本部分重点关注的问题起着重要的决定性作用，所以我们试图寻求智慧之源泉以进行某种确认，并且做更深入的对话和探索。宇宙不仅慷慨无私，还为我们提供了该主题下最可靠和最聪明的两位智者："全景领导力"的创立者和创始人鲍勃·安德森与世界哲学家及"整合模型"的创始人肯·威尔伯。哇！当他们俩对我们的邀约说"可以"的时候，我们倍感高兴与谦卑。

与鲍勃的对话使我们对之前确定的方向更坚定。尽管整合领导力着实罕见，但随着世界需求和领导力领域中意识层次的日益提高，有关整合领导力的研究也在加速发展，如鲍勃和詹妮弗·加维·伯杰的研究。在我们看来，鲍勃本人不愧是整合领导力的典范，他全心而入，参与了我们的对话。可以访问 https://vimeo.com/334146708/e50fd54d，观看他与詹妮弗·加维·伯杰联合召开的研讨会，研讨会的主题是整合领导力。

与肯的讨论使我们得出了类似的结论，这要归功于他的两句箴言，它们与引领成功转型所需的方法有关：第一，我们必须提高自己的能力，使自己能站在他人的角度看事情；第二，我们必须学会自我觉察。在本书第II部分，将更详细地介绍这些洞见。因而到目前为止，我们非常认可两位智者的贡献，是他们帮助我们达成了可行的结论，并让我们重新思考了转型领导力以及我们如何培养并发展整合领导力。发展新的能力就像开发因许久未用而变得虚弱的肌肉。如果能开始持续地、有意识地锻炼这些肌肉，你终将拥有全新的、发达的肌肉。使用这个类比使我们相信，通过将整合思想（特别是整合敏捷转型框架，IATF）与各个象限中的修炼（discipline）融会贯通，我们可以培养出更多的整合领导力。

与鲍勃和肯的讨论鼓励我们做出如下定义：转型领导者即成果创造型领导者，他们不仅在心智模式上（意识：左手象限），还在组织行为上（行为：右手象限）运用整合修炼（Integral Discipline），以此来促进个人与组织的转变。通过使用整合修炼（每个象限中的修炼都代表该象限明确的发展重点），转型领导者推动自身及其组织朝着整合层次的方向发展。确实，如果运用得当，整合修炼可以使我们内省（自我觉察），并且能更加诚实地接纳他人的观点。

在这里，让我们先扼要说明整合修炼对发展领导者操作系统的意义。我们会在第III部分做更加全面的阐述。

整合修炼①包含五项关键的组织修炼，是组织学科的一个分支。它由一系列整合实践、观点和目标矩阵组成，这些修炼共同指引着组织迈向整体组织敏捷。这五项整合修炼抓住了各自象限的进化本质，并由象限中的几条发展路线支撑，所有这些发展路线均与该项修炼保持一致。除了为组织的变革计划提供关注点，这些修炼还能被当作工具使用，用于发展我们个人的领导力。

---

① 译者注：我们将 discipline 翻译为"修炼"，主要有以下两个原因。第一，从直觉上讲，"修炼"蕴含着一种积极向上的能量，是一个动态的、向善的、持续不断的实践过程；第二，该术语借鉴了中国传统文化的思想，即想要把我们所知道的理论（"知"）在现实中落地（"行"），中间还需要依靠具体的方法，在每天的工作与生活当中，一步一个脚印地践行下去（"修"）。

这五项整合修炼如下。

- **有意识变革**（conscious change）：我们必须采取积极的（有意识的）、自律的以及可持续的方法来进行组织变革，将系统作为客户，使用有意识的、结构化的以及自律的方法，在所有四象限的各个合弄级别上开展工作。

- **不断进化的意识**（evolving consciousness）：要想从保持现状转向变革，我们必须不断地发展组织中的个体意识。作为转型领导者，我们可以发展垂直领导力，以有意识的、战略的、自律的方式来解决这个问题。

- **不断进化的产品创新**（evolving product innovation）：如果我们的目标不只限于敏捷，还要实现组织敏捷，那么组织就必须超越以客户为中心的焦点，改用以组织为中心的方法来构建产品，聆听来自系统的各种声音。

- **不断进化的系统复杂性**（evolving systemic complexity）：为了朝着组织敏捷的方向发展并为它创建一个合适的环境，我们在设计、转变并塑造组织集体信念、风气以及智力模式的过程中，需要提高系统复杂性，从成就－橙色的思维模式和行动进化到多元－绿色。

- **不断进化的适应性架构**（evolving adaptive architectures）：本项修炼的重点是设计并实施组织结构、治理和政策，以便优化流程、创造价值并提高人类福祉。

作为转型领导者，纵使我们仍然无法从意义构建阶段完全转换到整合阶段，但我们大多数人的认知发展路线已经足够先进，至少可以在思维层面理解整合阶段的这种不同，并且好好利用它。整合修炼的运用提供了一个结构性的辅助，在我们尚处在意义构建阶段就帮助我们理解并采取行动，直到整合思维真正内化为我们自身整体的一部分，这有点像是"假装、模仿、尝试，直到最终成功。"换另一个角度看，整合修炼的运用能让我们体验到整合领导力的状态。经过一段时间的实践和坚持，这种状态体验可以发展到一个更加可靠稳定的阶段。通过反复练习，我们的重心也会转到更高的层次。简而言之，我们可以通过采取行动来实现自我革新。

当你阅读第 II 部分时，我们希望它能坚定你对转型领导力的核心信念，使你对转型领导者的特征有更深入的了解，并激发你迈向新的生存方式。

第 5 章

转型领导力

写作本书时，我们在领英网站上快速搜索"转型领导者"，检索到 762
137 条查询结果和 14 656 个工作岗位。令人沮丧的是，这些工作描述无
一例外引用了别的标准，例如实施 Scrum、运用诸如 SAFe 等大规模框架、
开发敏捷培训材料、进行敏捷成熟度评估、进行项目管理等等。好吧！
你看到了，经过一个小时的查询，仍然没有发现任何涉及个人转型、个
人责任或者能真正代表"转型"的字眼。

为了响应敏捷行业的需要，企业通常根据顾问和整个行业的想法来创建
工作头衔和职位。在多数情况下，人们并未有意识地思考过"转型领导
力"一词以及它所代表的真正含义。

转型领导者是指那些愿意成为变革之舟，愿意突破现有规范承担转型愿
景，并且为服务这个愿景而改变自我的人。转型领导者知道自己是变革
当中最重要的工具，他们意识到自己不可能用超越自身发展水平的能力
来发展组织。这就是为什么说领导者要想引领变革转型，就必须以身作
则，先从自我转变开始。

转型之路险境密布，我们需要鼓起勇气；转型之路漫长修远兮，我们需要敞开心扉；转型之路荆棘丛生，我们需要增强意志；最后，转型之路挑战重重，我们还需要有开放和成长的头脑。

在本章，我们将全面探讨转型领导力的概念、关键特征以及发展到该层次的商业案例。简而言之，我们会详尽描述第 II 部分所涉及的有关转型领导力最终状态的内容。

5.1 转型领导力的上下文

在我们的敏捷转型工作中，转型领导力为何如此重要？我们将在此充分地进行说明，正如我们所定义的那样，转型领导力——即成果创造型领导者运用整合修炼开展工作，是组织成功实现敏捷转变的关键。把自身领导力的发展放在首位，帮助自己发展到能创造成果的层次，是升级领导者操作系统（LOS）的第一步。

5.1.1 领导者的操作系统

人类得到的并不是他们所追求的东西，而是能照见他们自身的东西。

人类总是急于改善环境。而不愿意提高自己。

——詹姆士·艾伦 [2]

成为杰出领导者的过程与成为杰出人士的过程是相同的。

——沃伦·本尼斯 [3]

---

[2] 《做你想做的人》（Allen 1905）。
[3] 第一位创造性地区分"管理"和"领导"的人（Bennis 1989）。

领导者具有一个操作系统，这是一个有力的隐喻。在本书前面，我们还同时用到一个有关整合敏捷转型框架（IATF）的隐喻，这个框架被称为组织转型元框架，该框架将整合模型作为操作系统。领导者操作系统指出这样一个现实，我们的领导效能不仅取决于我们做什么，还取决于我们如何做——即还取决于我们的意义构建系统、我们的意识层次、我们如何执行任务以及我们现有的领导力。

当我们从这种角度出发，同时基于鲍勃·凯根、比尔·托伯特、比尔·乔纳、苏珊·库克·格罗伊特和我们全景领导力的朋友鲍勃·安德森与比尔·亚当斯等研究者的数据来看时，我们的意义构建存在着一种结构。而且，正如安德森和亚当斯在 2016 年所指出的那样，系统效能的主要决定性因素是系统设计。我们的思想、信念以及假设的本质和结构（有意识的和无意识的）缔造了我们的现实；因而，意识是效能的操作系统。我们的效能始终与我们的意识层次保持一致。所以，如果我们想获得更高的效能，就必须进行重组。简而言之，如果我们希望获得更大的商业成功（尤其是在组织转型中），最高的杠杆路径就是进入内在的本我进行自我重组。这正是我们所说的升级领导者操作系统的意义所在。

正如敏捷实施几乎完全专注在行为与实践的"它"象限一样，大多数领导力的发展工作也都聚焦于能力、技能以及知识这一类的外在工作。当然，这些东西很重要，但总体而言，它们并不能帮助我们甄别出卓越的领导力。内在游戏（inner game）决定着外在游戏（outer game），因此，当我们升级内在游戏，也就是升级领导者操作系统的时候，杠杆作用便会产生。接下来的两章与"如何做"有关，但在本章，我们会列出转型领导力的上下文并为它提供商业案例。

个人发展的研究人员定义，内在游戏由我们的意义构建系统组成——即我们的决策、价值观与精神信仰、自我意识与情商、用来理解现实并做出行动的心智模式以及构成我们个人身份认同的内在信念与假设。

> 伟大的领导力与我们人类的内心深处相关联。它与性格、勇气以及信念有关，而不是与特定技能或能力有关。领导力需要在心理和精神层面上构建智慧，认识自我并进行性格培养。（Anderson & Adams, 2016, p. 29）

在来自精神思维领域和生物科学领域的论证中我们可以看到，比起我们常常可能感觉到的事物，信念与内在则更具影响力。从精神的角度讲，脉轮是能量（微妙的能量）的圆形漩涡，汇聚于脊柱上七个不同的点，所有这七个脉轮都连接到体内的不同器官和腺体。较低的脉轮（第一、第二和第三个）是情感，而较高的脉轮（第五、第六和第七个）是思想；它们共同结合在第四个脉轮——即心脏中心，将情感和思想汇聚成觉知（信念），进而指挥着我们的命运运转。同时，从生物学的角度来讲，心脏的电场强度是大脑电场强度的 100 倍，而心脏的磁场强度是大脑磁场强度的 5 000 倍（Braden, 2019）。领导力需要智慧、品性和用心，这一主张建立在长期发展的传统科学和精神学科的基石之上。

也许最重要的是，领导者操作系统可以被视作领导者实际效能的主要决定因素，这可以通过 360 度评估工具测量得到的领导力商数（leadership quotient，LQ）得以量化。

5.1.2　领导力商数

领导力商数（LQ）可以定义为领导力的有效性除以无效性。当我们在工作中使用全景领导力测评报告（leadership circle profile，LCP）时，一种简化的计算方法是，将个人在全景领导力上成果创造（outcome-creating）的能力得分除以问题响应（problem-reacting）的得分。分数 1.0 表示领导者的有效性与无效性相等；简单地讲，就是指该领导力对组织所产生的作用是中性的。

组织领导力商数度量的是其领导力的竞争优势或竞争劣势。如果组织的LQ 小于 1.0，其领导力会带来成本高昂的竞争劣势；我们都真正见过这类组织，但很少如实承认或度量；相反，LQ 大于 1.0 的组织，其领导力具有明显的竞争优势。在安德森和亚当斯的研究中，表现最好的公司其领导力商数为 4.0；而表现欠佳的公司其领导力商数为 0.4，这里有 10 倍的差距（Anderson & Adams, 2016, p. 17）。注意：本章稍后将对此项研究进行详细介绍。

对于领导者而言，知晓自己的领导力商数既是一种勇气可嘉的行为，也是一种机敏睿智的表现。只有通过 360 度的评估工具进行深入对话，并且 / 或者通过征求反馈来获取有关自身领导效能的数据，我们才可能发展自己的复杂性，从而在日益复杂的世界里安然应对眼前的各种挑战。

那么，就业务结果而言，我们的领导力商数到底会产生哪些不同影响？

5.1.3 领导效能与业务绩效

多数（如果不是全部的话）领导力研究人员认为，大部分高级领导团队的集体意识还不够复杂，无法带领大家应对当下所处的世界。比方说，有 75% 的成年人被归结为具有反应性心智，或者正处在从反应性心智到创造性心智的过渡阶段。这种"重心"（center of gravity）缔造了相应的组织结构与政策文化，尽管组织进行了所有敏捷和管理方面的培训，但并不能从根本上实现真正的赋能。当人们被反应性心智控制的时候，无论是在工作中与人深交，还是让"下属"充分参与决策，抑或是发掘他人优点（而不是缺点），大家都会感到极不自在，所有这些状况都增加了他们对我们这些顾问的依赖。

这一事实在 Full Circle 集团（全景领导力的顾问方）的咨询历史中得到了证实。顾问从创造性心智层次出发为客户定期设计会议与变革活动，并欣喜地发现人们可以应付自如。可问题是，人们一旦离开设计好的结构化活动后便无法再将这种层次水平下的运作延续下去。出现这样的结果着实令人费解，直到洞察到客户的领导者并没有继续在成果创造的层次上进行引领时，顾问们才恍然大悟（Anderson & Adams 2006, p.74）。实际上，大多数的变革尝试都是为了建立一种创造性文化，但并不奏效，因为这要求领导力必须达到创造层次或更高层次，变革才能持续发挥作用——这就导致大量意图创建一个高效能组织的活动（"它"象限），都以失败告终（Anderson & Adams, 2006, p.73）。

1994 年，鲍勃·凯根在他的著作《超越我们的大脑》中，对诸多机构（例如教育、婚姻、育儿以及工作实践等）提出了相类似的观点：社会规范是为那些拥有自主导向思维的人设计的，这些人能遵循自己的原则行事，具有内控力。但对于大多数人来说，达到这一层次不现实的，所以难怪会有那么多人失望。

你可能在思考，这是我们在敏捷转型中得出的集体经验：敏捷实践与文化是在多元-绿色（带有青色元素）的思维状态下设计的，但在大多数成就-橙色（或传统-琥珀色）的组织文化里不能被真正或完全实现。当我们把它们映射到敏捷领导特征（例如仆人式领导、信任团队、有价值产品的定期发布、协作导向）时，发现这些敏捷领导概念与"全景领导力"的结果创造能力之间存在着完美的关联。相应地，这些敏捷概念与问题反应性能力并无联系（https://leadercircle.com/en/agile-leadership/，"敏捷领导力和成果创造能力"，全景领导力博客，2019 年 2 月 14 日）。我们在工作坊中反复地做相同的关联映射测验，我们的结论在这些参加测验的参与者中得到了进一步证实：一个不能在创造性层次（或更高层次）上工作的人，是无法成为一位敏捷领袖的。

提高领导力的平均水平需要从内部着手。世界上所有的敏捷培训都无法使我们达到这个目的。这不是用精心设计的辩论、更好的流程框架或在整个企业范围内实施持续集成／持续交付（CI/CD）或 Dev-Ops 就能够解决的问题！除非组织中的领导者可以共同支撑起一个必要的转型"容器"，否则敏捷"装置"注定会表现不佳。我们必须重整内部工作并重塑领导者的操作系统。

现在，让我们谈谈业务绩效与领导力的关系。全景领导力机构针对 500 个组织（后来扩展到 2 000 个）开展了一个广泛的研究项目，其研究内容是业务绩效与领导力之间的关系。研究人员创建了一个业务绩效指数（business performance index，BPI），该指数由收入、市场份额、销售额、赢利能力、产品质量以及整体业务绩效的度量值组成。接着，他们要求一组来自相同行业、不同组织的管理人员，对给定领导者领导之下的组织绩效与行业标准进行比较。据此确定排名前 50 的企业，每一位企业负责人的个人全景领导力测评报告被合并为一个汇总的个人领导力报告；同时，对排名最低的 50 个企业也进行了相同的处理。最后生成的全景领导力测评报告如图 5.1 所示。一个有助于阅读该图表的简单辨别方法是，上半部分的绿色是好的（代表创造性），但下半部分的绿色不是那么好（代表反应性）。

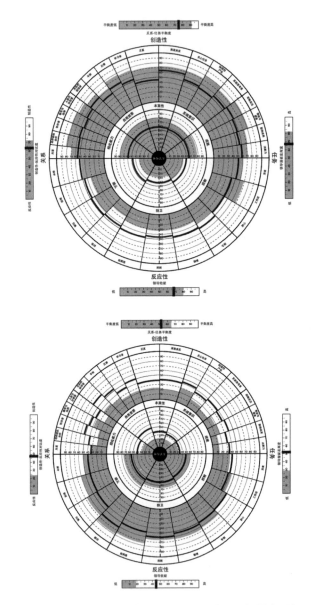

图 5.1　业绩最好的企业和业绩最差的企业其领导者的领导力测评汇总报告

请留意，这两个汇总的总体领导力测评报告之间存在着巨大的差异：业绩最好的企业（第一个图），其领导者成果创造的值很高，而问题响应的值相对较低；业绩最差的企业（第二个图）则显示出相反的模式。此外，业绩好的领导者往往会低估自己的优势，高估自己的劣势（是因为谦卑或者有着更高的自我标准吗？）；而业绩最差的领导者正好相反。

研究人员还专门比较了排名前 10% 和后 10% 的领导效能得分。业务绩效表现最好的领导者，平均领导效能得分在 80 百分位，而业务绩效表现最差的领导者，平均领导效能得分则在 30 百分位（Anderson, 2006, p. 15）。业务绩效和领导效能的相关系数为 0.61（高相关性）。这样的相关程度意味着，如果你提高领导效能，就可能会有 38% 的概率提高业务绩效。

这些结果也与曾格和福克曼关于优秀领导者竞争优势的研究结果保持一致，该研究发现，在可靠的 360 度评估中，处于 80 百分位及以上的领导者，相比处于中间 60 百分位区域的领导者，产生的业务结果要多出两倍。换句话说，两名（十名中的两名）表现最佳的领导者绩效是六名（十名中的六名）表现中等的领导者绩效的两倍。再换句话说，一位出色的领导者绩效要比一位中等领导者绩效高出六倍。这是一个巨大的竞争优势，组织可以通过发展领导力将这种竞争优势最大化（Zenger & Folkman, 2009）。

一个相关的问题是，领导效能是否可以在领导力发展的每一个进步阶段都会有所增加呢？表 5.1 列出了安德森和亚当斯的研究结果。

表 5.1　不同发展层次下的领导效能

发展高度	领导效能	领导力商数
反应性（规范主导思维）	40%	0.67
创造性（自主导向思维）	65%	1.9
整合性（内观自变思维）	90%	9.0

迈克尔的分享

有两位曾经与我一起共事的领导者说明了这一点。一位是迈克，他是工程部副总裁、一个出色的战略家，并且是一名知识渊博的敏捷倡导者。他有着强大的技术背景，而且十分"霸气"：他头脑敏锐，经常钻研人们的假设与无心的过错。会议上他评审工作的时候，大家确实能从中学到一些东西，但人们一开始的时候很害怕参加那些会议。这样做的结果是，当人们不知道答案或是在犯错的时候，这种组织文化确实能提升大家的才能，但这种提升并不是为了联结、协作或诚实。该部门的文化十分脆弱，而且难以发展。

相比之下，另一位业务副总裁兼迈克的同事道格却是一位成果创造型（或更高水平）的领导者。他很容易接纳分歧，不是那种会议室里最聪明的人，并且对倾听他人的想法和激发他人的创造力十分感兴趣。他管理着一个高度创新的组织，该组织进行着"高、精、尖"的实验，激发了更大组织中的每一个人。公司内部有一大批人渴望参加他周五下午的会议，看到项目当前的最新进展，他们都十分高兴。人们不像惧怕迈克那样惧怕道格。他们找道格来帮助他们思考挑战的时候，总能感受到来自道格的支持。而他们去找迈克时，却无法展现出自己脆弱的一面，这样便扼杀了他们的自然创造力。道格所领导的组织是创新与承诺的枢纽。

最后一点：全景领导力组织拥有一个大约有 20 万名领导者信息的数据库，这些领导者由 200 多万名评估者进行过评估。这为我们提供了一个数据宝库，可以用来考察不同人口统计群体之间的差异。在多数情况下，世界各国间的文化差异非常小，最大的差异可能来自性别。简单来说，在 21 世纪初期，女性的领导方式比当前男性的领导方式显然更加有效，女性在与人交往、协作、团队合作以及取得成果方面更具优势（表 5.2）。有趣的是，这似乎反映了近期敏捷思想中涌现出来的一个模因，即敏捷偏重"女权主义者"。

表 5.2　女性平均领导力与男性平均领导力得分的对比

发展高度	女性	男性
反应性（规范主导思维）	56%	39%
创造性（自主导向思维）	53%	41%
整合性（内观自变思维）	53%	41%

5.2　转型领导力的商业案例

总体而言，我们显然可以得出如下结论。

- 如果不采取自主导向（成果创造）的立场，那么敏捷领导力不可能从本质上得以实现。

- 在较低的领导力发展层次，业务绩效会受到很大的影响。

- 在规范主导思维层次上设计的领导力操作系统，其结构实际上并不是想要创造变革，而是维持现状。

- 众所周知，组织文化可以抑制或阻挠敏捷的成功，这样的文化是由领导者强化并且共同创造的。

- 因此，集体的发展水平越高，组织就越有可能成功地实现敏捷转型，并且取得更大的业务成果。

5.2.1 集体领导效能

高效的集体领导是一项无与伦比的竞争与战略优势。

——戴夫·施拉德博士

1990年，彼得·圣吉指出，大多数组织的集体智慧与效能远低于该组织成员的平均智力与绩效。简而言之，当人们聚在一起时，常常会"智力下降"。相反，如果能够提高集体领导智力（本质上是升级集体领导力的操作系统），那么我们就可以创造一项能显著改善我们业务绩效的竞争优势，使我们的组织拥有一个更好、更人道的工作环境，提供一个可以与客户互动、更具协作性的空间，同时能为内部和外部生态系统提供更持续的领导力视角。

这一点在研究中是如何得到体现的呢？如果我们从前面提到的业务绩效的研究中考察绩效最高和绩效最低的企业领导文化的话，顶级企业的整体文化创造性得分为80%，反应性得分为30%；而表现欠佳的企业，其领导力文化的创造性得分为30%，反应性得分为70%。绩效最高的领导力商数为2.7，绩效最低的领导力商数为0.4。

为了重塑组织中的领导力文化与集体领导效能，我们必须找到一种方法来扩大我们的系统意识并增加文化复杂性。基于与数百个高层领导团队的广泛合作，安德森和亚当斯指出："领导层的对话质量决定着集体效能，决定着集体智慧，决定着企业绩效。作为高级领导者，我们的对话质量和关系质量直接影响我们所创造的成果"（Anderson & Adams, 2016, p.25）。我们与一个高层团队合作一年后，他们给出如下最一致的反馈：

> 不同之处在于，如今我们可以彼此交流真相并进行勇敢的对话，以此来取得成果。我们可以处理复杂而又具政治意味的问题，这是推

动业务向前发展的关键，并且我们还可以快速消除复杂性和个人敏感性，从而作出高质量的决策。（Anderson & Adams, 2016, p. 25）

我们有着基本相同的经验。在敏捷转型过程中，当我们与领导者们一起使用各个领导成员的360度评估数据的时候，对其领导力的准确反馈（以及彼此间进行的解读）会触碰人类共同的脆弱性和人性枷锁，会极大地改变成员间的对话深度。这种启示是深刻的、诚实的，而且往往是能打动人心的。当领导团队的成员之间可以真正进行真诚的人际对话时，游戏将被永远改变。对于这些领导者及其团队来说，一种不同的、切实可行的工作方式正悄然而至。

以下两个客户故事可以阐释这一点。

案例

我们与来自不同组织的两个高级领导团队进行合作，基于其集体领导力本质及其对反馈的开放程度，我们得到截然不同的结果。

第一个领导团队来自一家大型医疗保健公司的核心业务部门，其高级领导者是玛格丽特。我们带领玛格丽特的团队进行了一次为期多日的领导力发展研讨会。在会议的第一天，我们取得了良好的进展，但随后第二天，当我们直面从团队成员访谈中所观察到和听到的问题时，团队显然不愿意面对玛格丽特那种颇具控制且有点泼辣的领导风格。这个问题真实存在，在场所有人有目共睹，但没有人愿意承认（除了我们）。在某些情况下，团队明明可以看到问题却做出了无意识的决定，宁愿让对话朝着更稳健、更安全的方向发展。这样做的结果是，为了逃避问题，团队从可能进行公开而诚实（或许有些艰难）的对话转变为侧重于战术的讨论。他们的确是"安全的"，但没有任何突破。

第二个领导团队来自一家大型技术分销公司，领导者是马克。与第一个团队不同，这个团队迎难而上。马克的反馈报告里指出了其领导力中的许多弱点，马克勇敢地面对并承认自己的脆弱，在他的带领下，团队的对话不同往常，达到了一个坦率、真实和脆弱的新的高度。这种能量可以放电，你能感觉到他们的兴奋与松弛。对于我们教练来说，这几天的体验令人激动万分。对话并不容易也不总是那样乐观，但大家都是真诚的，而且彼此相互尊重。后续数月的行动证实，这个成果并非昙花一现。马克称，团队对话从此有了不同。

5.2.2 转型始于领导者

接下来就引发了我们的主题：如果想要通过敏捷转型来实现组织敏捷的成功，那么就需要从提升高级领导者的认知做起。我们需要帮助他们照见自己，以个体和集体的方式诚实地评估并找出自己的局限性（这或许也是组织中最了不起的资产），从而帮助组织转型。作为敏捷转型专家，一旦进入一个希望其进行自我转变的组织，我们应当定期提出这个建议——教练应从领导力开始，而不是从团队开始。我们本身并不专注于如何指导团队举行站立会议，而是致力于引导领导者发展他们的操作系统。如果我们共同采取这种方法，我们将从根本上改变游戏规则。但此处有一个挑战：我们真的有足够的勇气采取这种立场吗？又有多少高级领导者已经准备好先从自身做起呢？

从业务角度论证转型领导力的必要性之后，我们现在想勾勒一幅草图来一窥它的真面貌，并从历史的角度探讨形成这一想法的根源。

5.3 转型领导力的本质

当前，一个全球性的呼声是，人类需要唤醒意识，关注全球正在发生的变化，认识到我们与世界同在并且正在改变着这个世界，尤其是在新冠肺炎大流行期间，这个驱动力变得愈发强烈。如果你是一位真正的转型领导者（而不只是顶着转型领导的头衔），并且是一位能促进变革、加速突破的人，那么你就会受到召唤去从事这种全球意识性的工作。我们决不能无视这一呼声，无视呼声会使整个人类重新陷入沉睡状态。我们对组织的要求不仅仅是创造产品，还要求它及其领导层能将人类意识带入工作场所，带到社会，以应对世界需要的变化。

那么，在日常世界中，这样的呼声又是如何发挥作用的呢？想象一下，假如你是一名转型领导者，已经发现组织在业务和技术之间存在着"我们还是他们"（us versus them）这种互相对抗的心态。业务领域的人将敏捷转型视为一种技术驱动的实施方法，并期望大家在高管人员最少参与的情况下就能"正确实施"。此外，作为转型领导者，你与业务人员和技术人员之间都保持着良好的关系。事实证明，业务部和技术部两方的人都会来找你，他们互相抱怨，让你陷入冲突的漩涡。他们希望你能成为中间人，帮助他们解决问题并拯救他们。这会将你置于一个极其尴尬的位置。在这个领导职位上，你还要直接面对自己的个人动机和意图。你将有两种响应立场，一种是旨在解决问题的事务型领导立场（transactional leadership stance），另一种是旨在帮助人们和系统产生改变的转型领导立场（transformational leadership stance）。事务型响应是一种自动驾驶类型的响应，是多数人在通常情况下的第一反应，除非他们非常清醒并有意识地基于成果创造的立场来作出选择，而不是以正常本能的方式作出反应。

成为转型领导者，还面临着另一个挑战，那就是我们需要为自己高涨的
变革激情扫除障碍。为了改变，我们需要与阻碍我们自身改变的那些个
人限制作斗争。当面临问题时，我们要利用好自己内心最深处的资源——
那些情感上的、心理上的、祖先传下来的以及精神上的资源。我们要找
到方法来挖掘来自内心深处的灵感，并聆听内心深处那些有远见的声音，
而不是陷入思维困境和自我的声音无法自拔。此外，我们还可以利用外
部资源，例如值得信赖的同事、朋友和家人，这些资源都可以帮助我们
了解在哪些地方夸大了自己的重要性或者在哪些地方低估了它。

历经诸多转型之后，我们发现，人们对敏捷的感知与在现实中实现组织
敏捷（达到真正的目标）之间往往存在着根本性的脱节。正如我们已经
讨论过的，组织需要敏捷，并且相信只要"安装"敏捷流程框架，他们
就能实现这一目标。一般来说，这是一个天真的误解。敏捷转型的真正
意图并非"安装敏捷"，而是转变组织；不仅是在组织实践和组织结构
方面进行外部转型，还需要在内部构建敏捷思维和文化。简而言之，敏
捷转型旨在重塑组织。如果说这就是我们的目标，那么只有转型领导力
才能使我们达到这一目标，事务型领导力是无法做到的。

5.3.1 事务型领导力到转型领导力

转型领导力并不是一个新名词。它最初由詹姆斯·唐顿提出，命名为
"转变型领导力"（transforming leadership）[④] 随后，1978 年由领导力专
家詹姆斯·麦格雷戈·伯恩斯进一步发展。而后，伯纳德·巴斯又以麦
格雷戈的成果为基础，融入转变型领导力与事务型领导力（transactional
leadership）方法背后的心理学原理，将此术语调整为"转型领导力"。
接下来，我们将继续思考成为转型领导者之后的真正意义。

---

④　译者注：transforming 意为转变，具有改变外观和形式之意；而 transformational
　　则有某人或者某物彻底发生改变的意思。

表 5.3 对事务型领导力与转型领导力做出了对比。

表 5.3　事务型领导力与转型领导力

事务型领导力	转型领导力
依照习惯的模式进行响应；维持现状	有激情地创造有意义的成果；变革的催化剂
为实现领导目标和期望而对个人成功进行奖励	为成就组织更高的目标，激发团队工作并促进跨组织协作
在现有的文化和规则下行事；保守的	通过实践新的行为模式与思维方式，有意识地孕育所需要的新文化
在现有的结构与系统下行事；使用变通的方式完成工作	通过发现现有组织与系统的局限性，共同创造涉及更多敏捷的解决方案，发展更具适应性的组织

5.3.2　意识的作用

让我们回到场景中，更深入地了解我们怎样在意识觉察（conscious awareness）中做出选择。虽然我们无时无刻不在经历意识，但我们通常并不会思考，也觉察不到它。一旦我们觉察到它，它就可能会变成自我意识（self-consciousness）：我们觉察到自己正在觉察，这也许是一个内心十分尴尬的时刻。同时，正是我们的这种意识才促使我们做出改变，去创造、去认知新的想法，看见需要改变的流程或者回归自我。

如果我们仔细观察（也许是通过冥想或祈祷）的话，就会发现，觉察始终存在。意识不会关闭，只有我们的头脑才会关闭；意识持续存在，尽管有时我们还在睡梦之中。当我们"清醒"后蓦然回首，就会发现觉察并没有突然出现；相反，它就在那里。我们觉察到自己的觉察，你也可能会这样打比喻——"明心见性"（see our seer）。看见我们的心性，进行主体与客体间的切换，对于任何可能的转型来说，都是一个必不可少的要素。做到这一点的唯一途径，就是更加有意识地觉察我们当下的存在方式。

在上述场景下，如果我们失去意识觉察，只是沉迷于问题本身，那么，当我们的朋友受到抨击时，我们可能会因为大家是好朋友而去本能地（就像反射一样）为他／她辩护。我们可能会成为一名英雄，肩负着解决问题的重担。无论是在自身内部还是在外部环境中，我们都有足够的力量做出英雄的举动。我们并不会花时间去思考这究竟是谁的问题？也不会去想我们可以将问题解决到什么程度？但是，一旦停下来思考并挑战我们的思维时，意识觉察便开始了。

如果我们内心能保持足够的平静并驻足反省，便可能会开始考虑，在这种情形下如何切实有效地朝着组织敏捷的目标迈进。转型领导者会使用意识觉察来研究棘手的问题：如果"我们还是他们"这样的分歧持续下去，我们能取得良好的成果吗？我们能构建一个人人都喜欢、适合创新与创造的工作场所吗？

转型领导者甚至会更深入地挖掘那些促使我们想要被视为英雄的潜藏信念。一旦深入了解这些信念，我们就开始理解是什么东西让我们觉得安全，觉得被倾听、被需要，感觉是睿智的或是值得的。与意识觉察深入相处，我们可以认识到，那些为自己建立的信念大多是不真实的。摆脱了这种错误的信念（那些不再服务于我们的信念），我们就能客观地从非自我的角度审时度势，从而使整体获利。此时，我们能够在当下做出真正的选择，而不是任由第一反应操纵，甚至都没有觉察到我们的动机或对整个系统的影响。我们觉醒了！我们是能够付诸行动的转型领袖。这样的转型领导者与众多具有"善意"但不一定具有"意识意图"的领导者形成鲜明对比，因为他们正在努力改变自我。

要想变得更有意识，单纯地从知识智力的角度出发是不能实现的。相反，这是一种体验式旅程，它要求我们从信誓旦旦转变为立即行动。我们必须真正地渴望成为有意识的领导者，没有这样深切的渴望，它就不会发生。毫无疑问，从事务型领导力到转型领导力的转变，实际上是人类自身的一段旅程。简而言之，如果不能成为有意识的人，就不能成为有意识的领导者。如果不能有意识地觉察到当前自身的领导方式，就不能成为转型领导者。

5.3.3　换位思考

引发转型的第二个基本要素是换位思考。当我们真正扮演另一个角色时，就意味着我们试图以他人的眼光看待事物。如果我们透过他人的视角看世界，就能看到他们所看到的世界。这与在做出决定之前只听取他人观点是不一样的。其根本性的区别是，我们通过他人的世界观（诸如他们看待问题的高度、思考象限、发展路线以及其他镜头）看问题，就能培养深刻理解他人需求和观点的能力。看待客户有两种方式：一是向内审视（look "at"），即通过这些不同的镜头观察他们；二是从他们的视角居中观察（look "as"），即看到他们的感受，理解他们如何得出结论，他们潜藏的信念是什么，他们日常工作的样子是什么以及他们的价值观是什么。在这种彼此深刻理解的情形下，我们能够共同创造并找到满足所有需求的解决方案。我们不再试图对关键挑战表明立场，而是去识别这些挑战。我们开始认识到，我们只是系统的一部分，是真相的一部分，我们并不能代表全部。通过这种方式，我们可以培养出（我、你以及整个大局）多赢（win-win-win）的能力；我们正在携手实现更高的目标，而不仅仅是双赢（win-win）。一旦我们深入倾听并真正理解另一方的观点，就能重塑自己的观点。此举不仅需要在个体中进行，还需要在整个组织中推行。为了使这种多赢思维成为可能，我们还需要将它设计到文化以及激励和奖励的制度中去。

只有从意识、存在以及好奇心的角度出发，站在他人的视角"看"事物，我们才能以更富有同情心、更善解人意的方式作出回应。当我们所处的环境要求我们表现得更加坦诚时，我们首先要停下脚步反思，然后从一个充满悲悯心与好奇心的角度出发做出回应，这一点十分重要。当我们从这些角度出发进行回应时，我们的坦诚更容易被他人接纳。无法从同情心和好奇心的角度换位同理他人，就不能真正理解他人观点，这正是我们无法实现共创的障碍。这会让我们一直陷入"我们还是他们""是你还是我""是对的还是错的"这一类反应性心智的思维定式中，最终将其发展成为转型变革的障碍。

米歇尔的分享

我教练的一位客户正在进行个人修炼，旨在让自己对他人更加好奇，而不只是为自己的立场或想法辩护。我们用"热切的辩护者"来形容他。当然，他主张的是积极改变，但目前他与其他人的互动方式正阻碍着他"看到"别人的观点，仅仅是因为他坚信自己认为正确的结果。

在我们执教的数月后，他与我分享了他首次与 CEO 见面的场景。当他开始向 CEO"推销"自己的想法和方法时，有那么一瞬间，他的自我意识让他看到自己就像热切的辩护者一样，他眼前这位 CEO 完全被排除在外，看上去不知所措。在那一刻，他屏住呼吸，调整了自己的思维并采取与往日不同的做法。他说："我一直在这里告诉你我认为需要你做的事情。其实，我更想知道我如何才能帮助到你？"他进入了探询模式，变得真正好奇起来。这样的互动具有完全不同的沟通质量。他开始从这位新任 CEO 的角度出发看问题，作为新上任的 CEO，她感到十分迷茫，因为有太多的人告诉她"应该"做什么；而现在，眼前的这位敏捷转型领导者也正在做着相同的事情。通过站在她身旁以她的视角看问题，他便能够与她建立联结。这就要求他放下自己原本期望的结果，与她充分融合并接纳她的观点。

2019 年，安德森和亚当斯在他们的第二本书《规模化领导力》⑤ 中讲到，向整合性转变首先是从"自主导向"（self-authored）转变为"全主导"（Being Agile authored）——既不是由他人主导，也不是由我们自己独断的个人目标所主导。在这种新的存在方式下，我们放下自我主导的念头，交由比我们更大的事物去主导。它能促进我们为更高的目标服务，为满足未来的需求而努力。正如安德森与我们分享的那样，它是"从自我主导转变为被自身更高的力量去主导"。在从成果创造到整合领导力的过渡中，我们也在朝着内观自变的心智模式（self-transforming mindset）演进。在这种自我转变的领导力层次下，我们有更多的能量去面对挑战，而无须责怪他人、极力偏袒或迷恋自己的想法。在此情形下，我们觉得不需要为任何一方辩护，也不需要修复问题；相反，我们会寻求冲突的系统性根源，试图从双方的角度看待这个世界，并在允许变革的群体之间维持一个中立的转型空间。

这种过渡到整合领导者的方式，能使我们从系统的角度出发看待自身，看待我们的组织以及我们的世界。我们的观点里充斥着难以解决的对立、良好的意愿、相互矛盾的立场，有时甚至是不一致的世界观，但所有这些观点都能为我们创造成果做出贡献。

这促使我们不必过于看重自己，我们一直都在路上。随着我们越来越适应自己的阴影或者不可见的部分，我们看到我们正在尝试改变的系统（尽管它混乱不堪）与我们自身其实并无太大不同。

---

⑤　译者注：原书名为 Scaling Leadership: Building Organizational Capability and Capacity to Create Outcomes that Matter Most。

我们笃信，要想成为转型领导者，要想有能力通过规模化转型引领组织，要想以独特和创新的方式成功地应对当今世界的复杂性，就必须转向整合领导力。我们的工作就是帮助人们和组织使用整合修炼（Integral Disciplines）来发展这种能力。

5.4 小结

转型领导力是一种发展独特的领导形式，对促进敏捷转型并在敏捷环境中引领转型至关重要。唯有人的成长，才能获得更有效的领导力。

在第 6 章中，我们会描述领导力的三个发展层次，其中每一个层次分别是什么样的，这样你就可以知道从哪里入手。在第 7 章，我们会接着探讨如何从一个层次发展到另一个。

5.5 知行合一

本章讲述了成为转型领导者的真正意义。对于本章的讲述，适当地进行一些自我反思是值得的。具体来说，请反思一下你到达当前领导位置的整个过程，并花一些时间记录以下问题。

- 是什么样的天赋、才干或者特征帮助你到达了当前的位置？当前有哪些东西限制了你成为一位领导者和变革家？

- 这些限制对你造成了什么影响？

我们建议采取另一项有力的措施，即对自己的领导力进行 360 度评估。请确保它能触及自己内心潜藏的发展层次和个人心理。此外，与 5 到 10 名同事坐到一起，邀请他们对自己的领导力进行细节上的反馈。

第 6 章

发展全景

当前，我们正处在一个全球互联的大世界中，相比以往任何时候，今天的世界更复杂，这就要求我们整个人类向前发展。纵向发展可以提高人们的思考能力，让我们以更复杂、更具战略性、更系统并且更加共生的方式思考问题。横向发展则可以增加知识、技能以及能力，让人专注于如何在现有生存方式下变得更好。在纵向发展中，改变的是人。具有讽刺意味的是，尽管大家对转型领导者的要求很高，却往往更爱投资于自己的横向发展，而不是纵向发展。领导者每天面临的挑战让他们分心并不断带来变化，不停地"做"（doing）这种自动驾驶模式铸就了高度反应性的领导力；然而，要想真正突破现状，我们需要"临在／思考"（being agile/thinking）模式之下的领导力、有意识意图的领导力。转变为有意识觉察和有意识意图的领导力并不会意外发生，也不会因为我们参加了一个培训课程或学习完某项新技能就能搞定。相反，只有领导者觉察到自己的领导风格，看到个人有限的模式与信念，继而有意识地踏上新的发展征程时，转型才会发生。

6.1 发展的核心："我们的故事"

在第 5 章中，我们使用"操作系统"这个隐喻来形容我们的意义构建系统（meaning-making system），后者揭示了意识层次（order of consciousness）在执行任务的方式和现有领导力中发挥的作用。我们还了解到，要想变得更高效，我们必须要"升级"自己的操作系统。如果说我们的内在游戏（inner game）主宰着外在游戏（outer game），我们的内在游戏包括意义构建系统，并且我们内在的信仰和假想组成了我们的身份认同的话，那么我们应当如何"发展"自我呢？接下来，我们的"故事"（story）就该登场了。

我们对现实的诠释、构建意义的方式，真的就是一个"故事"。这个"故事"甚至开始于我们出生之前。它始于我们出生的文化，并且从我们出生到步入童年一直都在延续，它告诉我们应当如何规划自我并打理好自己的生活：什么是好坏，什么是对错，我们的精神或非精神信仰应该是什么，金钱意味着什么，成功意味着什么，教育又意味着什么，什么东西让我们变得与众不同，什么东西让我们感到快乐或悲伤等。这个"故事"由我们的文化构成，并由我们的父母解释给我们听，告知我们它对人类所产生的意义。毫无疑问，一个婴幼儿怎么会去质疑成年人最了解的那些事情呢？平心而论，孩子们确实也需要这样的故事来帮助他们在这个世界上找到自己的定位。

然而，当原始"故事"不再适用于我们的时候，变化就出现了。这是规范主导心智①（也称为社会化思维），意识层次结束的开端。详见凯根出版于 1994 年的著作，书中解释了意识层次这一概念。当我们以规范主导

---

① 译注：成人认知曲线分为三个阶段：规范主导（socialized mind）、自主导向（self-authoring mind）和内观自变（self-tranforming mind）。

心智看待周遭时，这个世界会更加有序，更加遵循规范化的定义，更加容易互动，冲突也更少；然而，这对我们萌动的灵魂来说却是一种暴力，正限制着它的发展。我们开始创编并撰写自我的故事，根据自己创编的故事来适应这个世界，找到对某些事物、某些人的归属感。在此阶段，我们也会探寻我们创作的故事是否与身边所有人的故事一致，但并不真正过多地去质疑这个故事。基于我们所生活的人类社会中最适应的一套技能（心灵技能、头脑技能、意志技能），我们有三种特色方式来创编故事。

向成年人的过渡使我们超越了"故事"对我们施加的强烈束缚，超越了我们信任的故事情节，进入到探索真实自我并重新构建"故事"的旅程。这个探索没有任何年龄限制，而且每个人的旅程也不尽相同。原始"故事"越是被长期进行强化，或者我们在向成年期过渡时缺乏健康的支持，那么这个原始"故事"就会变得越来越根深蒂固，越来越现实，甚至越来越与我们的身份认同相绑定。假如过渡不成功，人们会发现自己无法胜任工作中的角色。一旦组织文化加强了社会化思维，个人、团队和组织真正应当从事的工作便会得不到支持。我们深深地陷入故事的规范主导心智模式中，难以接纳他人的观点，因为这样做会威胁到我们的故事以及故事赖以生存的自我（ego）。受困于故事中的我们意识不到自己的盲点，也不理解此时此刻的存在方式是怎么产生的。我们只是重复着自己总是在做的事情，根本不去思考或明察那一刻我们受限的信念如何制约着我们，我们处于自动驾驶状态。因此，当我们无意识并感知不到我们的存在方式，而且也无法接纳他人观点（通过换位思考）的时候，我们就阻断了自己作为一个整体系统向前进步的能力，阻止了这个系统去创造需要它去创造的东西。

我们从笃信自己是谁且我们在这个世上因何而有价值的"故事"中解放得越多，我们与当下的真我就联结得越多。当我们完全联结到人性时，便不再区分自我，转而开始感受我们的思想与身体之间的联结，渴望与自己和谐相处。

我们超高的自控力能够让我们看起来不那么蠢，或者不在有成本的事情上犯错，但这会破坏我们与真我（true self）的和谐。想象一下，你端坐在一个会议室里并想到了一个有助于突破问题的主意，你有一种直觉，认为这个想法应该被说出来——但你却无动于衷。你什么都没做，因为你陷进了自己的"故事"牢笼里。请观照那一刻的感觉。你的内在和谐么？身心合一么？或者，你在试图摆脱它吗？你极有可能在身体内感觉到紧张，因此，你的思想要么努力去挣脱这种紧张，要么忽略它。

这就是事实：我们无法掌控和谐。和谐不能孤立实现；这一点与控制恰恰相反。让我们来想一想和谐是如何在音乐中发挥作用的。和谐是一种流淌的、动人的状态，在这种状态下，我们与整体保持协调，我们致力于共创而不是专注于自我。与人性的和谐相处即是与自我的全然相处——它们是不可分割的。我们在和谐的状态下进入全然，在全然的状态下感到和谐。在这种和谐与全然的状态下，我们会找到真正的使命和目标的意义。这就是我们所称的自主导向心智模式（self-authoring mind）的意识层次（Cagen 1994），我们由此开始书写自己的人生。

一旦发展到这种自主导向心智模式，我们还能感觉到自我成长。我们可以不再依赖于他人的价值观、许可或谴责来更正我们的行为。相反，我们必须得靠自己。扛起责任的是我们自己，而不是别人的价值系统或其他人的判断。我们的内部复杂性增加了，因为我们在利用自己的天赋来感知这个世界的需要。但我们仍然有一个"故事"，它与我们是谁以及我们坚持捍卫的身份认同相关，它使我们的自我具有安全感。捍卫这个身份认同（无论它是什么）会让我们远离当下的真理实相。这个游戏的工作模式是，对于那些不符合我们"故事"的实相，不保护我们正捍卫着的身份认同的那些事实，我们会视而不见；相反，我们实际上看到的是我们潜意识里想看到的——它能很方便地为我们自己想看到的东西提供证据：无论它是无私的、正确的、挑剔的、开放的、好的还是坏的（因为错误、软弱或者有缺陷通常都是我们的故事中不愉快的部分）。看到"故事"中真实的部分需要做到自我坦诚，需要我们能够对自己讲真话。自我主导的故事仍然是一个"我们的故事"，由我们自己书写并捍卫，有时还会持续一生，除非我们能再一次进行觉察。

我们的文化不断地加强这种信念，即通过遵循一种方法或者做出正确的决定和行动，就可以找到通往成功、职业生涯、关系、财务安全以及生活目标的秘诀。这种口号还强化了我们的"故事"，认为我们可以自我管理或掌控我们的生活。因此，人类希望继续通过励志书籍和计划、饮食和常规运动、宗教以及其他各种各样的东西为自己带来称心如意的和谐生活。不幸的是，这种对自我改进毫无意识的痴迷，会让我们远离当下，并与本来完全具足的自我渐行渐远。如果你曾经真正地翩翩起舞，演奏过一种乐器，完成过一幅美丽的画作，或者创造性地表达过，那么你就能体会到这种身心相合的感觉，感受到完整性，体验到当下全然地与自己和谐相处。在这样的时刻，不存在自我意识；自我控制也得到释放。在这样的体验中，你只是在纯粹地表达着自己，毫无保留，没有分别心，身心合一。这是一次卸下"故事"的体验。无他，我们只是一个完整的人，一个与自身同在的人。

本章所讲述的内容是，作为一个由"故事"塑造而成的个体及人类，了解我们当前面临的现实，并且意识到我们可以踏上征程，去揭开形成我们"故事"背后的那些信念与假设的神秘面纱。一旦更加完整地了解到故事中的情节以及其所有受控和受限的信念后，我们就可以开始解构这个故事并超越它，感受到自己与真实存在（true being agile）之间的联结。在这次自我主导思维的跃迁中，由于我们与内在的真理实相进行了联结，我们便意识到我们不再被故事控制，我们能更好地说出真相。

在自我主导的图景（landscape）后面还有一个终极全景。随着我们的社会进入到后现代主义（post-modernism），人们开始探讨一个想法，即这个世界上有某种比我们更大的东西将所有人联结在一起。我们开始关注我们的相似之处，而非不同的地方，并注意到所有人都赖以生存的地球。例如，气候变化的问题将整个世界关联在一起。如果我们不能凝聚在一起并放弃我们那些所谓的不同，不能聚焦于我们已经连为一体的现实，我们的星球可能会在不远的将来遭受灭顶之灾。

一旦我们发展到内观自变心智模式（self-transforming mind），我们会更加乐意看到自我的虚构。当我们质疑自己的观念，质疑自己的"故事"时，我们看到了我们固有的悖论。我们不再非此即彼，而是将彼此都看作是容器的一部分。这个容器承载着永不消逝、永不抛弃我们的意识；而这个意识是富有同情心、接纳心和爱心的。当我们到达"临在"（being agile）的状态时，我们可以在故事中享受快乐，而不是想法子去证明它是一个严肃得要命的游戏。在这个新的故事里，自我仅仅是被视作一个故事，所以无需对其进行太多捍卫；自我渴望证明的那些东西也消失殆尽，我们与他人之间的联结变得更加真实、更加直接，我们更加安住于当下。这就是内观自变心智模式，它为我们的生活和世界带来真实、持久以及革命性的改变；这个层次就是整合领导力的层次。

虽然大多数人还没有切换到这种内观自变的意识层次，但社会正在推动着我们去培养这种心智模式，让我们可以解决世界范围内的问题。当我们从自主导向内观自变进化时，将体验到这种内观自变心智模式下的状态（时刻，场合）。我们越是有意识地去培养，就越能更多地体验到这种状态，直到我们最终切换成功。

全球各地的组织在发展这种内观自变心智模式的意识层次上显得更加落后。世界对培养内观自变心智模式的需要是不容争辩的事实：这种思维方式不仅能让在我们在未来的工作中生存下去，还能让我们这个世界繁荣昌盛。这样的景象不容我们错过。

6.2 解构层次

现在我们想透过安德森和亚当斯的全景领导力（即反应性、创造性以及整合性）中的"镜头"，将罗伯特·凯根的意识或心智层次（即规范主导心智、自主导向心智以及内观自变心智）与其在组织领导力实践中展现出来的实情相结合，在细节上对这三个主要的心智层次进行解构。我们还提到了比尔·托伯特、比尔·乔纳以及斯蒂芬·约瑟夫的研究成果。我们的目标是，既依据研究结果，同时也结合我们与其他领导者合作的个人经验，为大家提供有关每一层级意义构造逻辑的现实描述。

6.2.1 凯根的理论

罗伯特·凯根是一位心理学家，现已从哈佛大学教育学院退休，他也许是成人发展领域最著名和最受尊重的研究员。他的发现富有开创性，但也借鉴了发展领域中许多研究人员的整体研究成果，包括螺旋动力学（spiral dynamics）和高度（altitude）。

凯根的研究核心是"意识层次"的发展路线（由一系列发展阶段或平台组成），用来构建这个世界的意义。其中，后续每一个阶段都比前一个阶段更复杂，代表着一种在世界中进行自我意义构建的新的方式。简而言之，凯根的模型描述了自我进化。不太复杂的自我只看到了事物本身；稍复杂的自我还能看到事物的社会背景（社会整合性）；而更复杂的自我则能看到整个人性体验领域中的联结。因此，我们通过发掘更高的觉察能力得以发展，而发展又能让我们更有能力去觉察。如同我们前面提到的那样，从一个阶段到下一个阶段的转换，是通过主体－客体运动来体现的，对此我们还会在第 7 章中进行详细阐述。

凯根的模型一共有五个层次，其中包括儿童期和青春期出现的两个层次。我们要讨论的是另外三个，它们代表大多数成年人的运作层次。其中，第三个层次是规范主导心智，第四个层次是自主导向心智，第五个是内观自变心智模式。

让我们来看一下凯根的意识层次和主体－客体关系。我们所能看到的事物是我们经验的一部分，我们将其视为可被观察的对象，以便更容易决定如何与之合作。相比之下，影响我们的主体——我们观察事物所透过的镜头——却是不可见的，我们意识不到它的存在。例如，一个很小的孩子可以意识到她的感知，比如太阳有多热或者一块漂亮的布料有多柔滑。但这个小孩与她自己的情感却有着别样的关联：当她生气的时候，我们能明显看出来她在生气，而她自己却无法识别（或管理）这种情绪。当她伤心的时候，情绪也都写在脸上。我们说这个孩子受到自己个人情绪的影响。也就是说，在她有情绪的情景下，情绪不是一个客体；相反，她就是她的情绪。因此，孩子无法控制或决定自己如何与情绪相处，而是受到了情绪的控制。

随着孩子年龄的增长，他们能够意识到自己有情绪（例如愤怒），并决定是否要表达这种情绪以及如何表达。对大龄孩子（或成人）而言，情绪是一个客体，在某种程度上服从于决定与控制。但这并不意味着这个人不会意气用事、不会发脾气而且事后还不会后悔；不同之处在于现在的她具备了思维的复杂性，知道自己有情绪，并且意识到自己有能力控制这些情绪。年龄小的孩子则没有这种意识。

2010 年，彼得·W. 普鲁恩在他的发展观察员博客中，对凯根的基本思想给出了非常明确的总结，博客的标题为 An Overview of Constructive Developmental Theory，部分内容如下。根据普鲁恩 2020 年的观点：

> 我们可以……认为主体 - 客体关系描述的是，在我们的感知中我们所拥有的与拥有我们的。一个人所拥有的知识内容可以被视作客体，与此同时，这个人所服从的主体则在暗中构造该知识。每一种心智层次都服从于它的潜在结构。

> 当主体（或一个人看问题的透镜）变成客体时，从一个阶段（或心智层次）到下一个阶段的发展也随之进行。较低阶段的主体变成了下一（较高）阶段的客体。可以说，纵向发展是学习如何照见我们先前（且无意识地）看待事物的方式。纵向发展培养我们对世界有更高的觉察，并改善我们响应世界的方式。

让我们以这个透镜分别看一下成年人所具有的三个主要层次。

● 　规范主导心智模式

规范主导心智模式认为，一个人的需求、兴趣和欲望是客体。使人变得社会化的社会环境是它的主体（透过它看）。这种规范化对一个步入成年期的人来说至关重要，而且这通常发生在青春期的某个时候。在这个意识层次之前，孩子完全以自我为中心，无法拥有有意义的、成人化的社会关系或契约，比如获得驾驶执照、结婚、投票或签订合同。由于我们与他人的关系（以及得到他人认可）十分重要，因此一个人往往倾向于被其他人的想法影响，甚至被左右，人们也期望这个人能适应同伴、团队、职业、组织、家庭等。社会环境已经被人们内化，因此规范主导心智模式下，最让人感到恐惧的事情莫过于失去同伴的支持。

- ● 自主导向心智模式

自主导向心智模式将一个人身处的社会环境看作客体，然后思考它、反省它并批判它。具有自主导向心智模式的个人会考虑他人的意见和期望，然后决定自己做什么，这样会建立一个内在的控制点（internal focus of control）。人们不仅拥有自己的内部指南针，还是能够进行自我指导的独立思想家。人们不受反应性心智的影响，能根据情况选择需要的领导方式或者响应方式，而不是根据人们的喜好或自己能否保持控制权来行动。例如，随着我们变得越来越自主，便会开始质疑因家庭传统而信仰的宗教，思考我们内心真正相信并且对我们来说真实的东西。拥有这种心智层次的人会受到个人哲学或意识形态的影响：他们不会将自己的意识形态看作客体，而是通过它来看世界（就像是谚语里水中的鱼儿一样）。

- ● 内观自变心智模式

内观自变心智模式是从自主导向心智模式中退后一步，质疑自己和他人的意识形态——思考它们，批判它们，质疑它们。一旦发展到这个层次，我们会提出一些自我挑战的问题，例如：我忽略了什么？也许我想的那些东西是不对的？群体中只有极少比例（类似 5%）的人能稳定在这个内观自变的意识层次。例如：在上一个例子中，一个处于自主导向阶段的人会质疑他们的宗教，现在还会质疑自己的个人成长和偏见是否也影响到了自己的信仰，并开始认为其他信仰也是真实和可能的。

想象一下用图表的方式来描述每一种心智层次：我们可以把规范主导心智模式可视化出来，最里面的是自我，包裹在自我外层的是社会环境（环境影响自我）；包裹在社会环境外面的是自主导向心智模式，自我主导思维思考社会环境（并批判它）；内观自变心智模式则在最外层，自我检查自身的多个系统和各种身份。

总结完凯根的心智层次，现在让我们调转方向，对全景领导力（The Leadership Circle）做一些更务实的描述，全景领导力的层次与凯根的模型紧密映射。具体来说，规范主导心智模式与问题反应（反应性）基本相同，自主导向心智模式映射到成果创造（创造性）上，而内观自变心智模式正是安德森和亚当斯所说的整合层次。

6.2.2 问题反应性领导力

让我们先从反应性 / 规范主导心智模式的结构原理说起，接着再看一个实例。反应性心智有三种主要类型或表现方式：顺从（complying）、控制（controlling）和防卫（protecting）。对于反应性人群来说，其认同结构的基础是"匮乏"：即我们的价值和安全感是由我们的"某某"决定，其中"某某"是指：

- 关系——顺从型

- 成就——控制型

- 才智——防卫型

一种潜在的且常常无意识的信念驱动着这个结构：

- "如果我是'某某'，或者别人认为我是'某某'，那么我就是有价值的，并且是安全的"

- "做自己就是要成为'某某'"，反过来说则是"不能成为'某某'就不能做自己"

因此，对于一个顺从型的人来说，存在的意义就是讨人喜欢、受人重视并且有归属感。如果这个人不能拥有这些东西，那么个体就会切实地感受到存在的威胁——就像他们不存在一样危险。同样，一个控制型的人认为，为了获得结果可以不惜一切代价，而防卫型的人则为了证明自己正确或者被视为聪明而绞尽脑汁。在很大程度上，这个过程是无意识的，这意味着这些潜在的信念是由大脑设定的，而不是由其他不同的事物构造的。

案例：现实中的顺从型领导者

苏拥有出色的聆听技巧，这也是她的核心优势之一。人们给她提供的反馈是，苏是一位了不起的倾听者，并且还是菩萨心肠，但人们却不知道她真正的立场，也不知道她的价值观。大家反馈说她对任何事情的立场都不坚定，而且优柔寡断。这是因为苏虽然擅长倾听，但是缺乏声明立场和表达需要的勇气。缺乏勇气损害了她的诚信与真实，并且让她在果敢与取得成果上付出了代价。然而，她的倾听优势让她感到安全，而且还保护了她在意的人际关系。她的信条是，如果主张自己想要的东西、破坏现状并将自己的需求公示于众，她会遭到拒绝，而且不再受人爱戴。这种信条就属于她自己的故事，只要继续陷入自己编织的故事，她就无法在领导效能上有所突破或转变。苏的倾听优势已经过犹不及了，并且越是通过加倍的倾听和关怀联结越多，就越难构建新的角色所要求的能力（另一种优势）。她所担任的角色复杂性增加了，需要及时发展其他互补的能力，而这些能力之间通常还存在着一些张力。

事情就是这样：苏紧紧地抓着自己倾听与联结的优势不放。当她受局势（例如担任更复杂的领导角色）所迫时，她就会依赖原有的优势，寄希望于别的人来帮助自己摆脱困境，而不是发展新的技能（例如，关注结果或应对冲突）。不幸的是，这样做没什么用。如同所有具有反应性心智模式的人一样，苏陷入负反馈回路的结构，使其在大多数情况下都使用"某某"（她们识别出来的优势）来进行响应，而不是使用其他更为有效的力量，例如，情景式领导力的方法（Hershey 1969）。负反馈回路的结构还意味着我们无法利用这个领导者的操作系统来创造变革，因为这个系统是定义好的并且用来维护旧有状态的。如果今天的世界比当前的世界更稳定的话，具备这种反应性的领导力就足够了。但是，今天的世界可远不止如此。

当我们在反应性心智模式下运行时，激励我们的动力是个人成功，这个成功由他人来评判，而非自己判断。高度反应性的领导者会以集体为中心来采取行动，这就是为什么我们在组织中会遇到很强的"竖井"。被困在"我们还是他们"这种思维下的领导者，会高度反应性地做出行动，激励和驱动着他们的信条是：通过变得最优秀、最聪明或最受喜爱来获得安全感。在这种思维模式下，领导者仍然囿于他们的"故事"，他们的自我构建来自规范主导心智模式。反应性领导者将领导力交由他人主导，为了维持安全而被人驱使。

向成果创造性领导力（创造层次）的转变有两个标志性的变化：第一，放弃一直抱有的某些旧有假想（例如，只有得到结果／智力／感情我才有价值）；第二，呈现出更为真实的自己。我们开始深度探询：我是谁？我最关心什么？我代表什么？我的领导力怎样才能体现最重要的东西？为了实现这样的转变，我们必须聆听来自内心的声音，并意识到我们可能会让别人失望，可能会与我们成长的准则格格不入，甚至可能面临失败。安德森说这是一个由内而外的过程，当然这也是我们的经验之谈。这就是所谓的"静有千益，唯静万德"，因为我们不是试图向外求，而是向内看，从而做出真正重要的决定。

6.2.3 成果创造性领导力

创造层次的认同结构基于"具足",而不是"匮乏":从根本上讲,我是具足(enough)的;我有存在的权利,不需要借助其他特别的东西。基于这样一个全新的信条,我选择在领导力中表达真实的自我,而不是试图获得他人的准许、采用他人的想法或者应用他人的标准。我听到了自己的心声。在寻找自我心声的过程中,我花时间去了解我代表着什么,关心着什么,我内心里真正需要和相信什么。我走出了每个人的条条框框,以一个单独的身份来观察独立的自我。这是一个非常强大的立足点,因为基于这个点,我可以开始构建自己的生命意义,并决定在生命中创造自己想要的东西,而不是他人对自己的预期。一旦我听到自己的心声,现在的我就再也不担心不符合他人的预期,不害怕自己的不足,也不惧怕在组织中失去价值了。

许多领导者发现,要想以真实和深刻的感受方式来表达自己的愿景、目的或价值观,难度不一般。要实现这个目标,我们可以从回答问题入手,解答从反应性到创造性转变的过程中我们要努力解决的问题:我是谁?什么东西对我来说很重要?我最关心什么?我要创造什么?我笃信的愿景是什么?要想超越自我和我要服务的对象,我要创造些什么?

向成果创造型领导转变是从固守"谨慎行事"的姿态转变为能够在安全与目标之间平衡紧张关系的能力。如果我已经理解自己的目的,也回答了关于我是谁的问题,那么接下来我必须愿意登上一个新的舞台,愿意为自己渴望的目标努力。我们想做更大的事情,需要的是勇气。这有时会使转型过程走上极端,为实现愿景而采取大胆的行动。我们组织所面临的复杂挑战要求领导者做出大胆且有风险的举动。没有这些行动,我们永远不会经历转型;我们将一直被禁锢在原来的模式之中。

案例：成果创造领导者

黛安是一位领导，她相信在组织中人们要对自己的贡献负责，她公开寻求他人的意见，以便获得更好的想法。她还关心组织的业务成果和自己团队的具体贡献。她通过创造与他人的紧密联结，彰显团队成功而非个人成功来促进这种环境的建立。她真心诚意地表达自己的愿景，在展示出其强大、直接并且诚实的领导风格的同时，她仍然可以倾听并接纳同事的观点。当黛安倡导自己的愿景或观点时，她会询问大家并真正聆听他人的想法。在她的带领下，人们觉得自己能够得到倾听并且受到尊重，于是便能公开自己的想法，甚至分享失败。这能激励大家贡献更多新的点子并对这些点子负责，从而为实现业务成果做出贡献。

一旦转换到成果创造领导力，我们就转向了自我主导，我们由目标驱动，努力追求比自己的野心更为高远的理想。黛安通过自己的内在标准来评估自己的贡献，而不是交由他人评判自己。但这并不是说黛安没有听取别人的意见，而是说她没有把别人的意见当作评估的标尺。

6.2.4 整合性领导力

领导力的整合层次比较难以描述，因为它不如反应性以及创造性那样容易理解。人类只有 5% 的人口能达到这个层次，因此人们对这一层次所做的研究要少于其他层次（Anderson & Garvey-Berger, 2019）。然而，随着整合领导力在帮助我们解决复杂问题方面越来越重要，人们对它的研究也开始加速。今天，就读者而言，我们可以努力并且开放地描述它，或许能帮助读者探索这个新层次下的逻辑。

在整合层次中，有远见的、处在创造层次下的领导扩展视角，将系统福祉考虑在内，他们成了整个系统和未来系统的架构师。反应性领导者考虑的是一周到一个月时间范围内的行动（关注问题和项目），创造性领导者考虑的是未来几年（愿景和策略）的行动，而整合性领导者则会考虑他们所做工作的长远影响，从生态系统的级别来做系统设计；这就需要考虑未来几十年的时间跨度。一些美洲土著传统上有这样一个想法，就是考虑我们现在的所作所为对我们未来第 7 代子孙所产生的影响——多么睿智的视角啊！当我们从未来几十年后的视角来看问题时，对所有利益相关者进行统合和优化就显得至关重要。也就是说，我们要从生态系统的角度来看待系统设计；我们要服务于整个系统，是系统的公仆架构师，这样不仅可以使我们的生意受益，也可以造福整个生态系统。在反应性层次中，我们追求的是不要输；在创造性层次中，我们追求的是要赢；而在整合性层次中，我们追求的是利益众生。

在整合性层次中，公仆式领导力才有可能真正实现，因为"自我"无法操控局势。我们并不需要努力使自己"看起来"像公仆式领导（反应性），甚至也不需要把公仆式领导力作为我们的价值观之一。相反，做公仆式领导是自然而然的事情。我们内在所具有的复杂性、我们能同时持有两极对立观点的能力以及我们对自我认同的根本性超越，所有这些都使我们能满足整个系统的需要。当我们真正依赖于宇宙本质时，我们就会意识到宇宙的本质是慈悲之心，天下万有都是统一的。认同这个基本面后，我们自然会成为集体的仆人。我们现在已经清楚了，向整合层次的转变只不过是想表达我们的真实本性。

案例：一位整合领导者

威廉是一家小型初创公司的领导。他受到行业内重大变化的激励，因为他知道如果不做出改变，他们在世界上的容身之所将会更小。他不仅专注于自己的公司及其成果，还专注于整个行业的改善。他与其他几位委员一起推进整个行业，尽管有些人可能会说威廉作为一名 CEO，这样做有些浪费时间。当威廉考察公司内的工作团队时，即使他是 CEO，仍然会更多地出于好奇去询问各种问题，而不是指手画脚。团队成员发现他富有启发性、有趣并且渴望倾听他人，他更像一位哲学家而不是老板。他看起来真的是在关心人，对人们的体验和想法非常好奇，而且，他还有一个本事，就是能让大家对他所描述的愿景着迷。他经常询问团队自己如何能帮到他们，而且看上去并不像是在演戏。

威廉有时可以用一些几乎自相矛盾的方式处理问题，一方面，他可能说自己看到了功能之间进行更多集成的需要。另一方面，他又不时地鼓励大家探索自己的方向。他看起来并没有被这种看似矛盾的东西困扰——即便别人在某些时刻会感到困惑。有时，威廉会就他最近在某个问题上发表过的言论采取相反的措施；当有人指出这一点时，他会说："是的，你很正确。因为我开始相信自己的想法了，所以我正在寻求帮助，以便探索相反的观点。你怎么看？"

正如我们在该示例中所看到的那样，整合性心智能够持有相互对立的观点（我的方法是最好的，她的方法也是最好的），并推迟解决复杂问题的时机。这样的领导者能够把握情境中固有的紧张关系，让自己成为一个神奇的转化器，在这个过程中，对立面以某种先前无法预见的方式达成一致。一旦生活在整合的层次，我们就从相信自己是一个完整的自我、用清晰的愿景呈现目的，转变成为一个自我具足的生态。在这样一个生态中，有些人的自我与其他人的自我互相冲突或者关系紧张，其中还包括我们以前不想拥有的一些自我。一旦我们拥抱自己的阴暗面，先前用于抑制这些阴影的能量就得到了释放。我们感受到更多真实的自我：一

个复杂的、多维的、有缺陷的、美丽的、温柔的、坚强的、粗暴的且有时还有些可怜的人。完美！

这种与自我阴影面的深度联盟，会让我们挖掘出尚未开发的能量，否则这些阴影可能会成为我们的弱点或者黑暗元素。我们意识到，在较大系统中存在的那些功能冲突和功能障碍，在我们的身上也同样存在。正如安德森和亚当斯所说："无论是个体还是集体，我们都是自己试图引领并改变的世界之缩影。"（Anderson & Adams, 2019, p.82）作为一名转型领导者，我们自己身上的创伤正是我们能够帮助并带领他人进行转型的地方。如果我可以对自己身上的缺陷、荒谬以及最黑暗的部分富有同情心，那么我也可以推己及人，用相同的方式去帮助整个系统进行转变。

为证实组织变革背景下整合思维的力量，比尔·托伯特做了一个纵向的研究项目，主要研究要想创造持续的组织转型 CEO 需要具备什么样的发展层次。只有测试结果为整合性心智层次的 CEO 才能够创造持续的、可度量的变革。因此，我们建议成果创造领导者使用整合修炼来帮助自己朝着整合的层次发展，以便成功引领转型。

我们一直或多或少地在个体层面讨论问题，除了这些，我们还可以在自身和团队内部发展这种系统级别的领导力。现在，我们要开始转向这一话题。

6.3 集体领导力的发展

本章阐述的是发展全景，我们之所以在这部分的内容当中提及集体领导效能，是因为我们认识到要想让组织转型成为可能，不能单独依靠个人领导效能，而是要提升领导者们的集体效能。个人领导力的发展是必要的，但不足以改变组织的 DNA；改变心智模式和文化需要我们扩大领导力的效能。集体领导力的有效性（或无效性）会严重影响我们的结果，还常常会影响组织中事物的进展，因为集体效能是组织文化的主要决定因素。它离不开个人的刻意练习，更需要集体有意识地专门培养。

个人的、集体的以及系统性的发展是一个关键的商业需求。正如个人需要升级内在操作系统一样，组织亦是如此。提升组织领导者的意识是扭转组织结果的杠杆。但这不是一个简单的过程。需要组织的最高领导认识到，他们的集体领导效能才是他们的战略竞争优势。试想一下，如果高层领导觉醒了并且还将这一新方案的优先级提升至全年最高，组织将会是什么样子。

迈克尔的分享

几年前，我经历过这种对优先级欠考虑的情况。蒂姆是一家全球知名技术公司的业务部门领导。他承诺整个领导班子（25人）参加为期两天的研讨会，我与我的同事也参与其中检视他们的360度报告。假如你从未经历过这种过程，会觉得很震惊，整个领导团队一起接收这种敏感数据是多么地紧张和有压力。一旦个人和集体诚实地看见自己，会展示出脆弱性，这种脆弱性能生发重大见解并引发行为变化（就像我们在第5章中看到的那样）。

尽管我们对蒂姆（及其团队）明确建议，他需要全程出席研讨会，但他还是有几次长时间的缺席（与他的老板和其他人会晤）。对于蒂姆的缺席，高层并没有给出一个明确的解释，也没有设计替代方案，这显然影响到了满屋子的人：蒂姆并没有全身心地投入。尽管其他人都全程参与，但领导人并没有起到表率的作用。这暴露了一个信息：出现这种不利影响不仅仅是蒂姆的问题，很显然，他的管理链也没有优先考虑这项工作。这个组织的整体领导力文化很可能并不重视其领导者的发展，他们认为其他的工作太重要，所以并没有优先考虑这个会议。令我伤心的是，团队中的其他成员是如此诚恳地在听取数据，他们想要真正地改善自己。我在随后简单的追访中了解到，这次会议只对某些个人产生了影响，而整个集体并没有发生改变。

组织中高层领导的集体意识是主要的文化载体。实际上，一个组织的绩效不可能超越其高层领导力所处的意识层次。在第Ⅲ部分中，我们将要描述这种集体意识和系统意识共同缔造了组织想要取得的成果。领导者的意识层次决定了他们创造的成果。只有高层领导决定将集体效能列为最高优先级，他们才能取得突破性的成果——一种前所未有的成果。

6.4　小结

我们概述了领导者操作系统的三个发展层次：规范主导心智（反应性）、自主导向心智（创造性）以及内观自变心智（整合性）。这就是发展的全景。要想成为转型领导者，我们需要超越问题反应的层次，至少达到成果创造的层次（而且要运用整合视角）。下一章将探讨如何从一个层次发展到另一层次。

6.5 知行合一

下面两个问题有助于我们进行反思并总结本章中学习到的内容。

- 有三个层次：规范主导心智模式、自主导向心智模式以及内观自变心智模式，你能识别出自己处于哪个层次吗？一个有助于识别自我的标志是，当你理解某个层次的时候，并不认为这个层次所涉及的内容是什么大不了的事儿，那些东西对你来说似乎很"平常"。

  ◇　你在得出这个结论的时候想到了什么？

- 对你来说，这三个层次中哪一个最难理解？或者说哪一个最难付诸行动？

  ◇　难在哪里？

你认为本章涵盖的内容会对自己的敏捷转型工作产生哪些影响？

第 7 章

发展路径

当我们处于"自动驾驶"模式的时候，周围的世界看上去或许更简单，但这种模式并不能让我们得到自己想要的结果。应该怎样发展意识从而成为一名转型领导者呢？我们应该如何发展自己的内在能力并以内在的复杂性应对外部世界的复杂性呢？

觉察是内在发展路径的起点。正如我们所言，发展的目的并不是修正自己，而是更接纳自己。发展让我们转变为自我的真实版本——不只是我们的身体或思想，还有我们内在真实的灵魂和存在（existence）。我们的内在存在及其应对我们每天面临的外在复杂性的能力——往往处于饥饿的状态。有时候，我们将这种内在匮乏比作我们需要"灵魂的食物"。在满足这一内在需要的同时，我们便培养了内在复杂性。作为领导者，我们可以感受到，倘若忽视内在复杂性的培养，我们高效工作的能力与眼前错综复杂的处境之间就会有越来越大的差距。只有通过内在努力才能弥补这个差距。伴随着意识水平的提高，我们不再需要"证明自己足够好"（这包括极力辩护、批评、假装、评判、取悦、控制、嫉妒——所有这些反应性倾向都限制了我们实现真实自我的潜能），我们开始认识到自己的"具足"（enough）。虽然看似如此简单，但此番灵魂之旅（仅仅是意识到我们是具足的）却是惊人地漫长，它充满了思想和意志的搏斗，它试图保护我们创造的个人形象和我们的故事。美好与矛盾并存！意识到本自具足是成为真实自我（本真）的开始。在那个过程中，我们的存在方式、行为模式以及看问题的方式都发生了改变，我们与一直想要成为的自己合二为一。

7.1 发展是如何实际产生的

也许你会问："这听起来不错。我很想让自己进步，可到底应该怎样做呢？"关于人类如何进行发展，关于变革如何产生，可谓众说纷纭，观点层出不穷。从关注实践或新的"行动"，到侧重内心信仰，再到教练对话以激发新洞见，人们对变革过程的理解各不相同。从整合的角度看，我们是采用包含所有四个象限的方法来推动发展与变革的。正如组织必须专注于所有四个象限的转型变革来获取成功（第III部分涉及整合修炼的主题），个人发展也不例外。我们可以将这个过程拆解为下面四个象限。

- **我象限（I）**：一旦人们更深入地联结到从前看不见的信仰、价值观与真理实相，变革就会发生。也就是说，那些无意识的东西开始走进有意识的觉察。伴随着内心的觉察、内在的智慧或者自我认知的到来，变革也随之而来。人们开始关注他们所觉察到的东西，并通过内省和回顾，使用新的透镜进行重新审视。

- **它象限（IT）**：通过采取特定行动，利用新的、符合需要的刻意行为来发动变革。我们对这些新的行动和行为负起责任，并在完成以前无法做到的事情后，从中获得力量与信心。

- **它们象限（ITS）**：在这个象限，从系统的角度出发，去理解我们如何融入系统，并通过关注那些服务于整体的各领域中的角色、期望、行为结构以及现有能力来引领变革。这个象限的侧重点是我们对系统的适应性，因此这部分的工作是帮助人们更好地了解并获得适应系统所需要的知识和能力，或者弄清楚更好的适应性对我们所产生的意义。

- **我们象限（WE）**：通过与其他人进行有意义的互动，共享意义构建体验，并以更系统的方式进行感知，以此来引领变革。通过对话并且倾听其他人的观点和各派思想，我们看见了自身无法独自创造出来的可能性和新想法。通过调整系统性意识，我们看到了系统对我们的思维、信念以及共同价值观所产生的影响。从这个视角看，与他人的互动会挑战或打乱我们自己的意义构建系统。

我们的整合方法不仅考虑到所有四个象限，还包括如何把它们整合到一起，而不是将它们视为独立的象限单独予以关注。所有四个象限相互关联，并在特定背景下的某个时刻共同提升。就像在组织背景下使用整合方法一样，当我们在某一象限里观察正在发生的事物时，来自另一个象限的背景也在对它产生影响，其他象限亦是如此。因此，正如组织变革，个人变革也要采用一种涵盖所有象限并将它们整合到一起的方法。

你可能想知道，问题反应层次与成果创造层次的方法如何才能纳入这种象限视角呢？让我们以先前的苏为例，她是一位高度顺从的反应性领导者。她有很高明的倾听技巧，并且与大家形成了很强的关怀联结。

当我们观察苏主要（也称为"导向"或"天然"）的关注象限时，我们发现她依赖于"我们"这一象限的"镜头"。在工作当中，苏的"自动驾驶"反应使她首先从"我们"这个象限的视角出发来处理问题。她很少考虑右上方或"它"象限，因为对她而言，如果关系没有得到重视的话，其他东西都不重要。如果苏与高度控制型的反应性类型的人互动——比如乔（Joe）——一位"它"象限的倾向者，苏通常变得很被动；也就是说，苏会去做别人期望她做的事情，以保持与乔及其团队的关系。

当我们去观察这种类型的互动时，就能发现组织所付出的成本：苏有价值的主意和想法没有被表达出来，也得不到考虑，为此她可能感到疲惫不堪并且觉得这些互动十分乏味，所以工作上无法表现出最佳状态，也难以取得显著的成果；而乔的这种高度控制型的反应性类型也正在消耗着她的能量，让她不堪重负，并且放弃与他人进行关怀联结。她感到极其孤独，倘若自己不能取得成果，仿佛整个世界都变得暗无天日。这也让组织付出代价：思想和创新的多样性减弱，士气低落，大家的积极性受挫。苏或乔可以选择转向成果创造的层次，届时双方的互动方式也会发生扭转。

下面展示一个向成果创造转型的例子（许多人都可能做到）。

案例

在"反应性－反应性"对话的那一刻，苏可以向乔坦诚自己的负面感受，并说明为什么自己会有这样的感受。我们假设乔习惯在苏讲话的时候打断她，使她无法完整地表达自己的想法。苏或许可以这样坦诚相告："乔，我发现自己很难为我们的谈话帮上忙，因为当您打断我的时候，我就无法完整表达我的想法。我真的很想分享我认为重要的事情以及我觉得有价值的贡献。您可以先让我把话说完吗？"

除了关注可持续变革的象限，我们还可以利用我们的发展路线。正如我们的主导性象限限制我们的视角一样，我们的一些发展路线也不够成熟，无法确保我们有能力实现自己的发展目标。我们可以将这些能力想象为需要锻炼的肌肉。比方说，如果我们在"我"象限中处于弱势，就很难为自己的意图发声，也很难了解自己真正想要什么，那么我们就需要锻炼那些欠缺的能力，以帮助我们实现这一目标。

肯·威尔伯识别出超过 24 种不同的发展路线，尽管这可能或多或少地取决于人们对它们的定义。其中一些常见的发展路线包括认知、情绪、精神、道德和人际关系等。首先要知道哪几条发展路线对人们推进个人发展目标至关重要，然后了解自己当前所具备的能力在这些发展路线上处在哪一层次，这可以帮助我们充分用好发展路线。

作为人类个体，作为职场中的领导，有时我们对自我发展的高度关注似乎有些过头。它关注的是未来（现在还没有到来）和差距（"我们现在在哪里"与"我们要到哪里去"之间的巨大差距，而不是接纳当下已经存在的自我）。这是我们必须予以重视的一种压力。我们如何平衡这种对立呢？一方面，我们倡导宁静、临在、活在当下；而另一方面，我们声称发展需要关注未来、关注差距。我们使用超越并包含的方法来平衡这种对立关系。这意味着我们需要问自己："我想要保持当前哪些健康的、受人尊敬的、对目标有贡献的东西，并放弃哪些不再适合我的东西？"就像组织转型使用超越并包含的方法一样，从琥珀色转型为橙色、从橙色转型为绿色或从绿色转型为青色。在健康的发展路线中，并非摧毁或摆脱过去的一切，而是要取其精华，去其糟粕——取用健康的，去除不适宜的。个人发展、团队发展以及组织发展使用的基本上都是同一种方法！

我们把觉醒作为推动变革的第一步：意识到我们对他人、对组织或者对世界的影响。我们尝试去获取一些反馈以表明这么做是有益的，甚至还可以来一个全方位的 360 评估，例如全景领导力测评。即便如此，这些单独的举措也不会让我们发生改变。觉察是一个很好的开始，但当我们收到这些反馈信息后有时会感到十分无助，不知该如何实际采取变革行动。变革绝不是简简单单地做一个与以往不同的决定。如果真是这样，世界上的成果创造型领导者或整合型领导者就不那么稀缺了。因此，让我们来进一步探索发展路径中蕴含的更多内容。

7.1.1 行动中的主体 - 客体转换

如前所述，主体 - 客体转换是全人类发展的一项基本原则。在本节，我们以自身的发展为背景，用更加鲜明的例子来阐述这种转换。

让我们来看一下这种转换在组织中如何发挥作用。我们把个人经验中能够看得见的东西当作客体，我们能够看到它们，因此更容易决定如何与它们相处。比方说，我可能会将我的工作环境视为一种客体——团队成员、政治利益、层级结构。相比之下，环境中的其他事物也许更加隐蔽：我们可能有一个共同的信念，即认为失败总是不好的，如果我们允许失败发生，则意味着我们没有把自己的价值发挥出来。这种信念并非客体；而是它对我们产生了影响。它是我们观察事物的镜头，因此对我们来说，它并不可见。可以说，它掌控着我们。我们可以在较高层次上将发展过程表述为"前一阶段的主体变成下一阶段要觉察的客体"。接下来，让我们在一个广泛的背景下分析这个概念。

我生存在这个世界上，如果长期使用某种方式，我便非常习惯于这样的"我"，以至于都不知道这样的"我"是如何运行的。实际上，我甚至对这个问题不假思索、视而不见。这就是我，我就是我，而且我一直都是这样。它已经成为我的标志（我的"故事"）。就这样，当前的存在方式影响着我——它是我观看世界的窗口。它也被称为"近端自我"（proximate self），因此我不会将其视为客体。

一旦我突然看到这种毫无意识的运行方式（主体），作为人类成员之一的我，便有了自身的发展，从而能让我有意识地做出选择，以便对它采取一些措施（因为现在的它已经变成了一个客体）。有的时候，这种领悟来自他人的反馈；有的时候，则是因为我们经历了悲惨的事情或极其艰难的挑战（一次觉醒）。当我们从客观的角度看待自己时，就如同抽离自己的身体。一旦站在外面审视自己，我们就开始脱离自己的"故事"。只有在我们意识到当前自身的存在方式后，我们才能开始发展不同的能力，建立新的存在方式。紧接着，我们就可以打磨这些能力来实现我们的发展目标。

案例

吉尔是一位典型的奉献者，她的一生都在为别人付出。她在家里排行中间，很小就开始付出了。吉尔非常留意别人的需求，并通过被他人需要和为他人付出来满足自己的需要。驱动她前进的动力是感觉到自己被需要甚至不可或缺。她极力避免在充满紧张与冲突的会议中发表意见，因为她不希望自己的想法遭到别人的反驳或拒绝。吉尔不顾一切地帮助别人，以至于会为了满足他人期望而牺牲自己的需要——她并未真正思考过这一点，因为她一直都是这样的。

吉尔在一段特别紧张的工作期间有过一次觉醒，那时的她刚刚获得新的管理职责，手上还有必须要交付的关键业务。有一次，在与上级和同级的重大会议中，她同意接手一项重大的任务。她的一位同事难以置信地看着她并在身旁低语："我不敢相信你竟然在手头上还有正在进行的工作时再接手一个新的项目。你现在很焦虑，你得照顾好自己！"

刚开始的时候，这位同事的观察让吉尔觉得有些恼火。白天过去了，当晚她才意识到现实，她知道自己确实承担了太多责任。但那一刻，她并不想让自己的老板和执行团队失望——她相信大家对自己充满了期待。那一刻，她受到"奉献者"思想的禁锢，无法开口说"不"。在反省的那一瞬间，吉尔清楚地看见了自己的运行模式；此时，这个模式便成为其个人意识的客体。从此刻起，吉尔能够在很多地方觉察到这个模式，在工作中甚至在家里。如果她保持这种觉察，就能发现驱动这个模式的潜在信念（"如果我让其他人感到失望，我就会觉得自己毫无价值"），进而实时观察这个模式的运行情况，最终决定将来一定要做出不一样的选择。

米歇尔的分享

在第 3 章中，我们讲到了高度，我分享过加拿大整合教练里"超越并包含"的一些方法：以个人发展目标为背景，超越现有存在方式的局限性，并包含现有存在方式中仍然适用的部分。相比"改变自己成为他人"或"修复自己"（许多人在看到 360 度评测结果时的感受），这是一种完全不同的感觉。这种超越并包含的进化方式，为人们创造了一种主体 - 客体转换的方式。

我发现了一种接地气、实用并且有效的方法，那就是使用隐喻。整合教练使用隐喻来描述现有存在方式，它体现了你引以为傲且有价值的一面，同时也清晰地刻画出局限性的另一面——因而能在付诸行动并做出响应的那一刻看见它们。新的存在方式是一个完全不同的隐喻，它不会否定当前你引以为傲的那部分；相反，它可以帮助你培养必要的能力和才干去达到发展目标，并将指导性的隐喻融入你的日常生活与实践中。

下面这个例子来自我的客户托尔斯滕，例子展示了我们如何使用隐喻和发展目标来帮助他进行主体－客体转换，使他从当前主题的存在方式转化为他所希望的另一种方式。

发展主题：这一刻，我希望能实话实说并呈现真实的自我，而不必担心其他人怎么想。

对他而言，他认为这是一个非常重要的发展目标。因为这样的话，

- 他就可以在自己看重的事情上拥有更坚定的立场；

- 人们不会觉得他很有距离感或很被动，他全然地安住于当下；

- 作为一名教练，他最终可能为其他人提供更多服务并帮助他们成长；

- 他当前的存在方式（作为一名"其他人的奉献者"）会产生更大的影响力。

他的隐喻：

- 当前的方式：沉默的思想家；

- 新的方式：温柔的演说家。

当前让托尔斯滕引以为傲的是他深思熟虑的能力、保持冷静的能力、不响应也不过度响应以及耐心待人并欣赏他人的能力。作为一名沉默的思想家，他同时也是一个出色的倾听者。他谦虚善良。所有这

些特点都让她赢得了大家的普遍尊重，也统统让他受益。沉默的思想家欠缺的是不能坦言自己的真实，不能全力以赴并分享自己的观点，也不能产生影响力。当他保持沉默时，人们会觉得他很不容易接近或者很被动，因为人们无法真正了解他或知道他想要什么。

在温柔的演说家这种新的方式下，托尔斯滕仍然是托尔斯滕。他并没有失去他温柔与善良的一面。不把当前的存在方式看得很"糟糕"并将其中健康的部分纳入新的存在方式，这样的做法可以使他不加评判地观察自己。隐喻能帮助他在一瞬间看到自我——看到谁在发言，而且当沉默的思想家选择保持安静的时候以及温柔的演说家选择发言的时候，他都能注意到周围的模式。

这就是发展路径中超越并包含的魅力，无论牵涉的对象是一个组织还是某个个体。当我们试图否定关于某人或某物所有的一切时，这种尝试一定会遇到阻力。当托尔斯滕能更多地联结到身体和情感并看到自己当下的存在方式时，无论是沉默的思想家还是温柔的演说家，他都能下意识地觉察到当下谁在发言、谁在行动，这种觉察能够为他的下一步行动决策赋能。这就是成果创造与问题反应的状态对比。托尔斯滕不断进行实践，在特定的领域里培养能力（锻炼"肌肉"）。就这样，他能阐述自己的意图、擅长于表达、联结自己的身体并体察到自己的觉知，将这种体验描述出来并利用它来采取下一步行动。这样的努力帮助托尔斯滕联结到个人的价值观和边界，因此他能将它们传递给其他人。这就是转变。

从根本上讲，通过使用一部分隐喻来描述我们当前的存在方式，我们便开始做出行动、观察自己、把自己视作"客体"，或者正如肯·威尔伯所言的"明心见性"（see our seer）。

7.1.2 明心见性

明心见性，或者说觉察我们所觉察的，是让转型变为可能的关键要素之一。如前所述，它促进了主体－客体转换。我们对当下的自己及存在方式看得越多，就越能在当下这些时刻做出不同的选择。继而，我们渴望的新方式也会渐渐成为我们的新规范。有许多种实践能帮助我们"明心见性"并促进这个基本的主体－客体转换从而纵向发展我们的领导力。让我们来看看自我觉察与基础发展实践、冥想、祷告、日志实践以及一个从外面观察自己的客户案例。

7.1.2.1 自我观察练习

如果你与一位整合教练合作，那么自我观察练习对我们从当前自我方式发展到所期望的方式来说就尤为关键。这些练习是我们迈向目标的第一步，它们唯一的目的就是帮助你在想要发展的特定背景或领域中熟悉自己的存在方式。通过坚持不懈、日复一日的练习，你在行动与行为、情感、想法、信仰以及如何看待事物方面得到锤炼，开始看见自己的模式和事情的起因，对推动行为背后的事物也有了更深刻的理解。

这些练习以提问和观察的方式，让人进一步深入潜在的假设与信仰。一旦不加任何评判并带有慈悲和好奇心练习一段时间，你就会在想要成长的领域里建立起新的能力，"长出新的肌肉"从而达到个人发展目标。

7.1.2.2 基础发展实践

除了自我观察练习，还要发展特定的能力以便达到自己的发展目标。例如，你可能在某一象限或某一发展路线（情绪、人际关系、伦理或精神等）上，或其他领域有些薄弱。发展实践的目标就是在这些薄弱的领域发展力量，就像去健身房锻炼欠发达的肌肉。

例如，对于一个需要远离"专家"身份，需要更开放地接纳他人观点的人来说，也许可以请他真正从好奇的角度出发，在会议上至少提出两三个问题来邀请他人分享观点。这尤其适用于可能被视为冷漠、批判、傲慢以及专制的反应性倾向的人。当人们通过坚持提问变得更有好奇心时，人们开始对他人有了不同的响应，并且发现原来冷漠与批判的反应性倾向是多么地不适合自己。就这样，他们消除了冷漠或爱挑剔的毛病，并与他人重新创建关系。

7.1.2.3 冥想实践

冥想是"明心见性"的基本实践。通过专注于吟诵、呼吸或其他相对中立的事物，我们开始看见念头的产生、延续直至消亡。我们开始看到自己与脑海中的"我们"并不一样，通过证悟、纯粹的觉察，而非我们的故事，我们开始有了更多的辨识。这就是威伯尔所说的"觉醒"（waking up），存在的基础是"不二意识"（non-dual awareness），在那个意识水平下，人们没有分别心，万物合一。我们证悟得越多，对自我的依恋就越少。2007 年，乔伊纳和约瑟夫斯对不同发展层次下的领导者进行了研究，比尔·乔伊纳指出，所有处在催化阶段及以上（大致相当于开始转变为内观自变心智模式）发展层次的领导者都在进行冥想实践。

7.1.2.4 祷告实践

许多人认为祷告与冥想是相互冲突的。从传统仪式感更强的祷告的视角看，这也许是真的。然而，当祈祷开始从仪式化、宗教化的活动转向更深层意义的精神体验时，你能获得治愈的能量并将其传递给他人。这种治愈的能量可以得到科学验证，因而有相当多的人相信祷告的力量。一旦将冥想与祷告相结合，你将会有一种革命性的体验。

在冥想的时候，你会放松自我，进入内在自我的深处。你开始放下自己的"故事"，卸下自己的身份认同，感受存在的耕植力与内心的平和。一旦开始带着这种意识状态进行祷告，你会更加开放。你能连接治愈的能量，能与神灵或自己的灵魂交流。这个祷告和圣餐改变了你，它们启动了你的内在转型。这种结合也有助于你以真正富有同情心的方式看待自己，拥抱人类的恩宠与准许。

7.1.2.5　日记实践

许多年前，日记更像是一门自修课程或一篇文章的主题，而不是像今天这样成为一种领导力发展技术。现在，我们认识到，对一个人的想法、思考、感受以及挣扎定期进行记录是我们"明心见性"的妙方，这有助于我们将自己视作客体；日记已经成为一项领导力实践。我们越能有规律地做记录，日记就越能成为一项坚如磐石的反省实践，越能深深地嵌入我们的心智。多年以后重翻日记，我们个人的发展历程历历在目，这能帮助我看到自己的思维模式和反反复复深陷于其中的困境。一旦向三个月前、一年前或是多年前的自己升起悲悯之心，便可以发展同情心。就像冥想和祷告一样，日记为我们揭示了内在的自我。

米歇尔的分享

我有一位教练客户苏，她的发展主题是"更自信、更简洁地向高层领导表达个人的想法和点子，从而获得他们的尊重并成为一个可信赖的合作伙伴"。苏拥有很强的工作能力且富有激情。

她经常全力以赴，一心只想达成目标。她思维敏捷，快人快语，办事利落。对于她而言，得到他人关注并得到他人对自己工作的认可十分重要。由于人们可以依靠苏来完成任务，所以他们经常要她承担额外的职责。

苏已经担任了敏捷转型领导者的角色，但在其他领导人眼里，她并不是一位可信赖的合作伙伴。她能看到其他敏捷领导者可以赢得他人的关注和尊重，而自己却不受人待见或被轻视。即使在会议中，苏也面临着挑战，她放不下自己对别人的预期。她强调，大家要遵守会议日程并完成她所预期的结果，否则不可以结束会议。她无法倾听他人，也无法与他人建立联结。她要发展的行为是倾听更多意见，放下预期结果，与人沟通从而让他人感觉到自己被倾听并乐意贡献一部分想法或计划。

我为苏提供了一个隐喻——"出色但有不足的飞行员"，用来描绘她在当前这种情况下的存在方式。使用这个隐喻，苏能获得一个直观的图像/视觉画面，看到自己作为出色飞行员那一刻的行为。虽然她能力超群并令人敬佩，但这并不能让她到达目的地。于是我为她提供了一个新的隐喻——"宴会厅的交际舞伴"，她必须学会以更深入的方式与人联结，她不得不离开自己的大脑，更多地进入感觉、情绪以及心灵。她必须变得更加好奇，更愿意倾听。

通过为期六个月自我观察与发展专项实践，苏培养了达到目标所需要的能力。在组织中，她晋升到一个新的位置，拥有更大的影响范围，而且还获得了她从未想过的机会。在这六个月的旅程之中，她带着同情心从外面观察自己，因此更能理解自己作为一名出色飞行员的处事方式，并开始慢慢地在当下做出不同的选择。通过这样的发展和成长，她能够停下来观察自己、挑战自己并选择不同的处事方式。

7.1.3 换位思考

除了自明的能力，转型的另一个关键能力是换位思考，即站在他人的角度看问题，例如同事、老板、朋友、合作伙伴、敌人，甚至是我们自身否认的部分。

从他人视角"看"（looking "As"）

> 没有任何一种感觉单独存在于某个人的内心之中——从来没有，它总会以某种形式或在某种程度上存在于每个人的内心之中。

> ——乔治·麦克唐纳

要想获得换位思考或从他人视角看问题的能力，就得要求我们发展到一个完全不同的能力层次，而不是仅仅盯着某些人去评判他们。然而，我们通常采用的方法恰恰是后面一种，如图 7.1 所示。

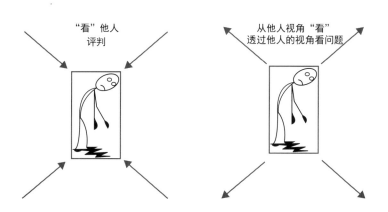

图 7.1　"看"他人与从他人视角"看"

设身处地或通过他人的视角看待事物，就要求我们能全然地安于当下，保持好奇、开放，并且接纳对方的心灵、身体、思想和精神。此外，它还要求我们觉察自己的运行方式，了解自己的偏见与反应性倾向，并知道自己的优势。同情他人，就是指观察我们如何与他人联结，甚至是与我们所抗拒的人联结。当我们对另一个人抱有慈悲之心时，我们便获得了人类共有的内在体验。通过慈悲心和同理心，我们能够接纳他人并看到人与人是如此的不同。但这并不意味着我们要与另一个人合体或在感情上变得亲密无间，因为我们必须要根植于自己的身份认同，根植于对他人独立性的无障碍认知。这对于我们正在教练的客户或其他人来说尤为如此。慈悲并不代表失去自我，并不代表失去我们直接或果敢的对话能力，在对话当中我们讲的是事实。当人们邂逅于一个心灵和慈悲心并存的场域时，便创设了一个安全和信任的空间，这能为真诚与真实的对话赋能。创造从他人视角看问题的实践，特别是与自己的直接下属或最重要的同事，会使人发展得更好。

7.1.2.6　开展阴影练习

内在之旅带领我们走进自身的阴影。自我阴影是我们心灵的一部分，对此，我们却浑然不知，有时是因为它很隐匿或者很神秘，但其他时候就只是因为我们拒绝它。阴影控制着我们尚未感知到的情绪、压抑的冲动、不受欢迎的行为以及我们死气沉沉的愿望或者梦想。在孩提时期，我们的父母、同龄人以及社会就提醒我们，要约束自己的情感，控制内心的欲望与个人的梦想，因此我们内在的心性很早就隐藏了起来。许多人认为阴影只包含我们受到压抑的"不好"的部分，但它也可以是"好"的部分——包含我们真实的心声、我们的创造力、我们的天赋甚至是美好的东西（有时称之为"金色阴影"）。我们的阴影包含什么取决于我们在顽固地否认什么，因此人们的阴影各不相同。当我们投射"好"的阴影（例如宣扬某些人的才华或天资）时，往往是将自己最佳的才华或天资投射在他们身上。这样，我们能为他们赋能。当其他人表现出受到我们压抑的"坏"行为时，则可能引发我们的怨恨、蔑视甚至仇恨，我们将这些东西附加到他们身上。阴影掌控着惊人的力量，因为没有觉察，所以我们就不会极其痛苦地从意识中抹掉它们，也不会否定我们的完整性。

旅程的苦难就在于我们需要直面阴影，从一个无意识的、看不到痛苦的地方，切换到一个有意识的、能清清楚楚看到它的地方，并且长时间地在这种暴露的、原始的场域中与之相处。人、组织和社会，凭借着它们的理想和文明，对情绪（我们都拥有的基础本能）进行了集体抑制，创造了一个无意识的世界。那个世界里的人衣着光鲜，戴着极具欺骗性、社会化和专业性的面具。摘下这个面具就相当于暴露自己并且公开了自己的阴影——而这个阴影无论对于他人还是我们自己，都是令人难以接受的。

在心理学层面，阴影的概念涵盖我们自身否认的部分，因为它们莫名其妙地威胁着我们的身份认同，或者让我们感到难过（内疚或羞耻）。简而言之，阴影威胁着人类自我的"故事"。具有讽刺意味的是，我们常常能认识到自己的阴影——并不是在自己身上，而是在那些"冒犯"了我们的人身上：比如一个来自其他部门的人，他只关心自己，他按照特定的模式在会议上发表意见，他的言谈举止令人抓狂，我们甚至在脑海中把他们"胖揍"了一顿。而另一方面，我们也照见了自己身上不受欢迎的部分。也许此人很傲慢，有控制欲，或者根本没有觉察到自己为何变成了这样。无论是什么，我们都很"讨厌"它，因为我们不喜欢我们自己也那样，但我们往往只能在别的人身上看到它。这就是阴影让我们付出的代价：我们忙着抵制它来捍卫自己的身份，因而试图从别人身上发掘它，而在自己身上却视而不见。这需要耗费大量的能量，所以说卸下对阴影的防御能够让我们获得更多的能量。

在整合的世界中，有一个简单的阴影练习叫"3-2-1 阴影处理"，指对一些阴影事物或者人，先是采用第三人称的视角进行观察，接着采用第二人称，最后采用第一人称。举个例子，假设我在会议上发现自己受到冒犯，这个人对我确定的行动步骤提出质疑。他负责产品营销，暗指我没有实事求是地做事，并且他居高临下，毫不客气。我很生气，真想挫挫他的锐气或者给他点儿颜色瞧瞧。我虽然没有这么做，但很明显我感觉自己被冒犯了，我反复地在脑海中重现那个场景，情绪激动。我是要耸耸肩不了了之，还是要进行报复呢？发展自我最有效的方法便是将它带入阴影中。

3-2-1 阴影处理包含以下三个部分。

1. 对情形采取第三人称视角。通过书写、口头表述的方式或在脑海里对情形中的"事实"进行描述——描述这个人、这个情景以及"冒犯"行为等。我没有试图去粉饰或努力做到"公平"；我只是使用第三人称的词汇来坦诚描述自己的经历："这个小组在讨论某个话题，来自产品运营领域的杰克看上去并不知道我在说什么；他在众目睽睽之下表现得十分愚蠢，而且非常不礼貌。"

2. 对情形采取第二人称视角。我和此人在进行"对话"，在当前场景中这个人是杰克（虽然情形本身也可以触发情绪）。在我的脑海里，我和杰克正在"交谈"——不要与他争论，而是问问他想要传递什么信息给我。他是想要教会我什么，还是想要帮助我学习到什么呢？此时此刻，他为什么会有这样的表现？在这里，我们不把对方当作一个实实在在的人物，而是把他看作是一个吸引我们注意力的内心图像，这么做可以让我们在对话中获得智慧。

3. 对情形采取第一人称视角。我变成了现实中的杰克并从他的角度来看世界；我用他眼中的我来描述我自己。这部分可能有些痛苦或尴尬，因为这样做是在证实阴影元素（杰克）的观点。这就是 3-2-1 阴影处理的力量——完全采取他人视角。他可能觉得我是个坏蛋，或者他也许认为我对他有威胁或比他优越。无论出现什么样的洞察，都要保持开放心态。

特别是在最后一步，我们真正在以整合的方式行事：我们正在采用多重视角，所有这些视角都各自包含一部分的真理实相，即便是那些对我们的自我"故事"有威胁的视角。当我们真正这样践行时，我们将进入自己的阴影；我们正在远离那种"审视"对方的自动驾驶模式，转而有意识地进行换位思考。当采用第一人称视角的时候，我们正在重新融合阴影元素而不是去推开它；我们正在看到那样的视角如何成为"我们的"视角，这是（以前）难以想象的。

这就是阴影练习！通过剖析自我，我们已经脱离了自己的运行模式，发现了我们的阴影。在这个体验中，我们非常需要勇气在当下展现出真实的自己；这个体验让我们从问题反应方式转变到真正渴望的成果创造方式。未经审视的阴影会让我们保持自动驾驶，这样做就会维持现状。相比之下，直面阴影却是一次内心的洗涤，它让我们渴望变革。

7.2　反应层次到创造层次的转变

由于缺乏个人生活目标，也无法获得满足他人需要、需求和期望的成就感，导致人们从反应层次到创造层次的转变成为一段令人沮丧的旅程。一个非正式的名称——由他人主导——表明了一切。当我们任由其他人来设定我们的生活并为我们定义成功的意义时，当我们依据别人的标准而不是我们自己的标准来在会议中评估我们的工作时，我们迟早会变得疲惫不堪。我们认为自己缺乏诚信，并且还听到些许来自内心的唠叨，似乎正在以平静的语调诉说着什么，但这都被我们反应性的故事掩饰过去了。

这时，人们开始"厌倦这种无休无止的竞争"，事务式领导风格与成就橙色的文化标准摧残着人类的灵魂。我们渴望与自己的工作和生活产生人性的联结。在虚静自处的那一刻，我们幡然醒悟，我们可能正在为那些并不重要的地位或者外部成功浪费着有限的生命。

成果创造层次仿佛是一座灯塔，它鼓励我们掌握自己的权利、发出自己的声音、依据自己的标准来衡量自身。当我们开始作为鼓手并跟随自己所敲打的节拍前进时，我们便意识到转变正在悄然发生。随着我们更加真实地听到内心的声音，我们可能会对新的爱好或自我发展实践产生兴趣，也可能会更换我们的协会或教会。正如我们所说，任何发展成长中都有一部分是在进行主体－客体转换。在转换期间，通过冥想、祷告、某种自我觉察的练习（诸如日记或自我反思）或者能引发顿悟的痛苦体验，我们开始看到自己是那样频繁地受到其他人的想法左右。我们开始看见那些牺牲自己真实言论的地方，其原因是想避免某种程度的拒绝，并且我们也认识到这种拒绝与自我价值相关。在那些高压时刻，我们通常并不了解这个相关性，因为我们还没有处在自我意识的状态；相反，我们被自我掌控。这意味着我们不是通过选择做出行动，而是任由习惯摆布。随着我们更加敏锐地意识到自己的模式，我们开始客观地看待当下，继而做出选择。

佛教中有一系列用于提高灵性（mind）意识的颂，大家称之为修心练习（Lojong training）。其中一个颂与本节的上下文密切相关："两种见证取其要（Of the two witnesses, hold the principal one）。"

朱蒂·利弗在一篇文章中对这一句颂发表了富有洞见的评论：

> 这个颂关于孤独与信心。它触达的是修行路上的核心问题……也就
> 是这样的一个事实：我们每个人都必须独自上路。当然，我们有可
> 能在一个社团里……但在社团的一百个人当中，就会有一百条不同
> 的路径……我们独自一人走进，并独自一人走出，无论我们拥有多
> 少朋友和熟人，从本质上讲，我们仍然是孑然一身。
>
> 我们很难在自己或者他人身上接纳这种孤独的存在。我们渴望有人
> 理解自己……可是无论我们多么袒露心灵，都无法完全传递自己所
> 经历的事实。
>
> 基于这个颂，如果我们想要针对自己做得怎么样来获得一些反馈，
> 就必须依靠自己的判断。没有人能真正了解发生在我们身上的事情，
> 但意识到这点会令人不安……我们还是试图从外界反射回来的事物
> 中找寻它，而不是直接分析我们的经历来得到它。这样的反思并不
> 是那么值得信赖。人们很容易被表象所愚弄，并依据自己的偏见和
> 预想来评判正在发生的事情。

人们是如此轻易地习惯于寻求他人的认可，以至于丧失了自我认知的自
信。只有我们自己才真正知道自己何时是伪装的，何时是真实的，何时
是觉察的，何时是无感的，何时是悲悯的，何时是无情的。无论表面发
生什么，无论我们有多困惑，在心灵深处，我们无比真切地知道所发生
的事情，也对我们做的事情了了分明。我们必须选择这位内在重要的见
证人。

但这并不是说我们倾听他人的反馈毫无裨益，因为我们可以利用这些反馈信息对我们所产生的影响，来唤醒自己内在的察觉和认知。但如果我们错把他人的视角当作标准来评价自己，那就有危险了。正如利弗切中要害之言，只有我们自己才真正知道自己何时是真实的，何时是在自欺欺人。在我们的意识当中，有一部分深刻的东西永远不会沉睡，尽管我们内在的习惯会大声告诉我们，声称我们的故事能掩盖这部分意识。

当我们走进自我主导的世界时，我们会被自己的目标和愿景驱动。或许我们几乎体验到了目标，就好像它是鲜活的并在苦苦地找寻着我们并希望我们能够实现它的愿景。当我们锁定这一目标时，我们就不再受到恐惧的驱使；相反，我们被激情点燃，我们要让这个世界变得不一样。当我们不再被恐惧驱使时，我们那部分反应性的东西常常也会"冷静"下来。我们看见了自己的傲慢，并且选择在关键的时刻不让它得逞。我们明白傲慢之所以会出现，是因为我们渴望得到安全感，但我们并不会被它掌控，因为这将损害我们的目标以及我们实现愿景的能力。相反，我们要采取停止、检查、选择再行动这样的方法。

米歇尔的分享

我的一位教练客户塔玛拉开启了她的发展之旅，她想成为一名更好的领导，并使用全景领导力测评来获得反馈。由于她对自己的潜在信仰有了更多认识，并且对创造个人"故事"的心理构建有了更深刻的了解，所以她创造了一个隐喻，当顺从式的反应性倾向产生的时候，这个隐喻能帮助她看见自己；她还创造了另一个隐喻，当她按照最渴望的方式表现时（表达自己真实的声音），这个隐喻也能帮助她看见自己。随着她开始聚焦于自己的效能并从反应性层次向创造性层次转变，她与客户的业务结果也开始随之而转变。

当她回顾自己的旅程时，她对我说："过去，我常常带着心理压力加入一个组织，想要表现自己，想要实现交付。我真心想要证明自己，而且我的自我也很强大。带着开放的头脑，以正念的方式进入系统，不带有任何评判，并且尊重一切存在，能帮助我看到并聆听到这个系统真正的需要。"

7.3 创造层次到整合层次的转变

比起从反应层次到创造层次的转变，从创造层次到整合层次的转变更加玄妙。创造层次涉及的是找回自我，找到内心的声音，并遵照自己的价值观、原则和愿景坚定地主导自己的生活；而整合层次的转变更多的是自我的消亡。自我更多服务于一个更大的整体，而不是被他人的偏好所吞并；因此，整合层次涉及超越自我的立场。发展始终是一个超越并包含的过程：我们开始超越我们的自我，超越我们个人的"故事"。

从反应层次过渡的过程中，主体－客体转换所关注的客体是他人的价值观，而我们已经无意识地将他人的价值观内化为个人的价值观。本质上讲，我们发现自己被他人眼中的自己所奴役，然后这一发现变成了意识的客体。相比之下，在这个新的转变中，我们开始从客体的视角看待自己的原则和价值观——我们自己的自我主导。我们很自然地将批判的目光转向我们的价值观、目标以及我们所创造的事物上。我们是不是太在意原生家庭的影响？作为一名欧洲裔美国白人男性，我所继承的文化使我对生活中某些关键的地方不太敏感吗？我的朋友圈是不是太狭窄了？或者我在精神层面上的信仰是不是有问题？

在向整合层次过渡的过程中，我的阴影部分——我的傲慢、我的智力倾向、我对身体感知的匮乏，甚至是被称为"金色阴影"的温情主义——开始变得不那么恐怖了。我开始对它们产生好奇，而不是试图将其隐藏起来。我探索它们、以轻松的方式表达它们、取笑它们。我发现，书写自己人生的不只有我这一个自我，而是有好多个自我，它们之间有一些是相互矛盾或者是敌对的，但每一个都是独一无二的。我是一个复杂的生态系统——它更像一个雨林，而不是一台可以编程的复杂机器。我意识到我的"个性"只不过是一个构造松散的故事，似乎想要包罗万象。当我进一步靠近它时，却发现我的"自我"构造相比之下更脆弱。当我面对这个现实让自己放松下来之后，我感觉更加平和："我真的不需要证明什么。我感受到了更多的悲悯之心，因为我并没有太多的依据去评判他人；相反，我就像看待自己一样看待别人，带着温柔的心性，带着同情心。"

一个向着更深层目标的转变超越了我独特的自我价值。世界的伟大奇迹正在觉醒，未来正在召唤我们每个人以一种新的方式进化。世界充斥着各种迹象和线索，指引我们应该做些什么来服务于人类的最高福祉。在反应层次下，我们以团队为中心——不管是以专业的方式、组织的方式还是其他方式。在创造层次下，我们以自己和我们的愿景为中心，共同实现组织的利益。在整合层次下，我们为整个世界以及全体生命寻找最高利益。我们渴望服务他人，不是出于野心，也不是因为想要成为一个优秀的"仆人式领导"，而是因为如果不能为他人服务，我们就不能真正获得满足。我们的快乐更多地来自为更高的利益提供谦卑的服务。这是我们灵魂深处最深刻的诉求和最需要的东西。这个诉求始终都在那里，它藏在幕后，因此觉察到它的存在只不过是让它回归，如此而已。先前我们的"故事"是如此之强大，声音是如此之嘹亮，以至于产生了严重的内耗，但是现在，它开始后退了。

在整合层次下，我们能够持有对立。我也许相信我必须要进行发言倡导自己的立场，而不是被人倾轧——现在我已经准备好采取行动。与此（差不多）同时，我不确定现在是不是行动的最佳时机，自己是不是过度反应，或者是不是没有顾及他人的立场。我寻求明晰、清楚的洞见。然后，我开始做出判断，不做决定，而是退后一步。我可能会把这看成是自己的内在模式并感到自我同情。

突然，这样的情景自动得到了解决，不需要我"做"任何事情。事实上，我的理解是由于我能够持有对立的观点，才让它们顺利得以解决。延迟行动不代表犹豫不决，尽管有些时候我可能会这样判定。相反，静静地持有对立观点生发出一种炼金术，把像"铅"一般冲突的对立面变成"金子"一般的和解，或许是解决方案。

再举一个例子：当两人（或多人）发生冲突时，每个人都向我展示了他们所代表的那一面，我越来越觉得，两个人的观点我都认同。世上没有完全真实的观点，只有部分真实的观点，所有的部分构成了整体。显然，我想聆听来自系统的各种声音，我会很自然地对事物采取整合视角，而且我对自己和他人没有固化的立场。事实上，我经常否定自己，或者说我内心生态系统中的两个自我彼此进行争执。我见证得越多（持有自我的转型容器），我感觉到的冲突就越少，而且越容易找到多赢的解决方案。

整合领导力能让我们充分地武装自己以成功领导复杂的组织转型。在这个领导力阶段，领导者所关注的是整个系统的福祉，包括整个系统的设计。它转变为一个更大的系统愿景，甚至超越组织，变成一个以社会为中心的愿景。罗伯特·凯根将这个整合阶段称为"内观自变层次"，它让领导者开启系统性的转变。拥有整合思维的领导者不再割裂自己与系统，也不再试图改变系统。通过把自己视为即将来临的变革中的一部分，他们能够真正地以仆人式领导的姿态引领转型。这让我们回到成为转型领导者的场景，我们要想领导整个组织系统的转型，就需要发展这种内观自变的能力。

7.4 利用整合修炼来促进发展

正如我们所建议的那样，整合修炼有两个非常强大的作用：第一，通过在日常工作中采用整合方式，帮助尚处在成果创造层次的领导者转换到整合层次；第二，通过专注于五项修炼，利用整合敏捷转型框架这个操作系统，实现组织敏捷的目标。在本书第III部分，我们将进一步讨论如何将整合修炼作为组织转型的一部分。在此，我们先简要介绍各项修炼如何帮助我们更充分地发展成为转型领导者。

整合（四象限）方法的要点在于在各个象限及其底层修炼中发展能力（肌肉）。我们每个人都有一个本能（主要）的象限取向和第二象限取向。同样，我们在某一个象限中所具有的技能也比另一个象限多一些（取向不一定等于在该象限中所具有的技能）。由于这样的取向和技能偏好，我们需要发展一种能有意识关注所有象限和所有相关发展路线的能力。通过这样一段时间的持续练习，我们逐渐发展并进化自身的整合领导力。

下文简要地描述了五项整合修炼及其与领导力发展的关系（完整定义参见第 8 章）。

- **有意识变革**。寻求敏捷的组织需要擅长变革并善于经历变革过程。想要做到这一点，就需要领导者对组织变革采取主动的（有意识的）、自律的和可持续的方法。采用全局的、领导者驱动的变革方法能推动我们以多元的方式发展。该项修炼——有意识变革——能让我们远离自动驾驶的模式化变革过程，并朝着一个运用意识思考与意识规划的过程发展，这个过程使用有意图的、结构化的以及自律的方法，涵盖四象限的各个要素。这会增强我们的整合领导力。致力于自身这些能力的发展，有助于我们迈向整合层次。

- **不断进化的意识**。对于我们的内在游戏、假设与信仰、我们如何变成这样、是什么导致我们变成现在的样子或者我们如何发展为成年人，我们通常不会有太多质疑。然而，不管我们是否有过质疑，它们都指导着我们每天的行动并限制着我们，令我们循规蹈矩。例如，傲慢、挑剔的内心状态更有可能触发他人的拒绝与防御。它对于改变现状无济于事，甚至还可能使实际情况变得更糟糕。通过率先致力于我们自身的发展，我们培养了批判能力，这能让我们成为真正的转型领导者。该项修炼正是本书第 II 部分所关注的焦点。

- **不断进化的产品创新**。当组织开始转换到实施敏捷实践的时候，它要求其成员从以目标为中心（如瀑布式编程）转换到以客户为中心；这种转换或多或少被自然内建于敏捷思想和实践里。如果组织的目标不只是"做敏捷"，而是要实现组织的敏捷性，那么在构建产品的时候，组织必须超越以客户为中心转换为以组织为中心（以一种超越并包含的方式）。采用这种方法的一个主要障碍是，当我们陷入"我们还是他们"的心态时，就无法在不同部门或者不同地理位置中有效地采取他人视角。该方法能延展我们的领导力，推动我们从事跨组织边界的工作，让我们站在不同群体的视角下审视人们是否能在组织系统的自然多样性上展开协作。跨边界实践有助于我们与不同边界内的人有效地进行合作。

- **不断进化的系统复杂性**。要朝着组织敏捷的方向设计、转变并塑造组织的集体信念、道德观和心智模式，并且为其营造宜人的环境，就需要我们提高系统的复杂性。例如，需要从成就－橙色的思维和行动转变为多元－绿色。正如我们审视自己的心智模型与关系系统的有效性一样，我们被迫以更整合的方式进行：采取他人视角、看见自己的意义构建过程、直面我们的集体阴影并看见群体意识的系统性影响。当我们助力文化发展时，我们会自然而然地抵御我们集体内在的意义构建系统。因而，我们被迫直面我们惯用的假设与我们珍视的信仰，直面我们共同维护的心智模型，它们与世界相关，与我们的系统为生存下去而从事的文化层面的事情相关。我们有机会创造一个谨慎发展的文化和谨慎发展的关系，其中意识能得到组织的重视，在组织取得业务结果的同时意识也能得到不断发展——不仅在个人层面，也在集体层面。

- **不断进化的适应性架构**。该项修炼的重点是，设计并实施组织结构、治理与政策以优化流程，增加价值创造并提高人类福祉。就我们自己的发展而言，这项修炼让我们的设计思维技能得以延展，让我们对瓶颈和治理僵局中的系统性效应有了更深刻的理解和认识，并且也使得我们准许结构不断发生改变的灵活性得以提升。如果我们很容易被自我触发，这些结构可能就会给我们带来不确定性或不适应感。传统－琥珀高度中稳定的层级结构，其部分设计意图就是安抚适合于该层次的、相对脆弱的身份认同。如果我们能发展自我与他人，超越反应层次，那么我们将在我们的政策和结构中激活更多的适应性。

致力于上述五项修炼，不仅能使组织受益，还能使我们自身被迫得到成长，尤其是我们延伸至其他非定向的象限进行发展的时候。

7.5　增加集体效能

培养集体领导力是发展的另一个维度。正如我们所提到的，作为一个扩充的领导力团队或集体，它的集体效能是一个很难被复制的竞争优势，而且可以完全掌握在组织领导者的手中。在领导力教练队伍里使用这种机制，通过领导力教练或者平行职位的人员进行协调，可以创造一个既能给予支持又颇具挑战性的环境，进而促进成长。大家团结一致，并且领导班子也将纵向发展看作一项常规事务，可以驱除人们对暴露自身弱点后可能产生的羞耻感以及脆弱性。

全景领导力机构的研究结果表明，与领导者效能最为相关的两个维度分别是有目标的愿景和团队合作。简而言之，要想建立一个高效能的领导力团队，领导者必须对他们的愿景、战略以及绩效十分清晰并且高度专注。实现这一点，需要他们对个人和集体的发展长期进行有意识的、有意图的关注，同时识别出个人与集体的发展目标。领导者还需要打造一个环境，使人们乐意提出有用且一致的反馈，并且领导者还要能够在一个谨慎发展的关系中相互督促，对自己的发展目标负责。如果没有来自其他人的足够多的反馈，我们可能会对自己的表现以及他人的感知视而不见。组织系统和周围的领导都会接触到你。他们能看到你的表现，看到什么东西对你有效或无效，而且也这样看待整个集体领导班子。这里我们并不是单纯地指领导者的人际技能。高效能的领导者能够在关系和任务之间取得健康的平衡，而且还能做到两者兼顾。

把这个反馈当作礼物，不要试图抵制、否认、争辩、不相信或低估。敞开心扉，打开头脑，以客观的心态探索这些反馈。有哪些可能的模式？对于自己领导团队和领导他人的方式，你有哪些基本正确的认知？你是如何将自己封闭起来的？你是怎样限制员工发展的？你如何传达那些真正重要但混杂在一起的信息？团队集体进入深度探索，是提升集体效能的开始。

7.6 小结

本章概述了转型领导者的发展路径，介绍了一些领导力和个人发展实践（冥想、日记、祷告、阴影），并通过示例剖析了各个发展层次中的主体 - 客体转换。总体而言，第 II 部分详细概述了成为一名敏捷转型领导者有何意义。

7.7 知行合一

在第 I 部分从洞见到行动的练习中，你使用整合思维来审视自己的敏捷转型，并透过每个象限的镜头来进行评估。在第 II 部分，我们专注于你本人——一名转型领导者，并看到你在变革工作中是多么的重要。实际上，无论使用哪一种框架或工具，你的影响力与效能都决定了你能取得的结果。这部分的练习，不再需要你从各个象限和高度来审视组织，而是需要你花一些时间从自己现实的角度看问题。在图 7.2 中，你注意到，作为一名敏捷转型领导者，你现在身处中心位置。如果逐一游览各个象限，从自身角度和转型方式来观察，你现在看到了什么呢？

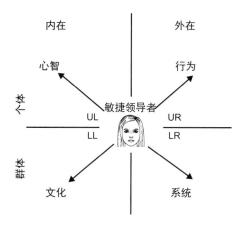

图 7.2　从自己的角度出发看向各个象限维度

- 我（I）象限：当想到自己所领导或指导的敏捷转型或变革工作的时候，你对当下的情景有着什么样的情感或感受？你对可能发生的事情持有什么样的信念？你觉得什么东西对自己最重要？你认为哪个高度最能代表自己的价值观？你为何觉得自己处于这一高度？

- 它（IT）象限：当你致力于转型工作的时候，注意到了自己的哪些行动和响应？你内心唤起了什么样的行动反应（例如：战术的、战略的、有力的、被动的）？当你在工作响应中观察自己的行为时，你认为哪个高度最能代表自己？理由是什么？

- 它们（ITS）象限：当你致力于变革工作的时候，你注意到了自己在系统约束内都有什么样的工作方式？当前的结构和环境如何为你提供支持？那样的结构又如何挫败你所作出的努力？在当前组织结构的约束下进行工作，你所表现出来的行动处于哪一高度？理由是什么？

- 我们（WE）象限：当前经历的组织文化变革如何影响到你？当你向内看时，文化和关系的质量如何影响到你与个体、团队、领导以及各级组织的工作方式？它们如何影响你进行协作对话的能力以及怎样让你和他人从中产生新的想法？当你与人合作并且处理冲突或者变革中的文化障碍时，你所表现出来的行动处于哪一高度？你选择这个高度的理由是什么？

- 最后，当你查看所有象限时，对于你自己的象限取向和高度有关的挑战，你的主要应对方式是什么？怎样才能进一步照顾到其他象限？对于自己所看到或听到的那些来自组织系统的东西，你如何才能产生更多的好奇呢？

你可能还会采取其他行动来发展转型领导力：

- 通过直接采访下属、同事和老板或者使用正式的 360 度测评指南，获得 360 度反馈。

- 分析反馈结果和自我评估报告，从中得出自己的发展目标。选择本章提到的某个发展实践，并承诺自己至少要坚持一个月，理想情况下，每周应该进行多次练习（如果不能做到每天都进行练习的话）。

- 成立一个同伴小组或者寻找一位合作伙伴，启动教练 / 发展小组。这样就建立了一个非常强大的机制，久而久之便可以通过提供反馈和相互监督来发展自我。同伴队伍也有助于增加集体效能。

组织转型：
将整合指南针投入实战

本书第Ⅰ部分描述了组织转型的整合方法，第Ⅱ部分着重于将现有的领导者操作系统升级到领导敏捷转型需要的层次。第Ⅲ部分即结论部分，主要是全方位介绍整合敏捷转型框架（Integral Agile Transformational Framework，IATF），我们称之为"元框架"。根据我们在敏捷转型和整合思维研究与应用方面的经验，我们定制了 IATF，使其能够为组织转型提供全面的指南。在第Ⅲ部分的各个章节里，我们首先概述 IATF，然后重点介绍整合修炼——即设计、实施并衡量敏捷转型的五个关键的关键修炼，最后一章则指导大家（作为转型领导者）启动转型工作。

第8章

整合敏捷转型框架：概述

一旦我们采取多元视角，发展便开始了。整合敏捷转型框架（IATF）作为一种工具，之所以能够帮到我们，是因为它为我们系统采取不同视角提供了一个训练平台。它既可以帮助转型领导者锻炼不同的肌肉或能力，使得我们能通过变革以多样化的方式来引领组织；也可以帮助我们的组织在实践、结构、心智模式以及文化层面得到多样化的提升。我们可以轻松地从惯性中摆脱熟悉的视角。相比而言，IATF 的魅力在于它为你提供了一组全新的透镜，通过这组透镜，你或许可以看到前所未见的事物。它能够使你退出自动驾驶模式并且专注于当下，然后为你提供更多的选择以便于你做出响应。我们撰写本章的目的，就是希望你通过将整合思维直接应用于组织转型来获得这种力量。IATF 可以看作是一个组织转型操作系统，一旦领导者操作系统（LOS）升级，IATF 就能使你进一步用好整合方法。

IATF 是一个整合模型，它将四个象限视角、各个象限的发展路线以及这些发展路线上的各个高度整合起来，用于任何级别的合弄（个人、团队、项目、组织甚至社会）。这是一个非常强大的模型，它同时指向我们一下子注意不到的很多区域，它用于提醒我们什么东西值得关注、实践和思考。回忆一下我们将整合模型与指南针和地图做过的比较：IATF 既是指南针又是地图，它能帮助我们看得更清楚，行动得更有效。IATF 还是一个无限扩张的地图，它包含我们可以用来实现企业转型的所有方法。从这种意义上讲，它是一个元模型（meta-model），因此不与其他组织模型、流程模型、规模化模型或变革模型"竞争"。相反，我们可以在 IATF 中为这些模型 / 方法中的每一个都找到其对应的位置（一个或多个的全局地址），继而找出此模型 / 方法与当前或将来要考虑的其他模型 / 方法之间的关系。这就为我们提供了比较和对比，即某个方法在哪些方面更有优势，在哪些方面有不足；在哪些地方可能与其他方法相兼容，在哪些地方还不够综合和全面。你将有能力把自己的客户场景映射到 IATF，从中找到自己的位置，并为其确定适当的工具、模型、框架和方法。

IATF 为转型领导者提供了一个强有力的方法，有助于应对组织的复杂适应性系统。但同样重要的是要记住，IATF 仅仅是一个工具，虽然能让你更清楚地看到复杂系统，但你不应该依从象限取向或者高度对自己所见到的评估产生依赖。相反，应该保持好奇心并时刻处于探询模式，而不是围于自己的视角和地图。当你持续将"我即工具"置于意识的最前沿时，就会认识到在什么情况下自己的象限取向、思维水平、偏见以及意义构建会产生局限，阻碍着你与组织和领导者进行更有效的合作。此外，你还能更好地容忍意外的发生，并适应当下发生的情况。

8.1 我们如何使用这张地图？

采用整合方式进行企业转型，意味着我们会根据不同情况或各个利益相关的合弄进行多角度的考量。例如，与我们一起工作的个人、团队、项目或者组织系统，各自主要处于哪一个高度？可以说，这种方法察看的是客户或情境。我们还想透过它们的视角，从它们的角度来观察它们所看到的事物。一个主要通过"成就－橙色"透镜观察世界的人与一个主要通过"多元－绿色"透镜观察世界的人，有着截然不同的观察方式。当然，由于我们自己也会通过某种既定的透镜观察世界，所以我们还需要意识到我们自身所带有的偏见和局限性。比方说，如果我们通过"成就－橙色"透镜观察世界，就可能倾向于把一个项目看作是即将要取得的成就，并认为我们将要"安装"IATF 或其他框架，接着我们希望实施它以实现转型。相反，如果是从"多元－绿色"价值系统来看待转型，我们则更有可能想在组织中激发一种新的生存和评价方式，而不是仅仅着眼于"做事情"这个层面。

在工作中，我们使用整合透镜来更清楚地了解客户理解世界（"我"象限）的方式、搞定工作（"它"象限）的方式、他们建立了哪种类型的架构（"它们"象限）以及他们与他人之间的关系（"我们"象限）。对自己提出这样的问题，就意味着正在使用整合操作系统。回忆一下，IOS 的另一个名称是"全象限，全层次，全路线"（AQAL）。

总之，给定任意一个"感兴趣的对象"（无论是一个团队、一位执行领导、一个产品开发过程、一种组织文化还是其绩效管理政策），我们都可以从以下四个维度入手进行评估，将它与对应的人或事物进行映射或者对它们之间的关系加以识别。

- 有哪些感兴趣的主要合弄（个人、团队、组织），或者有哪些合弄在相互作用？

- 人们强调了哪些主要的象限（我、我们、它或它们）或者赋予其特权（因为人们总会带有偏见）？

- 当前正在运行的主要高度（或层次）是什么（例如：琥珀色、橙色、绿色、青色）？或者说有哪些高度上的价值观正在发生冲突（例如：橙色的目标达成与绿色共同制定决策的要求之间有冲突）？

- 有哪些发展路线（各个象限中的发展路线，涉及该象限的进化）适用于这种情形？它们怎样帮助我们看到成长的方向？

鉴于这是一个有关企业敏捷转型的框架，所以为了更有效地服务于我们的目标，我们还需要把通用的"我"象限、"我们"象限、"它"象限以及"它们"象限缩小到更紧密相关、更具体的名称上。我们将在下一节的组织层次中对这些内容进行概述；在本章后面，我们还会对象限中团队级别和项目级别的名称进行探讨。我们将继续沿用琥珀色、橙色、绿色和青色这类表示高度的名称，因为它们是目前与导入敏捷的组织关系最紧密的名称。在第 9 章，将分层解读发展路线的概念，即复杂性如何在各个象限中进行演变并探讨整合修炼——这是我们在敏捷转型当中必须关注的重点。

从本质上讲，我们正在从世界高层地图（整合操作系统）的使用转向附近区域详细地图的使用，包括我们最喜欢的面包店、天然食品市场、夜总会和健身房（整合敏捷转型框架）。首先，让我们来看一下企业转型的各个象限。

8.2 整合敏捷转型框架中的象限

我们看到，将整合方法与敏捷结合在一起，能够增加组织转型成功的可能性。意识到这一点后，我们便创立了整合敏捷转型框架（IATF）。整合方法被运用到众多不同的研究领域——从医学到艺术，到心理学，再到企业和领导力。因此，该模型需要引导你关注组织变革背景下最重要的事情。图8.1展示的四个象限是以敏捷转型的关注焦点来命名的。在本节，我们通过在组织、项目和团队级别上对每个象限的主体和相关方法进行细化，使象限视角变得真实起来。我们还提供了敏捷转型中用到的经典方法案例，并探索如何将它们映射到象限的视角中去。在第9章，我们将探讨事物如何在各个象限中进行发展，即从不太复杂的高度转换到较为复杂的高度。

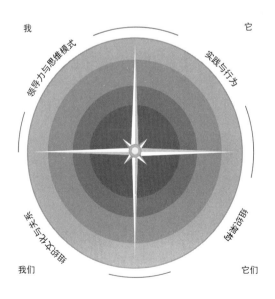

整合敏捷转型框架

我　　　　　　　　　　　　　　它

领导力与思维模式　　　　　　实践与行为

关系与文化　　　　　　　　　系统结构

我们　　　　　　　　　　　　它们

图 8.1　整合敏捷转型框架：组织级别

8.2.1 领导力与心智模式（"我"象限）

正如我们所深入讨论的那样，对于组织转型成功而言，没有什么事情比领导力更为重要。领导者无法将组织变革授权于人，他们自身必须能真正地引领这一变革。回顾一下，"我"象限涉及的是我们的意图、价值观、信念、感觉和情感，更笼统地说，是一个人的心智模式和整体的内在经历。

当我们从领导力与心智模式的象限视角评估我们的组织时，可能会提出如下问题：对于敏捷转型的动机，敏捷发起人的信念是什么？是什么东西推动他们发起变革？领导者对即将影响转型的新信息或新视角的开放度如何？当谈到变革时，他们个人当下的情感是什么样的？

在我们的敏捷方案中，通常最关注能力、技能和培训等类似方面的事情。所有这些事情都属于"它"象限的视角，并且我们将其中的一部分称作"外在游戏"。"我"象限关注的是"内在游戏"：即人们如何对自己的世界进行意义构建，如何获得自我认同，对敏捷转型工作的感受是什么，等等。

常见的敏捷方法对"我"象限也有所关注，比如区分"做敏捷"（doing agile）还是"真敏捷"（being agile）。真敏捷侧重于我们对敏捷原则和价值观的灵感、动机和内在体验以及忠于敏捷原则和价值观。我们看到，这里的"真"源自"我"象限。这个"真"只有作为个体的内在体验才能被感知到。是的！虽然它可以被人们讨论或分享，但最终只能通过我们的个体体验来感知——其他人无法直接获得。我们不能期望他人"采取敏捷思维方式"，因为我们无法将变革强加于人。转型变革是一项由内而外的实践。"我"象限的另一个例子是成为仆人式领导者——主要涉及我们领导的内在动机问题（获得地位或权力的动机与为人民和更大利益服务的动机，二者截然不同）和自身的具足感（感知到自己是具足的而不是匮乏的能力，以及通过内在方式发展自身从而使我们获得这种动机和才能的能力）。其他面向"我"象限的方法如下所示。

- 比尔·乔纳的敏捷领导力。
- 鲍勃·安德森的全景领导力（通用领导力模型）。
- 专业教练（教练指导并不只限于"我"象限，但大多数从业者往往把教练技能更多放在"我"象限的视角下进行强调）。

知行合一：领导力与心智模式的成功要素

这个象限视角中的一些因素会影响敏捷企业转型的成功，我们应考虑对其进行评估和干预。以下这些有关"领导力与心智模式"的问题可能会引发大家的思考。

- 评估各级领导力的成熟度和适应性。个人领导力的成熟度或复杂性包括：与情商（EQ）相关的内在能力、领导者操作系统的意义构建能力（从反应性到创造性，再到整合性）以及（尤其是在团队一级）个人贡献者对工匠自豪感的投入程度。除非我们能激活成果创造领导力，否则敏捷价值观根本无法得到实现。

- 评估领导力的参与度、承诺度以及领导者实际领导转型而不是授权任务的程度（这是组建变革团队并设计变革新方案的重点，这些主题将在第 10 章进行讨论）。

- 评估员工的敬业水平与质量。这是一个涉及个体心智模式层面的问题，进而会变成一个文化层面的问题。敬业度不够的员工可能是我们当前组织中尚未发挥出来的最大的潜力来源。这个要素或许已经由人力资源人员定期评估过，但它依然可以在转型工作中得到解决。

- 评估人们的价值观与敏捷价值观之间的一致性且当人们参与团队和组织活动时这个一致性是如何体现的。

- 评估人们说真话的程度。拥抱敏捷意味着拥抱透明度、可见性、问责制、反馈以及勇敢的求真。如果组织文化扼杀组织系统的各种声音，并且还让人们觉得需要戴上"企业专业面具"，那么你将只能滞留在现有状态，看不到转型变革。

- 请留意参与变革的人和受到变革影响的人所表现出来的情绪。领导力、心智模式和敬业度为我们指明了转型中最容易被忽视的地方，并敦促我们聚焦于这些方面的需要。如果我们认为敏捷只是一套能够胜任工作并进行培训的软件开发实践，那么我们将错失重点（这也许是成就-橙色的思维方式）。相反，从进化发展的角度看，除了学习新知识和新技能，我们必须培养能发挥并体现敏捷价值与敏捷原则的内在能力（即发展内在游戏）。无论是在团队级别还是在领导力级别，这都是适用的。

8.2.2 实践与行为（"它"象限）

在过去的 25 年，得益于科学技术的巨大进步，产品也变得越来越智能。如今，用户类型越来越多，组织类型也越来越丰富，人们对"价值"的看法也不尽相同。伴随着变革步伐的加快和复杂性的增加，当前的产品设计不仅要包含组织的经济价值和用户价值，还必须要考虑对行业乃至整个社会产生更广泛的社会价值与经济价值。产品创新的复杂性要求我们采取多元视角，不仅在敏捷交付团队的内部，还要在整个组织甚至组织外部进行。很显然，我们用来开发产品的实践正是敏捷的核心。组织引入敏捷实践的目的是为了改变人们在一起的工作方式，改变他们创造想要的业务结果和价值创新的方式。认识到这个要素的重要性，我们将"实践与行为"作为 IATF 中"它"象限的主要关注焦点。最终，组织敏捷只能通过使用优化协作和跨界协同的渐进式实践得以实现。同样，成功的实践来自正确的行为（"它"象限）与正确的意图（"我"象限）相结合。如果我们只是经历行动（无意识的行为），将不太可能取得预期的结果。

当我们主要关注特定的敏捷行为与实践、分解实践的细节、观察它们进展是否顺利并教导人们如何参与其中时，常常会出现一种强调"它"象限的敏捷方法。这是一种被广泛实施的敏捷策略，而且是敏捷实践者的强项；然而，当它成为唯一被关注的焦点时，转型变革就被降格了，人们仅仅是在"安装"敏捷实践，而不是促进必要的组织敏捷。行为与实践有一个优点，那就是人们可以从外部客观地对其进行观察，包括实践所产生的任意工件（例如，软件构建历史、缺陷数量、站立会议的观察与记录以及回顾会议的文档性结果）。当我们希望在所推崇的业务结果与科学度量的背景下对我们的处境进行度量或客观评估时，这样做很有用；但这种方法并没有捕捉这些实践者的意图（"我"象限的视角）。因此，如果我们不注重这方面的话，很有可能陷入丢失重要信息的险境。实践＝行为＋意图；没有潜藏在实践下的意图（信念或价值观）就没有实践的价值。一般来说，敏捷过程框架通常是面向"它"象限的描述，常常被描述为经验过程框架。

知行合一：实践与行为的成功要素

要对该象限中的几个关键要素进行评估并考虑对企业敏捷实施进行干预。以下几个内省式的问题有助于你思考当前的敏捷实践与行为。

● 评估实际用于产品创建的实践，听取客户和其他人的声音，度量成功以确定当前与组织敏捷目标相关的产品创新水平。

- 评估实践的执行方式（行为）与建立其意图之间的一致性，以识别出"动作只是被机械执行"的情景。这两者之间的差距会造成交付团队和产品负责人或管理人员之间关系紧张（例如，一个以客户为中心的"绿色"实践，其意图却是向圈定的客户群体销售更多商品）。

- 评估团队内部和跨组织边界（例如：跨水平级别和垂直级别、部门之间、地理区域之间，包括外部的利益相关群体）的合作能力与关系能力的成熟度。识别出来的差距正是一个可以进行干预的潜在目标，用以提升跨边界能力，进一步建立跨组织协作的文化来运行敏捷以应对变革的复杂性和变革步伐，用创新的产品打开市场。

- 评估软件工艺实践与现代化敏捷工程实践（实际行为，而不是口头上的价值观）之间的一致性，以评定技术实践的成熟水平。这些实践的状态在很大程度上决定产品的敏捷性和我们未来进行变革的能力，进而影响总拥有成本。

- 查看组织在多大程度上考虑其对社会和地球的影响。这种远见卓识也许超出了当前大多数组织可以认真做到的能力，但这一点变得越来越重要（新冠肺炎大流行使这一点变得十分清晰）。总而言之，当从"实践与行为"象限的视角来评估组织时，我们可以提出如下问题：当前的组织行为如何与敏捷实践相对齐？客户如何参与产品开发？如何对团队进行度量，并且这些度量指标对业务领导者来说有何意义？我们如何与所在的组织接轨，并帮助组织将其实践与行为进化到进一步以组织为中心的级别，包括听取来自系统的各种声音，紧紧围绕在统一的愿景周围并且聚焦于组织的品牌与宗旨？

我们专注于此象限视角的同时，往往忽视了在多个合弄级别上进行敏捷工作实践的需要（不仅在团队内部实践，还要跨组织实践）。此外，组织导入敏捷实践后，随着人们对利益的关注，当初这些实践背后所设计的深层意图往往被遗失了。其结果便是人们常说的"做敏捷"，而非"真敏捷"；这两者实际上都是需要的。换句话说，我们并没有导入一个带有相应适当意图的实践（在"进化-青色"的发展中是有可能的），而是在重建现有做法及其思维模式（成就-橙色）。

8.2.3 组织架构（"它们"象限）

我们所创造的结构和环境可能促进我们的文化和思维，也可能限制它们；可能提高组织在进行重大转型或实现显著的组织敏捷目标时所呈现出来的适应能力，也可能束缚它们。同样，可能促进创新，也可能限制创新。转型领导者需要具备观察"整体"系统和环境的能力，以实现组织的转型愿景。实际上，"观察系统"对转型领导者来说是一项极其重要的能力。

为使敏捷成为可能，组织必须对它的结构和系统进行架构设计，从而创造价值并优化价值流。僵化的结构会降低我们取得成果的可能性，并让我们难以应对不断变化的市场行情。由于它对组织敏捷至关重要，所以我们特意将与组织架构相关的内容纳入"它们"象限。

"组织架构"象限提醒我们，要注意观察整体的社会体系、公司及工作环境，并关注组织策略、组织结构图、系统、工作流以及紧急效应（也就是说，系统思维的重要性）。它不仅包括组织结构，还包括团队建立和人员配备的方式、绩效管理/指标的风格和重点、财务系统和结构、治理（项目、计划和公司级别）、公司政策、业务流程系统（包括规模化框架）以及外部的现实情况，例如政府法规、行业团体以及竞争压力。组织架构可以看作是"我们"文化的一种体现，但它是具体的、可观察的，而且是有形的。

当我们从"组织架构"的象限视角来评估组织时，可能会提出这样的问题：人们如何设计组织以支持产品流并为其提供可见性？当前流程的精益程度如何？它将怎样影响敏捷？组织的治理方法将怎样影响转型？

在我们的敏捷转型经历中，组织经常意识到现有结构与支撑敏捷的结构之间存在一个鸿沟；我们注意到，许多组织都试图通过实施规模化框架来跨越这个鸿沟。根据我们的经验，规模化框架通常是对现有的结构思维进行再造，而不是提供一套新的、适应性的结构——例如，它可以随着不断变化的市场行情和业务需求变化，并且不依赖于正常的政治等级制度。换句话说，我们并没有导入一种新的思维模式（随后即将讨论的"进化－青色"的发展），而是正在重建现有思维的功能矩阵（成就－橙色的发展）。

一个从"它们"象限视角出发的、流行的敏捷方法叫"规模化敏捷框架"（Scaled Agile framework，SAFe）。SAFe 不仅关注单个流程，还关注连结不同层级的流程系统（process system）：从团队级别的产品负责人（product owner）和待办事项列表（backlog），到项目级别的路线图（road map）、待办事项列表（program backlog）和角色。例如从发布火车工程师、产品管理和发布管理，再到投资组合或组织级别的待办事项列表、投资主题以及业务和架构史诗。当检查 SAFe 中任意的单个流程时，我们可以认为它属于"它"象限。但对于流程系统、其相互关系和协同作用以及政策和它所承担的组织角色来说，SAFe（或一般的规模化框架）更适合被归为系统视角（"它们"象限）。尽管 SAFe 也涉及领导力与文化（"我"和"我们"象限），但并未对它们进行同等程度的规范，也没有提供特定的、可实施的"人类技术"（方法学）供流程系统参考。最重要的是：组织似乎更加拥抱 SAFe 在"它们"象限中所体现出来的好处（通过角色和结构定义将敏捷流程扩展到组织级别），而不是"我"或"我们"象限中的实践或方法。其他体现"它们"象限视角的常用方法有：合弄制（holocracy）、超越预算（beyond budgeting）以及约束理论（theory of constraints）。

知行合一：组织架构的成功要素

"它们"象限中有几个关键要素会影响成功的敏捷企业实施，我们应当对这几个要素进行评估并加以干预。可以从"它们"象限的视角出发考虑以下几个问题。

- 组织结构是否符合敏捷哲学？例如，组织结构和价值流有没有对齐？如果不是，组织原则是什么？

- 在应用敏捷时，有哪些组织系统和政策会受到影响？如果它们是严重的琥珀色或橙色，同时还带有反应性的领导力心智模式，如何能让变革成为可能？

- 组织结构如何实现（或约束）价值流？人们能看到瓶颈吗？该组织结构来自哪个高度的思维模式？现有的组织结构重点关注哪些问题或视角（例如，政治权力或管理奖金，而不是价值创造）？

- 如果你想拥有一个适应性组织，那么什么样的组织结构能让你灵活地重新部署团队和其他资产，以适应不断变化的市场行情和商业策略？有哪些组织设计的选项可供选择？

- 如何将角色、职责以及员工的职业发展路线和个人发展目标包含在变革工作中？

- 组织如何采用规模化敏捷方法？

组织领导者天生就知道：为实现敏捷，他们必须采用规模化敏捷方法。但大多数的工作却是以事务性方式完成的——通过实施大规模的敏捷框架，而不是通过既包括人性也包括业务敏捷方面的意识变革计划来完成。

8.2.4　组织文化与关系（"我们"象限）

敏捷的基本原则包括协作、共享、透明和责任制。因此，我们有理由认为：关系（以及我们在关系中的呈现方式）将严重影响到转型的成功。从非敏捷环境到敏捷环境的巨大转变，常常要求我们改变组织的 DNA，也要求我们从根本上转变组织文化。转型领导者必须理解集体信念创造关系、文化和系统（反之亦然）的方式。他们还要知道人们的感受，了解建立正确文化的核心情感。因此，"我们"象限的关注重点是组织文化与关系。

"我们"象限的视角包含共同的意义、共同的价值观、我们的人际关系经验以及更普遍的组织文化。在 IATF 中，这基本涵盖团队、项目、业务部门或组织的文化高度。"我们"象限中的文化相当于"我"象限中的心智模式，但它还涉及一种不同类型的意识形态——即系统意识。我们可以从这一象限来观察，看看自己所拥有的是一种协作和授权的文化，还是一种预测性的、以控制为导向的文化，或是一种以优势为中心、成就驱动的文化。这个视角包含整体组织文化和领导力文化（领导者认为可取的行为和态度）。此外，它还包括我们所共同持有的价值观、我们如何履行（或不履行）这些价值观、我们的关系系统（来自"内部"或我们经历的方式）以及许多关系嵌套系统的设置。

在敏捷转型中，我们经常看到的是，现有的组织文化（通常是成就－橙色）与敏捷蓬勃发展所需的文化类型之间存在根本性的不匹配。解决这一差距需要我们系统地关注组织潜在的集体信念结构，使其朝着"进化－青色"的方向发展。

当我们从"组织文化与关系"象限视角进行观察时，可能会提出这样的问题：领导团队是否能以身作则？当前正在运行的政治是什么样的？它在环境中如何发挥作用？哪个团体对这项工作影响重大？现有文化如何与敏捷价值观保持一致？人们在他们的关系当中，更喜欢交易还是更以人为本？

1994年，威廉·施耐德提出文化类型学，该方法是一种结合"我们"象限视角的常见敏捷方法。它辨别出四种文化类型：

- 控制型（Control）

- 能力型（Competence）

- 合作型（Collaboration）

- 培育型（Cultivation）

从根本上讲，文化类型学涉及"我们"象限视角（尽管它也明显涉及"它们"象限视角）。它列举出我们对组织文化的共同理解、信念与方法以及"我们为取得成功而奋斗的方式"（施耐德对文化的定义）。一个组织的文化类型反映人们共同的信仰和对事物共同的理解。例如，在以控制为导向的文化里，人们相信，如果要取得成功，就必须获得并保持控制力；在以能力为中心的文化里，人们认为，我们必须力争世界第一；在以协作为导向的文化里，我们则相信，只能依靠团队才会取得成功，而不是依靠个人。然后，这些共同的信念和心智模式在我们的领导方式（"我"象限）、流程（"它"象限）特点以及我们的组织结构与政策（"它们"象限）上体现出来。其他"我们"象限涉及的方法还包括组织关系系统教练（ORSC，systems coaching）、系统排列（systemic

constellations）、维吉尼亚·萨提亚的变革模型以及戴夫·洛根的部落领
导力（Tribal Leadership）。图 8.2 总结了四个象限所涉及的常见敏捷方法。

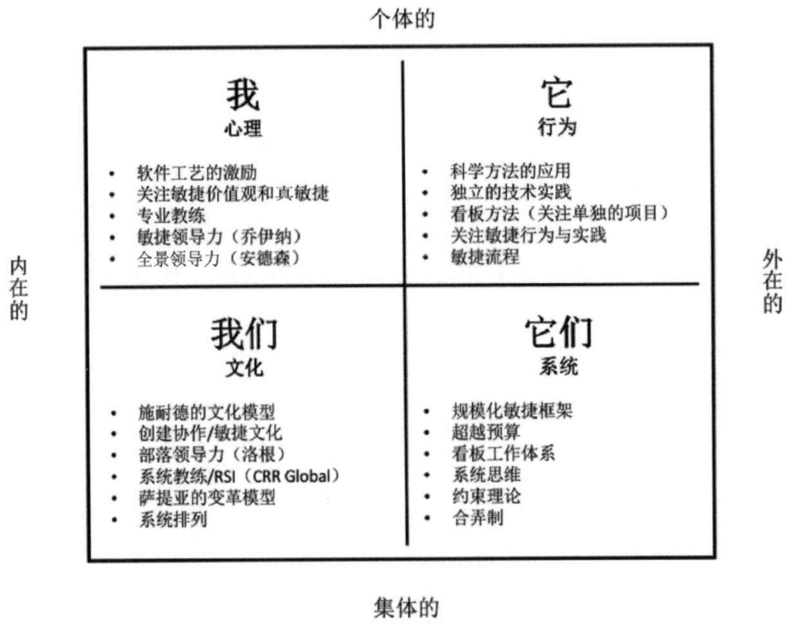

个体的

我 心理	它 行为
· 软件工艺的激励 · 关注敏捷价值观和真敏捷 · 专业教练 · 敏捷领导力（乔伊纳） · 全景领导力（安德森）	· 科学方法的应用 · 独立的技术实践 · 看板方法（关注单独的项目） · 关注敏捷行为与实践 · 敏捷流程
我们 文化	它们 系统
· 施耐德的文化模型 · 创建协作/敏捷文化 · 部落领导力（洛根） · 系统教练/RSI（CRR Global） · 萨提亚的变革模型 · 系统排列	· 规模化敏捷框架 · 超越预算 · 看板工作体系 · 系统思维 · 约束理论 · 合弄制

内在的　　　　　　　　　　　　　　　　　　　　　　外在的

集体的

图 8.2　对应到各个象限的敏捷转型方法

知行合一：组织文化与关系的成功要素

组织文化与关系中有几个关键要素影响着企业敏捷的成功实施。以下几
个内省式问题有助于对当前的组织文化与关系质量进行思考。

● 现有文化与有利于实现组织敏捷的文化之间契合地如何？人们是如
何"传播"这种文化的（例如，通过领导者的行为与角色示范，融
入组织的永久结构中）？

● 整个组织中关系的弹性怎么样？人与人之间以人为本的关系比事务
性关系更能打造一个良好的敏捷环境。人们可以相互探讨关系来使

其变得更好吗？在团队成员之间、中层管理部门之间、高层领导人之间以及跨级别的组织之间，这些不同合弄级别上的关系有何不同？

- 跨组织边界（跨边界）工作的能力是什么？从"我们还是他们"的思维模式转变到共同的"我们"的思维模式，需要什么能力？哪些能力可以取得协同效应并超越典型的"部门壁垒对战"？

- 是否有转型领导者负责设计并帮助文化转型并对契合于文化的行为进行建模？

在第 9 章的整合修炼中，随着我们探索发展路线和各个象限内的发展进化，我们将对每一象限做更深入的探讨。

8.3 整合各个象限的视角

IATF 的基础是整合，因此定期系统地审视所有四个象限视角是该框架的核心。这样做既可以全面认识既定的转型背景，又可以发现让组织变得更为敏捷的重要方法。没有任何一个方法，如施耐德的文化类型、"做敏捷"还是真敏捷的理念、软件工匠精神、个人敏捷实践的专注或者像 SAFe 这样的规模化敏捷过程，会是一个普适性的终极答案。整合意味着拥抱来自各象限的方法，根据变革策略来选取适合的方法，从而获得全面、均衡的效果。

以下是对组织变革和象限的全球性评论："鲍勃·安德森在领导力发展领域是一位无人能比的领袖，他在 2008 年的白皮书《领导力的精神》中指出，'我'象限和'我们'象限在组织变革计划中通常得不到重视；相反，变革工作主要由结构和过程方法驱动，因而失败率高达 85%。"这也是我们在敏捷世界中能看到的，人们过分强调培训和实施敏捷实践

（"它"象限），也许还关注规模化敏捷框架和一些形式的组织设计（"它们"象限），但几乎都没有考虑采取有效的行动来发展领导力（"我"象限）或者对齐文化（"我们"象限）。秉承鲍勃的忠告，我们着重强调左手的两个象限，因为我们致力于采用多种有效的、基于科学的方法在这些象限中发展组织的文化和能力。回想一下，右手象限同样重要，但它们能更好地得到理解并且已然得到了行业的关注。

我们已经解释了 IATF 的象限视角，现在让我们来看一个经常出现在敏捷转型中的例子。然后，我们采用各个象限透镜来检视这个实例，给大家提供一个整合体验。回顾一下以下这些有关象限的事实：它们四面同现，也就是说，只要我们留意，它们就会一直在那里；一个象限会影响到另一个象限，而且你看待某一情形的方式也取决于你正在使用哪个透镜；要想做到整合，我们就需要从所有四个角度系统地看待事物。

这是我们在转型中看到的一个场景，也许你也意识到了这一点：在敏捷转型中，人们并不认为人力资源部门（HR）是一个十分关键的角色。下面，让我们从各个象限来观察这个场景，并思考它是如何影响敏捷转型工作的。

● **领导力与心智模式**：如果我们（从评估的角度）观察（look at）"我"象限，就会认识到领导层需要发展自己的内在游戏，提高其敏捷思维模式和敏捷领导特质。在 HR 或者敏捷转型领导团队看来，敏捷环境中所需要的领导力类型（通常为敏捷教练关注的范围）与组织领导力发展（通常是人力资源关注的范围）之间的联系可能并不明显。尤其是当人们认为敏捷转型是信息技术驱动的时候，情况更是如此。相比之下，当我们站在客户角度透过"我"象限的透镜（look from）进行观察时，就会发现如果我们在敏捷转型的前提下实施领导力发展计划却没有将 HR 视为该计划的合作伙伴，人力资源主管可能会觉得被冒犯。这两种观察视角均为我们提供了更多信息以便于我们采取行动。当我们采取整合的态度时，这种分裂世界的倾向——技术部门专注于"技术"相关的事情，而人力资源部门则专注于"人和领导力"相关的事情——就会暴露出来。

- **实践与行为**：从人力资源方面观察（look at）"它"象限，我们已经看到敏捷引入的相关新角色与新职位的描述十分混乱。对于敏捷所带来的新的工作方法和实践方式，组织并没有提供足以帮助其发展的职业路径，现有人员的工作技能与需要的角色技能也可能不匹配。透过"它"象限的透镜进行观察（look from），我们能发现人力资源人员无法理解敏捷，不确定敏捷需要哪些技能和能力，不知道员工的角色将如何发展，也不能理解为什么对现有角色进行映射（例如项目经理 =Scrum Master）的方法经常不奏效。

- **组织架构**：观察（look at）"它们"象限，我们看到的是人力资源政策和奖励系统（比方说顺序排名或更加强调个人绩效），这通常不符合敏捷理念或价值观。例如，这样的政策往往驱动个人脱颖而出，而不是团队的成功。透过"它们"象限的透镜（look from）并从人力资源的视角进行观察，将现有奖励制度转变为更加面向团队合作的制度，需要整个组织做出重大的变革。如果在启动敏捷转型的时候没有给人力资源部门一席之地，在稍后的变革中这可能会变成一个艰巨而漫长的过程。尽早引入人力资源，并尝试从他们的视角看待世界，可能会获得高额回报。

- **组织文化与关系**：观察"我们"象限，我们能看到一种与敏捷不一致的文化和一种代表性观念，即认为人力资源人员应当负责执行文化变革计划。显然，所有这些工作都应当整合在一起。站在人力资源团队的角度，透过"我们"象限的透镜进行观察，便会发现，人力资源人员可能并没有看到文化转变与敏捷之间的联系，这就会导

致一种竖井心态——"我们与他们"的思维模式，而不是能够推动
文化变革的、共同的"我们"的心智模式。

在象限内进行发展

纵观人类历史，我们的适应性一直处于外部环境与内部能力之间：随着
外部环境变得越来越复杂，内部适应能力也不得不相应发展以适应外部
复杂性。同理，组织也需要发展壮大以适应当下这个世界的复杂性。当
前，我们正生活在一个复杂性急剧加速的时代。世界各地的人们都在呼
吁真正的领导力，一种能够在利益干系人观点千差万别的情境下解决世
界问题的领导力。此外，我们还需要新实践、新结构和新文化以适应我
们现在所处的复杂阶段。我们面临着前所未有的、强烈的进化需要。

在这种情形下，敏捷应运而生。它可以满足世界范围内软件开发领域的
复杂性需要，以一种进化的适应性方式增强团队协作解决问题的能力，
并将符合目标、满足客户需求的产品投放市场。

在"它"象限，敏捷有许多常见的表现形式：一系列能产生更好业务结
果的相关实践。可问题在于，那些实践是依据层次上高于先前方式的思
维高度而设计的——它们需要其他象限的复杂性也有相应的提升。比方
说，为从多元－绿色转化到进化－青色而设计的敏捷实践（"它"象限），
同样也需要同等复杂程度的领导力（"我"象限，成果创造／内观自变
的思维）与文化（多元－绿色的文化，"我们"象限中以人为本的关系）
与之呼应。敏捷会进一步发展以解决大型、复杂的组织问题并满足人们
通过创新来应对纷繁世界的需要，这就要求敏捷不能只是应用在团队或
交付部门，还应该应用到整个组织。

敏捷以一种适应性方式来应对不断增加的世界复杂性。因此，它能帮助
我们在各个象限内建立进化模型，从而获得一个完整的组织转型图（甚

至比本书第 I 部分所呈现的图片更能细致地描述组织转型）。回想一下，在我们的整合地图里有一个水平要素——象限，它为我们指出不同领域的关注焦点、不同的方法和逻辑。还有一个垂直要素代表事物的复杂层级，无论是实践、文化和领导力，还是组织结构与系统。

我们将继续关注四个主要的组织高度（即琥珀色、橙色、绿色和青色），这四个高度对四个象限都通用。此外，这些颜色是半任意的（semi-arbitrary），在整合模型中，它们被设计成彩虹的颜色以便于记忆。回想一下，每一个后续层次的存在，都是因为先前的组织方式无法成功应对组织（或个人——就个人而言）挑战和一般生存条件。达到新的层次，就意味着它能以稳定的方式成功应对这些新的挑战。

组织中的每一个后续层次都超越并包含前一个层次。在健康的发展路径中，这意味着我们要选取每个层次里适应的部分以供下一层次继续沿用。例如，在多元－绿色的高度，我们仍然有能力在适当的情景中运用成就－橙色的谈判技巧。相反，在不健康的发展中，我们反而经常否定来自前一个层次的一切事物，并认为它是错误或幼稚的。比起前一个高度，每个高度都拥有更多应对复杂性的能力，如果是在一个切实需要更高能力的环境里，这通常是件好事（例如，对于处在发展中国家的组织来说，人们需要管理简单的制造环境，那么传统琥珀色的高度可能确实最为有效）。当人们和组织意识到需要一种全新的方式应对世界复杂性，并且一旦我们能够尊重当前生存方式所准许的那些事物，同时也能认识到它所关闭的那些可能性，我们才可能得到进一步的发展。培养一种新的生活方式，需要我们珍视当前生活方式中有益的方面，摈弃那些不再有效的部分，从而培养出新的能力。

为阐述 IATF 中的高度问题，图 8.3 展示了四种可应用于四象限的高度的色彩。请注意，每个象限都会发生进化，并且它们在某种程度上是相互独立的。

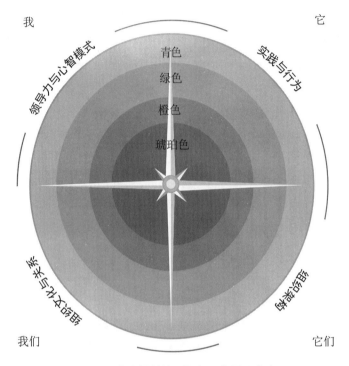

图 8.3   整合敏捷转型框架：象限和高度

此处使用的高度在很大程度上受到了螺旋动力学的影响。然而，螺旋动力学中的层次仅仅代表众多发展路线中一条或两条，特别是在"我"象限和"我们"象限，它涉及的是个体或文化的思维与价值观，代表人类不同的存在方式。通用的高度色彩试图对每个高度的本质进行抽象，以体现适用于所有象限的方法；在第 9 章，我们对每个象限内具体的进化方式给出了解释。在这里，我们简要概述高度。这些概述大多基于莱卢对青色组织的研究，并被格列夫斯、贝克和科万的研究所证实。

- **传统 - 琥珀色**：传统的、以过程为中心的正确做事方式；寻求秩序、控制和可预测性；结构化的、固定的层次结构；人们有正式职称。高层规划，底层执行。传统 - 琥珀色非常适合简单的工作环境和需要命令的地方（如军事）。面向确定性。

- **成就－橙色**：科学的方法；效能和效率；如机器一般的组织；如工程一样的管理。核心理念是创新、责任制和精英管理。理智而克制的情感。使用目标进行控制。预算、关键绩效指标（KPI）、平衡记分卡、绩效评定、奖金和股票期权。个人自由。结果导向。

- **多元－绿色**：自下而上的流程、共识驱动的决策制定、面向多样性以及仆人式领导力。企业的社会责任；组织的比喻是家庭。愿景陈述、价值观驱动的文化、员工赋能、360 度反馈、导师式领导者。以人为本。

- **进化－青色**：自我组织；自我实现、存在、目的驱动、面向整体系统；评价手段是内部满意度；具有更强的采取其他视角的能力；最少的规则，最大的授权。组织的比喻是一个生命系统。没有（或宽松的）职称；同级评估；最小的组织结构或共识需要。面向目标。

在第 9 章，我们将在整合修炼和发展路线部分对高度进行更详细的描述。

8.4　如何从不同合弄制来看象限

由于我们关注的是敏捷转型中的企业级敏捷，因此在很大程度上专注于组织合弄的级别。企业级工作能够涵盖人员、流程并聚合来自各个级别的观点，但专门从团队合弄（无论是交付团队还是领导团队）、项目合弄或者部门合弄的角度看问题也大有裨益。依照我们的目标，特别关注不同合弄级别上的一些事物（就像我们关注不同象限一样），可能有利于我们进行扩展。比方说，如果我们正在着手进行某个项目或者正在与某个部门合作，以他们的眼光从所有四个象限的不同视角看世界就很有用。项目和部门都是合弄，所以它们既是部分也是整体。总体而言，我们可以从四个视角分别对它们进行研究。

例如，当敏捷团队在每日站会上提出障碍时，我们首先会考虑是否可以从团队合弄的角度出发解决该问题——从"我"象限、"我们"象限、"它"象限以及"它们"象限进行观察。如果不能，我们再从项目的合弄级别进行审视：我们看到了什么？该合弄级别能解决哪些潜在的问题，四个象限的视角如何能发挥作用？很多时候，我们将问题视为组织障碍，这会引入更高级别领导层的介入。作为替代方案，我们还可以考虑采用不同形式的系统思维，观察不同象限、不同高度以及不同级别的合弄。除了审视每一合弄上的敏捷层次，我们还要关注它们之间如何交互，如何相互对齐并如何支持整体的组织目标。

在本节，我们带你在组织、项目（或者部门）以及团队三个合弄级别来游览各个象限。我们将逐个进行观察——从组织级合弄到项目级合弄，再到团队级合弄。

8.4.1　领导力与心智模式

在本节，我们将在"我"象限中依次浏览组织、项目与团队级别的合弄。

8.4.1.1　组织级合弄

对于组织级合弄（organizational-level holon），当我们从组织的角度出发进行观察时，"领导力与心智模式"这一象限包含组织上下领导者的发展水平，从小组组长到一线经理，再到执行主管、公司高管（CXO），甚至到董事会。领导者的发展水平是组织发展的天花板，组织的适应性和复杂性能进化到什么程度，明确地取决于领导者发展水平所设定的约束。正如莱卢在他的书中所言："一般的规律是，组织的意识层次无法超越其领导者的意识水平。"（Laloux 2014）

此外，如果我们尝试发展真正的组织敏捷，可能需要进入青色高度的地带。2014 年，莱卢在他的书中引用他对青色组织的广泛研究结果并指出："首席执行官必须要通过进化－青色的透镜来观察世界，以实现青色实践的蓬勃发展。"然而，领导者的意识究竟会带来哪些约束呢？如何结构化我们的组织（层级结构还是自组织结构，基于职能还是基于价值流）；如何开发产品和服务（侧重于流程、客户还是品牌和目标）；组织的氛围／文化属性（以结果为中心还是以目标为中心）是什么？显然，"领导力与心智模式"这一维度中的发展对于我们实现目标来说至关重要。

8.4.1.2 项目级合弄

如果从项目级合弄（program-level holon）进行观察，"我"象限上的焦点会变得窄一些。从本质上讲，我们可以将"我"象限视为项目成员的领导力与心智模式。在项目级别需要注意的是：人们如何看待自己与总体项目愿景和目标之间的约定和关联。项目是否具有类似产品那样的使命？项目成员是否肩负并认同该使命？该项目应该具备一个强烈的身份认同感，一个能令人信服、让团队团结在一起的差异化愿景（就像本章稍后介绍的达芬奇项目）。如果项目成员没有感觉到自己与整体项目目标和文化之间有强烈的关联，没有一个身份认同感将他们与项目或部门联结起来，那么项目级的合弄将变得无足轻重，人们会在团队级别寻找联结。

尽管最高领导人的意识水平限制了组织能够到达的高度，但在团队或项目级别，组织也许能够暂时以高于组织领导者层次的水平运作。莱卢的经验（以及我们的经验）使我们相信，一旦有更多高级领导者了解实际情况，并认识到新的思维方式会对当前的组织系统构成威胁后，团队就无法长期以这种方式运作下去。莱卢在他的书中指出："最终，金字塔将如愿以偿并重新声明自己的控制权。"（Laloux 2014）这就是自下而上的敏捷转型方法所带来的结果：人们可能会取得一些有限的成功，但终究会受到公司反对力量的破坏。

8.4.1.3 团队级合弄

"我"象限可以看作是团队级合弄（team-level holon），即成员的价值观、心智模式和敬业度。愿意与其他团队成员进行高度互动的成员实际上更可能凝聚成一个团队。进一步讲，要形成一个强大的敏捷团队，人们需要拥抱敏捷实践的价值观和心智模式并且为软件工艺感到自豪。我们还可以研究一下个体的领导力特质：团队成员在多大程度上能对工作负责并相互监督？他们能理解并尊重利益相关者和其他团队成员的观点吗？当承受压力时，他们在多大程度上能克服焦虑——采取成果创造的姿态，而不是问题反应的姿态呢？他们彼此的价值观是否一致，是否符合敏捷价值观？团队成员在多大程度上相信其团队使命与整个组织的使命有关，而且对整个组织相当重要？

还有一种观察这一级合弄的方法是，留意团队层面领导力的心智模式，并确定敏捷转型工作是否只专注于团队本身的交付和结果，并没有将其视为整个组织更广泛工作中的一部分。

8.4.2 实践与行为

在本节，我们将在"它"象限中浏览三个级别的合弄。

8.4.2.1 组织级合弄

组织级的"实践与行为"象限，涉及整个组织如何开发并度量其产品和服务、如何利用技术并采用现代技术工程实践、人们所展现出来的工匠行为处在哪个层次、人们培养并实践了哪些类型的人际交往与沟通技巧。

要想达到组织敏捷，组织需要进行协同运作，而不是被划分成一系列的竖井。这就需要我们进行跨边界实践与行为，它们能使整个组织中的领导者、项目、团队以及个人协同工作，共同创造未来。当我们采用这一透镜时，我们会研究组织的整体行为，并探索阻碍组织实现其所期望结果的原因。

8.4.2.2　项目级合弄

项目级的"它"象限涉及项目实践与行为。该视角考虑的是：该项目如何开发并度量其产品、如何采用技术工程实践（软件工匠行为）、项目成员和领导者在交流与互动以及他们之间的相互关系中展现了哪些技能和能力。如果在项目级别采用不同的实践，那么你的观察结果可能与在组织级别上观察到的结果迥然不同。

当我们使用"项目"这个合弄透镜时，并不是在观察整个组织，而是将焦点只对准项目以及它与周围或嵌入环境（组织）之间的关系。从这个角度看，我们的项目如何能为组织的整体结果做出贡献呢？

8.4.2.3　团队级合弄

团队级的"它"象限涉及敏捷实践与行为。对于团队来说，这意味着团队如何参与敏捷实践、团队的"检视－适应"反馈环是怎样的、团队如何运用技术工程实践以及他们彼此之间如何进行交流和互动（并且程度如何）。在很大程度上，这属于多数人都在进行的敏捷健康度检查的范畴。另一个方面是团队如何管理团队之间的依赖和影响，包括如何管理边界外的关系。同样，在该合弄级别上的观察结果可能与项目级别或组织级别的观察结果完全不同。实际上，我们合作过的许多团队，他们采用多元－绿色实践的能力远远高于其整个组织的能力。

请再次留意合弄级别之间的行为与工作方式。如果你的敏捷转型仅仅是与团队一起进行敏捷实践，且合弄内部或者合弄之间的工作方式并没有跟着发生转变，那么敏捷将难以实现。

8.4.3　组织架构

在本节，我们将在"它们"象限中浏览三个级别的合弄。

8.4.3.1　组织级合弄

组织架构与环境这个象限涉及整个组织结构、团队人员配置理念、绩效管理指标、财务会计系统与流程、治理、公司政策以及诸如政府法规、产业集群和竞争压力这样的外部现状，还包括它们对整个组织机构的影响。如果使用各种指标从数字角度观察组织，我们还可以审视其工作流是否受约束、是否高效或增加客户价值以及组织中的整体价值流。我们也可以看一下高层组织领导人与组织目标和策略、指标、员工奖励和激励措施、政策和治理之间的一致性。在这些方面，高层领导人与组织架构的不一致程度不可避免地会影响到中层管理团队和项目，接着就像滚雪球一样影响着底层团队。

8.4.3.2　项目级合弄

项目级合弄的重点是关注工作如何流入和流出项目。我们可以将这个视角视作流约束与流动力（flow constraints and enablers），因为它关心的是整体环境以及支持或禁止工作流进、流出项目的方式。这包括项目所在的组织——例如，组织结构如何影响该项目，团队人员的配置方式、绩效指标、财务、项目治理以及公司政策如何影响该项目。

如果项目的目标与组织其总体目标不一致，那么该项目就会极其顽固地镇守其孤岛——它自己的领土。这种不一致性通常在项目级别上表现得十分明显，其中中层管理人员是转型工作中的"中间冻结层"。

一般来说，我们关注的重点是这些因素如何影响项目所能创造的价值流，它们可能是约束（官僚统治），也可能是动力（支持协作工作环境的组织政策）。项目也许会对外部环境有不同程度的影响。无论如何，了解这些局限性与机遇对我们来说都是有益的，都能促成项目取得成功。

8.4.3.3　团队级合弄

最后，"它们"象限与团队级别的流约束和流动力有关。团队的整体环境就是团队所属的组织，尤其是它所参与的项目或所在的部门。我们关注的问题可能包括团队的人员配置、团队经理报告给何人、度量团队绩效的指标（或者不同的团队成员是否有不同的衡量指标）以及团队与预算流程、治理和影响他们的公司政策之间的关系如何。同样，我们的关注重点在于这些因素如何影响团队创造的价值流，它们可能是约束，也可能是动力。

团队尤其会受到周围"它们"环境的影响，特别是来自项目级别的影响。当环境结构没有支持到他们按照预期方式进行敏捷实践时，就会阻碍敏捷团队的工作。下面列出一些例子。

- 团队成员都在远程办公且协作工具不完善。

- 团队无法建立诸如协作工作区之类的物理环境。

- 团队成员向不同的经理汇报工作，而这些经理有不同的目标并且度量方法各不相同。

- 一些个人主义的奖励政策会直接破坏团队合作的动机。

- 有关测试环境基础设施或发布管理的政策阻碍着团队的工作流程。

组织架构缺乏足够的灵活性，将极大地阻碍团队充分进行敏捷实践和行动。此外，这还会传递一种信息，即该组织的领导层并未投入敏捷转型，因此导致团队成员没有非常强烈的意愿加入变革的行列。

8.4.4 组织文化与关系

最后，让我们在"我们"象限内浏览三个级别的合弄。

8.4.4.1 组织级合弄

从根本上讲，组织文化与关系象限涵盖该组织文化的高度（琥珀色、橙色、绿色或青色），包括领导力、氛围、推动招聘/奖励/绩效的心智模式和哲学、对失败的看法、学习、责任制、解决冲突、决策制定、组织价值观、等级制度以及权威。

同样还包含组织内不同亚文化的存在程度。它们是彼此协调并支持整个组织使命，还是在阻碍组织前进的步伐？财务部门是保守经营（琥珀色）、技术交付团队对客户采取包容的方式（绿色）而高级领导团队则专注于几乎不惜一切代价实现目标（橙色）的吗？敏捷转型是单纯地由"它"（实践）象限驱动，还是说是一场真正的组织转型呢？

> **米歇尔的分享**
>
> 在进行敏捷咨询和辅导之前，我当过某电信组织下属部门的主管，这个部门是我们收购来的，负责为需求更加复杂的新增客户群体提供解决方案。就像大多数收购一样，合作伙伴有着迥然不同的工作

方式与文化。收购方主要表现为琥珀色，具有非常森严的层级制度；对故障的容忍度为零并且领导者进行的是微观管理/命令和控制。但它也带有一些橙色——例如，在销售和市场营销部门。被收购方则更偏向绿色，带有一点点橙色。它的特点是层级少、团队可以自由尝试、领导不加以干涉，并且以客户为中心。对我而言，为了成功留住刚刚获得的客户，我需要能够在更偏绿色的文化中开展工作，这意味着我必须在我们组织的整体文化中创建一种亚文化。我通过使用销售团队和直接领导部门的橙色语言来做到这一点。他们更加关心结果，只要我能取得成绩，就能以个人觉得合适的方式来自主运营我的部门。

8.4.4.2 项目级合弄

在项目层面，我们关注项目文化及其内部关系，但不需要关注周边组织，因为它们可能有所不同——因此，我们关注的是项目文化与关系。"我们"象限涉及通用产品的共同愿景，即把项目与项目的整体文化整合在一起。它包含项目的文化高度和项目成员共同持有的价值观。整个项目是有一致的归属感吗？还是说只是为了方便管理才将各个要素加入成本中心并以相同的名字称呼它们？这两种方式显然大不相同。

迈克尔的分享

许多年前，我为一个大型项目下某个职能部门担任变革管理顾问，该项目主要实施企业系统。新的系统推动了许多变革需求，包括新的工作描述、诸多的流程变更以及相关培训，也具有文化含义。我和其他人都感受到了与团队建立的强大联结，对整个达芬奇项目（名为 DaVinci）而言，我们甚至建立了更多联结。该项目涉及 250 人，因此我不可能认识他们每个人，但我们都有着强烈的身份认同感、使命感以及彼此之间的联结。我们觉得自己有责任和义务改变整个公司。我们喜欢成为该项目的一部分并渴望拥有共同的文化。实际上，我们的文化甚至可能超越了我们与大型组织的关系。该项目的个体性潜力如此之大以至于破坏了其属于公司级合弄的共融性。有时候，我们可能会怀疑自己是否有动力完成项目任务，以及组织是否想要实现它。

在敏捷转型的背景下，我们经常看到敏捷转型工作是分开进行的，而不是协同进行，也没有在敏捷实践和变革方法中保持一致。由于缺乏一种能将人们团结起来通往共同目标的通用语言，所以整个组织最后陷入混乱中。另外，你可能也经历过一些各个业务部门都在竞争的项目，大家争当第一；或者在一个组织下不同的转型项目里，大家相互竞争，看谁先"敏捷"起来。这些行为造就了一种"我们还是他们"的竞争文化，滋长了人们循规蹈矩的心态，而且也没有带来变革。

8.4.4.3 团队级合弄

这个级别的合弄下，"我们"象限涵盖团队文化与一致性。对于团队而言，"我们"象限与团队的文化质量有关（强文化还是弱文化、琥珀色高度还是橙色高度、绿色高度还是青色高度等），也与团队成员如何围绕共同愿景而对共同流程进行承诺以及共同承担共同目标有关。从根本上讲，它们是一个团队，还是说只是一个形如散沙的团伙？

在开始着手进行敏捷转型之前，解决团队成员的需要十分重要，我们要帮助他们了解新的角色以及即将为团队作出贡献的方式。其中包括哪些东西要发生变化，以及哪些东西要保持不变。如果做不到这些，团队成员就不会有强烈的"我们"归属感，因为我们在引入新的工作方式时并没有考虑到他们的认同。这可能会触发团队级别的敏捷阻力。在团队层面，我们要特别留意团队健康关系以塑造一种基于敏捷价值观与信念的团队文化。

8.5 小结

在本章，我们花了大量篇幅来研究象限，探讨象限在敏捷转型背景下所代表的含义，并在各个层次和各个合弄级别上浏览了一些发展的高度。从本质上讲，IATF 的作用类似于组织操作系统，使大家能够在其元框架内开展评估、设计并策划一项重大的变革计划。在下一章，我们会继续完善对该框架的阐述，深入研究渐进式变革以发展组织敏捷性，利用整合修炼将不同象限内的发展路线关联在一起。

8.6 知行合一

在这一章，我们特意将整合方法应用于敏捷转型。这个框架的主要用途之一，是帮助正在考虑转型的特定组织获取形势发展的全景图。在前面四个象限的讨论中，我们在每个象限的"知行合一"部分给出了很多话题和问题，它们可以作为定制评估的基础。而且，当你真正在好奇的地方进行探询、对自己的聆听方式进行觉察并立足于当下时，IATF 可以成为一个十分强大的工具，帮助你观察系统并做出回应；而且它还能从系统的角度出发，帮助你对自己的觉察进行处理。

本章我们建议采取的行动是，开始着手进行自己的整合组织评估（Integral Organizational Assessment），从各个象限角度和组织中任意相关合弄级别来审视组织面貌。无论当前处在敏捷转型的哪一阶段（例如开始阶段、中间阶段、重置阶段），这么做都是可行的；要做的仅仅是捕捉自己所看到的信息。

- 开始解答每一象限"从洞见到行动"中的问题，将答案作为评估的输入——目前我们还不包括高度和具体的发展路线。如果这些问题对你当前所处的具体情景没有帮助，那么请提出你所好奇的问题以及能让你对当前挑战产生共鸣的问题。对于每一个象限（并考虑合弄），请列出以下三列并写下相关问题。

第 1 列：（可观察到的 / 已知的）事实是什么？

第 2 列：你所做出的假设是什么？

第 3 列：你想进行哪些研究来验证自己的假设并确认这些事实？

第 9 章

整合修炼：聚焦转型

由于 IATF 具有中立性与元框架的特点，因此对领导者和教练来说，总觉得有太多选项可以选择。一方面，该框架的这种可扩展性具有显著的优势；另一方面，这可能也有不足。接下来让我们更详细地对该问题进行研究，更加全面地了解 IATF 的构建方式。为此，我们需要回顾发展路线（第 4 章介绍过）和整合修炼（我们最初在第 II 部分的章节中简要介绍过）的概念。

9.1 整合修炼与发展路线

在前面第 4 章，我们探讨过发展路线，并且在第 II 部分（反应性 - 创造性 - 整合性）的领导力发展中也有所涉及。整合思维与我们的整合修炼有关。在每个象限中，进化从不太复杂的意识结构（左手象限）或有形结构（右手象限）发展到较为复杂的结构——从琥珀色到橙色，到绿色，再到青色。这种象限内的进化不只是普遍存在，还会特别沿着一条或多条发展路线进行进化。

早在 1983 年，霍华德·加德纳就阐述过多元智能的概念——即人们不能只依据智商（涉及认知能力）来进行充分评价，还应该依据一系列其他类型的智能（例如：运动、空间、人际关系、精神、道德、认知、情感、音乐、逻辑数学）。同样，发展路线也反映了这样一个事实——即我们每个人对生命的不同领域都有着不同程度的驾驭水平；组织也如此。通常在整合思维中，尤其是在 IATF 中，我们运用这一概念并将其扩展至所有四个象限。也就是说，我们在这几个象限区域内识别出一些特定的维度，能揭示正在增长或发展的事物。在不同的象限内，甚至在同一象限内，不同发展路线的层次也不可能完全匹配。这就好比说有一个人，他的数学智能可能极高，但语言智能却不那么发达，尽管这两者都属于"我"象限中的发展路线。

在组织转型的背景下，为了得到理想的结果，我们可能会确定某一个象限需要发展到更高的层次，或者给定象限内的某一条发展路线需要达到更高的层次。目前，我们至少已经在 IATF 的四个象限中定义了八条发展路线（本章稍后将详细进行介绍），而且这些发展路线也是可扩展的：你可能会在组织环境中发现甚至定义更多的发展路线。因此，这样做将有助于我们把注意力集中在某些特定的行动上，而不是试图同等水平地发展所有路线。这便是整合修炼的由来。

整合修炼可以帮助从业者集中利用一组发展方向（在每个象限中各选取一个发展方向，再加上一个有关组织变革的总体发展方向）来运用该框架，从而为我们迈向组织敏捷的行动和意图提供特定方向与发展重点。每一项整合修炼都与一定数量的发展路线有关系。但是，与某一条发展路线相比，整合修炼也有自己的特点，如下所示。

● 它的焦点更广，因为一个象限只有一项修炼。

- 它不一定可由某种工具进行度量，例如集中调查问卷。

- 它可以基于组织环境进行自定义，选择某几条发展路线作为敏捷目标的关注重点。

- 在本质上，它以行动为导向，实施一系列实践、策略和目标以便在组织敏捷领域取得进展。

整合修炼的目的是为组织工作提供发展重点。正如我们在本书第 II 部分所概述的那样，它们还提供了一种结构，能使成果创造型领导者将个人领导力效能延伸至整合领域。就像锻炼新的肌肉一样，必须定期实践，并为最想加强的力量制订战略计划。我们介绍的整合修炼就是这样一种锻炼肌肉的方法。

随着时间的流逝，这些肌肉变得越来越健壮，直到你注意到它们已然以全新的形态发展起来。简而言之，使用整合修炼可以帮助大家发展思维模式，并以全新的方式应对挑战与生活。

通过利用这几项修炼，我们可以把 IATF 当作组织的操作系统来实现组织敏捷的目标。我们专注于四项基础修炼（四个象限中各含一项）和另一项总体修炼（"有意识变革"）。我们可以有多种方式使用 IATF，而整合修炼是一个特定、经济的方法，能确定各种使用方式的优先级和重点。

9.2 IATF 的五项整合修炼

整合修炼由几项关键修炼组成（即几组整合实践、观点以及目标的组合），这几项修炼共同引导组织朝着整体组织敏捷的方向发展。根据我们的转型经验和我们对整合与组织变革文献的深入解读，并且从各个象限视角出发，依据能帮助组织实现敏捷目标的最高杠杆（涉及一条或者多条发展路线）的优先级，我们定义出这五项修炼。在"敏捷转型"的工作当中，我们暴露出很多差距，即组织当前运作的着力点与发挥敏捷力量所提倡的着力点之间不相匹配。要想取得进展，我们就必须弥补这些差距。整合修炼能帮助我们聚焦工作，并为我们提供了一条实现目标的准绳。

虽然五项修炼中的每一项都特定于某一象限，但其中一项与其他几项之间很可能既相互依存，又相互影响。因此，在某一项修炼上开展工作也需要并行在其他象限做出行动，并且会对其他几项修炼也产生有益的影响。例如，如果我正努力朝着理想的文化（"我们"象限中的修炼）方向发展，那么我可能还需要提高每个人的意识。同样，采用共创的实践方法进行创新可能会需要发展或变更组织系统。然而，不断进化的系统复杂性（仅举例）属于"我们"象限视角，具有相对应的发展路线，因此可以分开考虑。

在此，我们简要总结五项整合修炼。

- **有意识变革**：一种通往持续变革的有意识的、整合的方法。

- **不断进化的意识**：发展领导力的内在游戏。

- **不断进化的产品创新**：让系统内更多声音参与产品创建，以此来开发更好的产品。

- **不断进化的系统复杂性**：使集体信念和心智模型更加成熟以形成文化和人际关系。

- **不断进化的适应性架构**：创建结构和系统以便能更好地适应不断变化的环境。

在图 9.1 中，我们对这几项修炼进行了描绘。在接下来的各个小节中，我们将更详细地定义每一项修炼及其相关的发展路线。

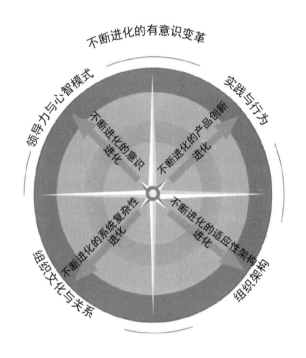

图 9.1　IATF 的五项整合修炼

9.3　映射到发展路线上的整合修炼

现在，我们将围绕特定的象限（"有意识变革"除外，因为它跨越所有四个象限）深入探讨每一项整合修炼；在通往组织敏捷的道路上，整合修炼为你在每个象限中建立了发展重点。根据经验，我们在各个象限中定义了 1 至 3 条代表性的发展路线；我们发现，这些发展路线与实现组织敏捷密切相关。每个象限内所定义的发展路线可以帮助我们了解该象限视角的进化，并了解在相关象限视角内你可能关注的增长点。正如我们所说，可以在给定的象限中识别出许多潜在的发展路线，其中每条发展路线都从不太复杂的层次朝着更加复杂的层次发展。IATF 是一个高度可扩展的系统，因此随着时间的流逝，来自社群的反馈可能有助于我们在各个象限内定义并识别出更多的发展路线。当然，从业人员始终可以根据自己的具体环境对该系统进行自由扩展。

9.3.1 不断进化的有意识变革：形成自己独有的方法

> 敏捷性意味着擅长于变革并使它成为个人的一项竞争优势。

敏捷性的本质是快速响应、适应变化与适应新事物的能力。为此，组织必须要善于以健康的方式进行变革，这就需要关注人的改变。这样来看，我们将总体的整合修炼定义为"不断进化的有意识变革"是有意义的。我们在组织发展（organizational development，OD）方面进行了许多教育与研究，也积累了大量经验，并且认识到我们需要在敏捷行业里将这种思想和方法纳入组织变革的工作中，于是我们引入了"有意识变革"。

自 20 世纪 60 年代以来，组织发展领域一直在不断演进。库尔特·勒温[1]通过为组织发展实践提供理论支撑奠定了组织发展的基础。勒温的不朽遗产证明，他将科学与实践创新性地结合了起来。组织发展实践建立在这样的哲学基础之上，即强调协作是个体和组织的成长途径。当时，人们在组织发展工作中采用的干预方法有团队建设、工作生活质量、调查和反馈、行动研究以及社会技术系统等。

2013 年，理查德·贝克哈德[2]将他的研究成果发表在《组织发展》一书中，并给出了关于组织发展的经典定义。贝克哈德将组织定义为"一项

---

[1] 译者注：又译为库尔特·卢因（1898—1947），美籍德裔社会心理学家，经验学派代表，传播学四大奠基人。主要著作有《拓扑心理学原理》和《群体生活渠道》等。他提出群体动力学和把关人理论以及场域理论、体验式学习等。

[2] 译者注：20 世纪 50 年代发明 OD 的先驱顾问。他的创新成果有群体间对抗会议、责任制图、变革公式等。代表作有《组织发展：战略和模型》。

有计划的组织范围内的工作，它是自上而下的管理，通过运用行为科学知识在组织流程中实行有计划的干预，以提高组织的有效性和健康度。"

尽管这种定义和工作方式可能对 20 世纪 60 年代的组织有帮助，但我们知道，对于当今这个复杂的世界这一套行不通。因此，我们运用整合视角，将更新后的组织发展概念和方法纳入转型工作中，以提高组织的敏捷性。

组织发展的整合视角

今天，大多数领导人都能认识到敏捷的重要性，或者换句话说，认识到组织革新和能力发展的重要性。这正是敏捷性不是一个达到之后就进入永远完成状态的真正原因。组织需要不断地革新和发展；只要组织存在，必然就会经历变革。因此，对于敏捷人士而言，在瞬息万变、充满不确定性的世界中，深刻理解组织发展所涉及的关键动力非常重要。从整合的视角出发，我们对变革持有不同的看法：组织发展是动态的，采用线性的"剧本方法"使组织从当前状态转换到所需要的状态是行不通的。这种方法循环产生作用，对组织涌现出来的复杂适应性行为和系统作出响应。

总而言之，不断进化的有意识变革是一项基于组织发展的整合修炼，可以帮助我们认识到敏捷并不是用来改进部分组织系统的；相反，敏捷是一种集成的整体方法，可以解决心智模式、文化、行为、技能、系统、结构、策略以及战术上的问题。我们在适当的高度制定干预措施，并将行为科学应用到有意识的组织发展计划中。这种有意识的整合变革方法以系统觉察、系统思维、自我组织、社交互动和战术干预为基础，充分考虑到组织各个部分之间的相互关联和相互影响。

不断进化的有意识变革：这要求领导者采取主动的、有意识的、自律的以及可持续的方法进行组织变革，同时把系统当作客户并在各个合弄级别上开展工作。有许多组织采用的是非协作或非战略性的方法，同时执行多项转型计划或者某一项大型变革计划。任何组织的变革能力都是转型成功的重要因素。在信息技术的推动下，在缺少关键组织部门（例如业务客户、人力资源、变革管理部门以及其他部门）共同合作和创造的情况下，敏捷变革很大程度上是以一种"孤岛"的方式推进。采取这种整体的、领导者驱动的变革方法，可以推动我们以多元的方式进行发展。这项有意识变革的修炼能让我们远离自动驾驶模式，从规范性变革过程转向使用有意识地思考和计划的过程，该过程采用有意识、结构化和纪律化的方式进行，将来自所有四个象限和各个相关高度的因素结合在一起。

我们在组织工作中遇到的诸多变革障碍，都是因人们未能对变革中的人性因素采取有意识的措施而造成的。例如，有许多组织把变革强加于人，不考虑他们的意见，没有明确定义新的角色，也没有考虑人们的变革能力（鉴于当前其他变革计划也在同步进行）。其结果就是塑造出这样一种文化：让员工觉得变革是"针对他们"进行的。相比之下，当组织"真正善于驾驭变革过程"时，文化就会转为变革共创，变革"通过他们"来实现，而不是"针对他们"进行的。

这就是首要的整合修炼，它使变革进化为有意识的变革，而不是自动驾驶。它从整体组织发展的视角出发，既解决了变革中的人性问题，又解决了组织问题，并承认组织的复杂性，也允许出现这样的复杂性。

米歇尔的分享

我最近与一家大型医疗保健机构中某部门的领导一起工作。该公司在经历几次关键产品上市失败后终于有了觉醒。他们意识到快速、安全、有效应对关键问题的能力对其业务来说至关重要。他们需要有能力将人员转移到公司需要的地方，并帮助人们在其他产品领域发展才能。他们还需要在跨多个产品的业务流程中增加更多跨职能的工作并减少冗余。

在意识到需要改变工作方式之后，他们做出了重大的变革，但是，这并不是他们心目中的敏捷转型，因为他们没有足够的敏捷能力知道要这样做，他们只是知道自己需要做出一些重大的改变。对他们而言，变革的最大障碍就是缺乏有意识的变革方法来应对他们必须要经历的转型变革。他们不了解同时也不知道，变革中要解决人性方面的因素，而且要通过有意识的、有意图的方式进行。他们处于自动驾驶的状态，采用一种正式的公司运作方式进行变革，从而产生了一个仍旧无法支撑跨职能工作的新结构：不符合共同目标、角色不明确、工作量不均衡、员工士气低落、高离职率以及低敬业度。

我告诉客户，敏捷的关键是真正善于应对变化。组织需要学会有效进行变革，因为这才是敏捷之道。

迈克尔的分享

我在一家大型电信公司首次参与敏捷转型的时候，并没有采用有意识的变革方法，我们的转型虽然积累了一定的可用经验，但同时也产生了一些令人遗憾的影响。在一个由成千上万的人和数百个开发项目组成的组织中，几乎一夜之间，所有团队都收到了来自 CIO 的强制要求，让他们从一年多的发布周期变成 90 天发布。有一些员工充满激情，但组织并没有为此成立变革团队，没有制定真正的变革策略，也没有尝试理解这项举措对成千上万名受到影响的员工意味着什么。仅仅是 CIO 的意志推动了这一变化。他努力号召高级领导者参与变革，但各个副总裁却无法成功地以有意义的方式影响自己的下属部门。最后导致的结果是，人们普遍无法实现转型（部分原因是软件架构问题），还引发了强烈的抵制情绪，主要表现为非公开会议上的窃窃私语，并且还有许多中层管理人员消极抵抗地遵守法规。团队非常混乱（他们并不知道如何使用敏捷实践）；同样，管理人员也不了解如何管理自组织团队。领导变革的重任基本上委派给下级经理，他们知道敏捷，但对组织变革却不了解。最终的结果是：在一个相当混乱的环境中，采用敏捷的团队虽然也取得过一些成功，但更多的团队仍在困境中挣扎。CIO 离开后，组织的其他成员也就放弃了敏捷。

9.3.2 不断进化的意识：发展领导力与心智模式

组织中领导者的心智模式及其在复杂适应性系统中进行复杂工作的能力不足，是导致诸多敏捷转型失败的根本问题之一。要实现组织敏捷，要求领导力水平必须达到前所未有的高度，领导力需要与内在意义构建系统协同工作。仅仅专注于领导力的横向发展（例如战略、业务运营、专业领域知识和技术技能方面的培训）是不够的。相反，领导者必须有意识地将注意力集中在内在能力的发展上，以满足外部需求并适应环境的复杂性。因此，我们将"我"象限中的整合修炼定义如下。

不断进化的意识：我们不仅要培训领导者和员工应对外在游戏，更要提供足以优化人们工作方式的技能和能力。也就是说，发展内在游戏有助于领导者意识到他们根深蒂固的假设、信念以及价值观，并提出质疑，自己是如何变成现在这样的。作为成年人，自己如何改变思维方式并进行意义构建。这些思维与行为方式指导着领导者的日常行动，但也可能制约着他们，使他们困于现状。例如，一个傲慢的、挑剔的内心状态更有可能引发他人的抵抗或防御。它根本不会改变任何情况，实际上，这样做甚至可能使事情变得更糟糕。为了从维持现状转变为主动变革，我们必须在组织中发展个体意识。也就是说，我们必须改变他们构建意义的方式。我们可以通过运用纵向领导力发展的方法（例如360度评测、同伴反馈以及领导力团队），以有意识的、战略性的以及自律的方式来解决这一问题，从而提高整个组织中个体意识层次的平均水平。

正如我们在第Ⅱ部分所看到的，大多数领导者已经安装就绪的内部操作系统（问题反应性）并不是为了领导变革设计的，而是为了维持现状。如果我们想要成功实现转型，关键是要提高人们的平均意识水平。因此，在"我"象限中，我们只关注一条发展路线，即意识层次（图9.2）。这主要基于罗伯特·凯根的研究成果。

整合敏捷转型框架

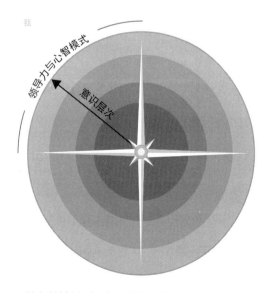

图9.2　整合敏捷转型框架：领导力与心智模式象限中的发展

9.3.2.1 发展路线：意识层次

"意识层次"发展路线虽然并不完全与整合高度中的颜色相吻合，但它们存在一个很强的方向相关性。让我们回顾一下三个连续的层次，它们分别对应于成人发展的三个主要层次（我们在第 Ⅱ 部分中详细介绍过）。

- **规范主导心智**：具有规范主导心智的人认为，人与人之间的关系（并得到他人认可）非常重要。在这个层次下，一个人容易被其他人的思想所引导，甚至所控制，并且按照被期望的方式与同龄人、团队、事业、组织、家庭以及他人相处。规范主导心智给人们带来的最大恐惧就是担心失去同伴的支持。规范主导心智可以在琥珀色高度、橙色高度的某些阶段，甚至在绿色高度上被发现。几乎有 60% 的成年人都处在这种或以下的思维方式下。这是一种维持现状（问题反应）而不是推动变革的内部操作系统。因此，如果我们想要促进变革，就需要帮助领导者超越这种思维方式。

- **自主导向心智**：具有自主导向心智的人能够考虑他人的意见和期望，然后根据内部控制的着力点来决定自己做什么。他们拥有自己的内部指南针，并且还是能够进行自我指导、独立的思想家。在这个层次下，我可以根据实际情况与要实现的目标来选择领导方式或应对方式，而不是根据人们对我的喜好或者我能否保持控制权来选择。处于这种心智层次的人服从于个人哲学或自己的意识形态：人们不能将它们视为对象，而是通过它们看问题（就像谚语里说的水中的鱼一样）。运行在这一层次的领导者可以推动变革，因此这是保证组织转型成功的最低层次。自主导向与比较成熟的"橙色到绿色"的层次相对应。

- **内观自变心智**：具有内观自变心智的人能够从自主导向心智退后一步，质疑自己和他人的意识形态：思考它们，批判它们，质疑它们。当我们发展到这一层次后，就会提出诸如以下有挑战的问题：
"我遗漏了哪些东西？我有哪些设想可能是不正确的？"这就是催
化师型领导者（catalyst leaders）所展示出来的心智模式（Joiner &
Josephs, 2007），他们不仅重视获得成果，而且还注重创造环境——
文化，该环境能生成结果并与人们共同的愿景保持一致。只有极少
部分（大约 5%）的人能在这一内观自变的层次下稳定运行，他们处
于青色地带。处在这个层次下的领导者是领导敏捷转型的理想人选。

9.3.2.2 暗含的意思

到现在，我们要表达的意思应该已经很清楚了。简而言之，如果你的目
标是组织的敏捷性，那么规范主导心智是无法实现这个目标的。我们在
转型工作中一次又一次地见证了它们之间的不匹配。正如我们在第 II 部
分提到的，要想在组织转型变革的大海中航行，就需要升级内部操作系
统或心智层次。转型变革只能由具备自主导向心智和内观自变心智能力
的人来领导。举例来说，我的脑海里可能有一个清晰的转型战略愿景（自
主导向），但我并没有止步于此并告诉他人，要他们实现我的愿景。相
反，我会采取内观自变的心智模式，与他人分享这一愿景，然后询问他
人如何看待这一愿景。倡导和询问的过程成就了一个新的、共享的、统
一的愿景——这很有可能与原始愿景有所不同。有了这种自主导向的心
智模式，我就能后退一步客观看待自己的愿景，充分意识到自己的想法
是有限的或是不完整的，而实际上，正是因为共创，才产生了令人信服
的组织转型愿景。对于我们这些转型领导者和转型中领导者赖以运作的
整体领导文化而言，这是正确的。

更进一层的含义是采取整合视角，即从所有四个象限的视角出发看待事
物。规范主导下的心智无法（甚至不知道是否需要）考虑多种观点。我
们在转型中看到的所有挑战，都能通过采用整合方法得到更加全面的解

决，因为仅仅在一个象限解决问题并不能使该问题完全从根本上得以解决。从所有四个象限观察问题是一种系统思考能力，这种能力能触达潜藏的动力与心智模式——心智模式的转变实际上就是转型。

我们必须通过觉察自己的领导效能和影响力来开启这一旅程，然后发展自我进而提高效能。如果我们的思维层次不能了解"他人"因何而来，也不能理解他人观点，那么我们将无法为他人提供帮助。从本质上讲，如果我们不先从自己的工作做起并提高自己的思维能力，我们很可能就会束缚他人成长并阻碍必要的变革发生。当我们与他人一起成长时，可以凭借我们的经验和培训来激发他人，甚至指导他人。

9.3.2.3 知行合一：不断进化的意识

现在就开始行动！我们注意到不断进化的意识——该项整合修炼的专注点是评估和提高组织中普遍存在的心智层次，包括正在转变的高级组织领导层和为引领转型而成立的变革团队。还记得我们在第 II 部分中的讨论吗？转型领导者的角色需要提升到一个明显的发展层次上。对转型领导者这一角色（包括企业敏捷教练）最有效的描述是青色高度，在青色高度下其他所有高度也能得到重视与尊重。这种内观自变的人能够以有意识觉察的方式，在所有四个象限的各个层次上开展工作。这样的领导者不会强迫准备不充分的事情马上发生；他们能够在任何人和组织的价值框架内进行交谈。练习第 II 部分讲到的一些实践（获得领导力反馈、正念/冥想/祷告、阴影练习、日记、觉察练习以及针对情感、精神和道德等发展路线的特定练习），提升个人的领导力。当然，也可以使用这些方法来帮助他人获得发展。

● 如何提高组织中的集体意识层次？例如，成立领导力小组以便各位领导可以相互提供支持，进行同级指导并对成长负责吗？你会制定一个成熟的领导力发展计划，涉及多种方法（360度评估、详细反馈以及研讨会）使纵向发展成为组织的重点吗？

● 一般来讲，你认为自己当下处在哪一种意识层次上？在反应性－创造性－整合性的色谱中，你认为自己处在哪个位置？老板又处在哪个位置？你的转型发起人又处在哪个位置？

9.3.3　不断进化的产品创新：发展实践与行为

产品和服务开发是敏捷转型的基本重点。对该重点进行发展或完善是"它"象限中整合修炼的核心，我们对其定义如下。

不断进化的产品创新：当组织转向使用敏捷实践时，需要从以目标为中心的实践（例如瀑布式编程）过渡为以客户为中心的实践；这种转变或多或少地以自然的方式融入敏捷思维和实践中。如果还没有做到以客户为中心，那么就必须先做到这一点。然而，如果我们的目标不只限于做好敏捷，还希望组织达到敏捷，那么组织就必须超越以客户为中心，转向以组织为中心来创建产品，这就涉及"超越并包含"。在以组织为中心的方法里，系统中的各种声音都能显现出来。一个以品牌驱动的组织就是以组织为中心的例子。采用品牌驱动的方法，可以调动所有利益相关者，例如市场营销、产品开发、客户以及组织宗旨／原始品牌。当组织信任自己的品牌并通过扎实的精益方法、设计思维和敏捷实践共同参与创新过程时，就可能显著改善业务结果、客户满意度以及创新设计。如果我们想要有效地在组织系统的自然多样性上协同工作，那么运用这样的定位能使我们担当领导者的角色，促使我们开展跨组织边界工作，从而站在不同的群体视角看待事物。

例如，在新冠肺炎大流行期间，所有行业与各种规模的企业都不得不快速响应前所未有的挑战。我们成功应对这些挑战的唯一方法就是放弃对官僚主义、严格的法规、浪费的流程、内部政治以及分裂式心智模式的依恋，齐心协力，共同创造一个行之有效的解决方案。

尽管人们在实施敏捷的时候对这一象限投入大量的关注，但我们已然看到，即便是对于那些已经在"实践"敏捷的人，现有组织实践与真正的敏捷实践之间仍然存在着差距。从这个角度看，要想真正实现组织敏捷，我们需要在创新实践的背后发展思维模式与行为，将创新从以流程或目标为中心，发展到以客户为中心，再发展到以组织为中心。以下列出我们在敏捷转型过程中观察到的一些现象。

- 实践通常是"设定好"的。这样做带来的结果是，我们无法看到预期的行为，而是看到相似的行为（例如，只是做样子，甚至混乱地执行）。

- 如果人们没有表现出预期的行为，那么就无法达到预期的效果（人们宣称"敏捷行不通！"）。这个问题可以出现在很多地方，也许在协作技能方面表现得最为明显，人们通常并没有足够的情商来进行协同工作（必须首先愿意了解他人的观点才能运用倾听技巧）。

- 技术实践通常被认为是可选的，或者是组织在未来才会着手的事情（等我们拿下了整个 Scrum 再说吧！），但对于强大的产品创新来说，技术实践必不可少。

- 组织从瀑布式编程过渡到敏捷开发方法（我们称之为"以目标为中心到以客户为中心的转变"），但仍做不到完全以客户为中心，或者将客户融合到敏捷团队中。

- 要实现真正的组织敏捷，就需要人们从仅仅以团队级别和交付级别
  为中心转变为以组织为中心，来自系统的所有声音都应该加以考虑
  并成为敏捷转型的一部分。

在"实践与行为"这一象限，我们将定义三条（可能有更多）发展路线，
以帮助我们在产品创新方面进行演进。如图 9.3 所示，这三条发展路线
的重点分别是：第一，产品开发实践，它与创建客户重视的产品和服务
有关；第二，与人相关的行为与技能，它反映一个人的社会情感智力（情
商）和有效参与人际互动（尤其是协作）的能力；第三，技术工艺能力，
它与有效的工程实践有关。请留意，"它"象限包括三条发展路线，而
在"我"象限中却仅有一个。对我们而言，意识层次的发展路线范围很
广，其进化可以在"领导力与心智模式"这个领域发挥重要的作用。相
比之下，"实践与行为"这一领域则更加多样化。为了公正地对待产品
创新这一主题，我们就需要关注多条发展路线，从创新到技术，再到人
际交往。

整合敏捷转型框架

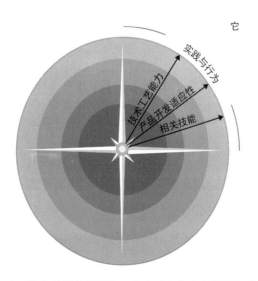

图 9.3　整合敏捷转型框架：在实践与行为象限进行发展

9.3.3.1 发展路线：产品开发适应性

产品开发适应性是指产品和服务的开发过程、它们的可用性、它们对环境条件的响应能力（例如市场——无论是内部市场还是外部市场）以及对未来变革的适应性。我们没有在整个色谱的每个高度上对该发展路线的属性进行精确映射（这在一定程度上说是主观的），而是对该路线提供方向上和次序上的指导。我们着眼于整个连续色谱中的琥珀色（较低复杂性）一端、中间某处以及青色一端。

在该发展路线所在连续色谱的琥珀色一端，产品开发遵循分阶段流程并且依赖于流程指导而不是客户输入，人们通常首先从客户代表（例如业务分析师）那里获得概要性的需求规范说明书；如果你是开发人员或测试人员，可能永远不会参与客户访谈。作为团队的一分子，主要是与自己职能部门的成员一起工作，而不是真正的跨职能部门。你完成流程当中的一部分工作并将工作结果上交给自己的直属经理。也许项目经理会顶着 Scrum Master 或敏捷教练的头衔，但他们仍然是项目经理。

在连续色谱的中间地带（橙色和绿色之间），我们正在从以产品目标（进度、成本、范围）为中心转变为以客户为中心，倾听来自客户的声音。莱斯（Ries）在 2011 年提出，精益创业就是一种坚定地以客户为中心的方法，其核心内容是通过与实际（或潜在）客户互动来获得构建－测量－学习的反馈环。产品管理不是开发全功能的产品或服务，而是确定最小可行性产品（MVP）（确定产品达到可行所需要的最低限度的功能），并在此基础之上进行开发。正如一个全功能敏捷团队将在任意迭代末尾提交一小部分潜在可交付的产品增量一样，产品管理也会向客户或潜在客户交付一小部分潜在可行的产品增量以测试产品可行性。这就是 2018 年拉森和肖尔在敏捷流畅度模型（Agile Fluency model）中提到的优化级（optimizing level）。

在连续色谱的青色一端，产品创建是以组织为中心进行的活动。为了实现真正的组织敏捷，我们超越团队和项目交付方面的敏捷，转向组织范围的敏捷——即组织中所有的参与者（包括客户）共同创建产品。

我们不但关注客户，还关注组织的使命与宗旨、组织的品牌以及所有利益相关者怎样才能为开发出来的产品和服务做出贡献。在这种新的模式下，跨边界实践十分重要，这些实践超越产品交付，延伸至组织中的其他领域。

迈克尔的分享

我与金融服务行业的一家客户有过转型合作。这家客户有相当复杂的产品开发流程，其中包括如何管理投资组合。他们采用两种特殊实践：第一，产品理事会，该理事会对某个重要系统的需求进行优先级的总体排序，供众多内部客户使用；第二，产品开发副总裁执行投资组合再平衡，对整个组织进行优化。

在实施转型计划之前，产品理事会实际上是一个委员会，客户内部不同的部门在这里你争我夺，各自抢占他们在开发团队中所占用的资源，以便为自己的用户实现想要的产品变更（这是一种盛行的、经典的"我们还是他们"的心态）。通过引入新的实践和中立的仲裁角色，理事会中每位成员面临的首要问题是"对整个组织的利益而言，最重要的产品变更是什么？"这个问题对人们的讨论产生了极大的影响，在整个企业显然都关注的利益面前，人们无法（赤裸裸地）为自己狭隘的利益进行辩护。如果我们采取其他实践则不会取得这样的成果——例如，不是所有的团队都同时出席（所有团队同时出席会议可以确保每个人的社会意识得到激发）；或者以攻击某一特定提议的方式进行提问（也许是为了促进竞争），而不是站在主持人的中立立场进行提问。

第二种实践是投资组合再平衡，由首席产品负责人（业务副总裁）和他的员工完成，他们汇总并定期更新正在进行的产品商业案例。他不仅按年度继续为成功的产品分配资金，还会着眼于整个企业来审视这笔资金的最佳用途，这有时意味着会以意想不到的方式重新调整投资组合。资金被转移到当前能为企业带来最大利益的产品上，而不是延续产品的初始投资。由于交付团队首先将最重要的工作排在前面，这就意味着价值创造成为项目最优先考虑的事项，整个组织也会因此赢得胜利。

9.3.3.2 发展路线：相关技能

相关技能发展路线涉及个人在社交互动和沟通方面的成熟度，包括互相合作、互相尊重以及在团队中采用有效的协作方式。此处涉及情商方面的能力，但它并不是我们觉察和管理情绪的内在能力（"我"象限视角），而是指通过实际行为来体现内在能力的行为技能或行为能力。理想情况下，我们既具备内在能力，也具备行为能力。这一类技能可以通过各种协作和人际交往技能方面的培训来进行教授。这些能力平行于"我"象限中的自我意识，并且实际需要"我"象限的发展才能成功生发出这些能力。

例如，我们可以努力用学到的方式展开实践。或许我们可以在团队中达成共识并表现出共识所涉及的行为，但实际上并没有与之完全对应的内在意识和成熟度来支撑这种行为：真正重视他人的观点，并且有时愿意放弃个人的观点。在我们尽最大努力做出行动的过程中，实际上可能经历一个"顿悟时刻"，这会成为点燃我们拥抱不同思维层次的火花。反之亦然：我们可能具有必要的内在复杂性（例如重视他人的观点），却没有真正掌握善于协作的行为技巧，比方说提出一些好问题，表现出"这是对的，并且……"的行为等。

让我们对相关技能这一维度所在的连续色谱进行定义。思考对敏捷成功来说至关重要的一些技能，例如交谈/对话、与他人的关爱联结、人际交往能力以及指导和发展他人的能力。在琥珀色一端，个体倾向于进行顺应型角色的对话，而不是真实对话或个人对话。由于人们无法充分以有意义的方式表达有难度的信息，因此会设法避免关键对话或者进行低质量对话。在这个对话过程中，指导和培养他人看起来更像是在对其进行教授或培训（例如，与教练相反）。保持关怀联结可能超出了此人的角色范围或需要：这个人可能会说："我不是来这里交朋友的！"处在这一层次下的人际交往能力不足以让我们激发他人的观点，甚至难以认可他人的观点，尤其是在他人的观点与这些琥珀色权威信徒们所认可的观点不一致的时候。你可以清楚地看到"相关技能"这条发展路线如何给敏捷团队带来挑战，也能理解为什么我们需要在这方面开展大量的教练工作。

在连续色谱的中间地带（更多是在橙色区域），对话倾向于独白：一个人主张自己的观点，而另一个人主张另外一种观点。我们会在会议中进行匆忙的对话和多任务处理——简而言之，大家都在不停地说，却没有人倾听。这种思维模式是你需要完成某些工作，而与他人"合作"是完成这些工作的唯一途径。这样就会创建一个竞争环境，使得整个组织陷于孤岛状态，人们纷纷寻求自保。人际交往能力再次发挥作用。我们知道如何影响他人实现我们的目标，但并没有真正充分地理解他人的观点。我们指导和培养他人，是为了传播我们的处事方式并扩大我们的声誉。

一般来讲，在这个层次上我们没有可以进行微调的相关技能，因为这对我们不重要。

在连续色谱的另一端（青色端），个体能更熟练地进行交流和互动。在该发展路线上，我们认识到的技能之一是个人能力，这种能力能够让人做到几点：（1）充分探询——真正探寻他人的想法和感受；（2）熟练倡导——以既允许他人理解，又允许他人质疑的方式陈述自己的观点；（3）平衡倡导和探询——在探询和倡导之间保持适当的平衡；（4）巧妙地构建对话——让他人明确对话的上下文或背景。更为高级的技能还包括感知团队的动态和能量，并且有效地响应人们的感知（CRR 称之为"关系系统智能"）。我们认识到有必要扩大自己的覆盖范围以涵盖更多的系统声音，并且敏锐地觉察到只有从组织这一整体出发才能对其产品与服务进行共创。

9.3.3.3 发展路线：技术工艺能力

技术工艺能力的发展路线指组织有效利用并集成最先进的技术实践、原则和管理策略的程度，其目的是实现技术敏捷，包括 DevOps、持续交付、技术债的管理、持续集成、测试驱动开发、最新的设计思维实践以及新兴的架构、软件和工具。技术工艺的发展程度与组织能达到的敏捷层次息息相关。请牢记，要对一个象限中的每条发展路线都要进行评估，然后根据组织的终极目标对其进行不同优先级的发展干预。我们经常看到，技术实践常常被视为敏捷转型中的"下一步"行动，并不像 Scrum 实践那样被赋予相同的优先级。

在整个连续色谱的琥珀色一端，人们设计好流程以便开发人员在编码开始之前就能获得设计规范说明书。涌现式设计（emergent design）并不是一个概念，而是一个设计规范，人们期望在编码开始之前就获得需求和设计的全部细节。流程意味着部门或老板要"遵守规则"。编写规范是为了保护专长而不是实现跨功能职责，因为将不同的工作角色混合在一起会造成混乱。这些做法传达出的信息更多的是"专家"思维。开发与测试界限明确，因为这是对应各个部门之间的界限。测试是一个严格的、正式的交接过程，人们在交接之前会明确地签字画押，使人们各自负责好自己的工件。

伴随着我们进入连续色谱的橙色区域，流程中的规范变少并引入了更多的个性。开发人员有更大的自由做出自己最大的努力，从而导致竞争，最糟糕的事儿莫过于炫耀。但是，它允许开发人员发挥其个人创造力并提出创新的解决方案。在代码开发的过程中要求开发人员与测试人员进行合作，这一敏捷实践并不容易被接受，因为这可能暴露开发人员的弱点或错误。开发人员更倾向于在共享代码之前先完善自己的代码。当敏捷团队试图通过共创故事的方式来限制他们正在进行的工作时，就会给他们带来麻烦。最终的结果是，在冲刺进行到最后的测试阶段出现了瓶颈。更糟糕的是，故事会延续到下一个冲刺。此外，开发人员的数量通常比测试人员多。在这一层次上，共享代码所有权，代码审查和结对编程并不是流行的做法。技术敏捷要求的开发团队和运营团队一起工作，在这个层次上也不切实际，因为大家更加关注自己的成果，而不是跨边界取得的成果。

在连续色谱中，从绿色向青色过渡的另一端 ③，技术实践倾向于支持协作和涌现式设计。

---

③　在这里使用青色高度可能会引起误解。一方面，它指出这样一个事实，即青色高度是"它"象限更为复杂的发展层次。另一方面，从"我"象限的视角来看，并不一定要求人们要工作在青色高度（或内观自变心智）。我们可以处在不同象限的不同高度。这里可能还存在这样一个问题，为了持续维持在"它"象限中的某一层次，我们是否也必须在"我"象限中发展到同级层次。

- 不太重视角色的专家化，因此测试人员（如果有的话）学习编码，而编码人员学习测试（这会令人们成为 T 型人才，既有广度又有深度）。

- 在编码开始之前就考虑架构设计，该涌现式架构不会对当前工作造成太多束缚，而是恰到好处。

- 持续与团队共享设计思维方面的工作，而不仅仅是在设计团队结束设计工作的时候才进行。

- 代码被视为共享资产，而不是个人资产，因而团队会遵循编码规范，因为代码是社区共有，而非个人独有。

- 在冲刺早期，开发人员就与测试人员共享代码，保持透明和协作，而不是等到代码变得完美之后才能分享。

- 结对编程和团体编程（Mob Programming）是可行实践，因为人们意识到来自群众的创意通常是最好的创意。

- 考虑到代码的长期影响和系统性影响，例如在流程初期就引入运维团队（DevOps），使开发团队和运维团队一起协作而不是等到最后才进行交接。

- 定期进行重构，并且这是每个工匠引以为傲的一项工程实践，它是达到高质量的关键要素。

- 在类生产环境中尽早测试（例如在冲刺期间）。

- 发布管理实践适合于本组织的文化，也符合利益相关者的需求，并且不受严格发布节奏以及官僚程序的约束。

2018 年，詹姆斯·肖尔和黛安娜·拉森提出了敏捷流畅度模型（Agile Fluency model），这个强大的模型能够帮助组织了解如何在使用敏捷的过程中日臻成熟。

迈克尔的分享

我有一位客户来自出版行业，这位客户具有非常强的技术实践经验和价值观。交付团队几乎怀着宗教般的热情遵循着所有的技术实践，这让人们对产品质量充满了信心，这一点可以从他们取得的结果中得到印证。在招聘开发人员的时候，面试和录取主要是由技术人员来进行，而不是由经理来进行，这些技术面试团队主要由技术负责人以及团队中最优秀的开发人员组成。这散发出一种强烈的文化信息，并且也体现出工匠精神。这也是交付团队日常工作的重点，他们具有良好的个人意识，因为他们不只是接受来自产品负责人的指令，他们还是真正的技术工匠。

9.3.3.4 知行合一：不断进化的产品创新

让我们快速看一下如何着手考虑组织中的这些问题。在不断进化的产品创新这一项整合修炼里，三条发展路线相辅相成。回想一下该项修炼的定义：为了实现组织敏捷，我们必须超越以客户为中心，转向以组织为中心，来自系统的各种声音都可以参与到产品创建的过程中。一个品牌驱动的组织就是一个以组织为中心的例子。通过品牌驱动，可以让所有利益相关者都参与其中。

- 我们的总体目标是让产品创新变得更好，产品开发、相关技能和技术工艺是我们获取更多适应性创新的三种关键方式。决定将重心放在这三种方式中的哪一个，取决于如何预先考虑它们对创新适应性所产生的影响。这将有助于考虑组织的真实情况。假如强调增强组织中的技术实践，那么这样做可能会为创新带来什么样的影响？假如代码比较脆弱，而且总拥有成本非常高，那么这么做的可能性就很大。

- 发展协作技能与实践对工作方式会产生怎样的影响呢？如果在你的组织中，人们存在着严重的"孤岛"心态并且还缺乏跨边界活动，那么这样做就尤为重要。

- 或者说，产品开发流程本身是产品开发的最大杠杆吗？如果还没有完全达到以客户为中心的层次（敏捷框架的工作重点），那么这样做可能就显得无比正确。无论如何，我们总体的工作重心就是要加强创新。

9.3.4 不断进化的适应性架构：发展组织架构

敏捷的宗旨是为客户提供真正有用的价值。敏捷实践是我们用来创建产品的手段，为了向客户交付价值，我们需要可视化价值流和价值的流动。这既包括沟通与人工流程如何造成流程周期效率低下或浪费，也包括工作流程中的瓶颈如何对人工系统产生负面的影响。此外，组织结构和系统的适应性越强，实现组织敏捷的可能性就越大。因此，对于面向"它们"象限的整合修炼，我们给出如下定义。

不断进化的适应性架构：设计并实施组织结构、治理以及政策从而优化价值流动，创造价值并提高人类福祉，这是本项修炼的发展方向。运用设计思维技能，理解并识别瓶颈和治理难题中的系统性影响，重构组织创建可变的组织结构以适应不断变化的市场情形，都可以实现组织敏捷性。一个无法围绕价值流进行重组的公司将严重阻碍其实现有效的价值流动。处于成就–橙色层次的人倾向于将组织构建和重组视为获取权力和地位的政治博弈，而不是通过理性的、结构化的设计来实现正当合理的业务目标（例如流动）。我们必须绕过这些反应性倾向，使我们的政策和结构具有更强的适应性。实现这一目标极其依赖于我们所持有的共同的心智模式和信念（"我们"象限）。

我们将重点关注组织结构（"它们"）象限中的两个关键发展点，是它们推动了适应性架构的创建。如图 9.4 所示，结构适应性与组织结构变革的灵活性和能力有关，流动性则关注工作和流程如何在组织内进行流动。

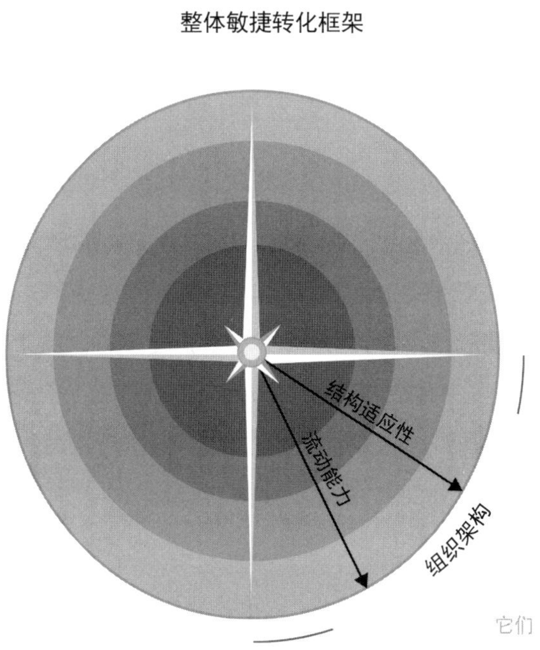

整体敏捷转化框架

结构适应性

流动能力

组织架构

它们

图 9.4　整合敏捷转型框架：组织架构象限中的发展

首先，我们来定义组织结构。它包括组织结构图的概念，该组织结构是层级式的、矩阵式的、环形的、扁平的，还是网格的。此外，它还包括团队的人员配置方式（例如，从职能库中选取、通过经理招募、根据资历晋升、由员工从职位发布中选择团队）；项目、计划和其他组织单元的治理方式；业务单元的划分方式（例如，按产品、地区、历史收购记录）；基于产品还是项目来构建组织结构；资金是如何分配的（例如，按年度、按季度、在组织的哪个级别）以及体现组织结构的相关议题。基于这样的一个扩展定义，我们就可以描述与组织结构相关的发展路线了。

9.3.4.1 发展路线：结构适应性

结构适应性指一个组织倾向于如何规划其实际参与完成工作的结构和系统，以及这些结构如何适应不断变化的业务情景。它会考虑到系统中人的需求、市场变化、技术创新、不断变化的政府法规环境以及任何其他相关的环境条件。

在琥珀色一端，人们强调以金字塔式的层级方式来组织结构和系统，并在其中保留组织职能。预算是针对各个职能进行的；员工通过单一的职能汇报链汇报工作；跨越边界的工作流会也遇到（通常是冗长的）"踢皮球"和谈判的情况；职能的优先级胜过工作本身的优先级。结构和系统也倾向于相对稳定并保持不变。决策制定发生在高层，并且贯穿整个流程链路，通常还带有很长的延迟。这种结构是僵化的，没有考虑到客户和产品的重要性。

在发展色谱的中间地带，结构变化基于的是项目或负责人，当新领导想要成就一番事业时，经常会引发组织重组。随着组织越来越多地关注客户需求，项目和面向客户的结构也得到了授权，这就引发了它们与职能部门之间的竞争——包括预算、资源以及治理管控。橙色级别的组织将根据候选人的技能、专长及其是否具有满足客户需要的能力来进行招聘，因此，招聘通常由人力资源（作为能力专家）和招聘经理共同决定。鉴于谁离客户更近的决策更加务实，并以面向业务的方式进行。即便如此，这种结构仍然存在相当长的延迟。该结构没有那么僵化，它在应对市场情况发生重大变化的时候显得更加灵活，但控制权仍然在个别高管的手中。

在敏捷转型的背景下，人们经常套用大规模敏捷框架，将现有组织结构映射到敏捷实施上。Scrum 自身的设计并没有为现代化公司中其他非交付团队提供真正的帮助机制，而规模化敏捷框架则在公司现有结构基础之上提供一定的补充。不利之处可能在于，它是通过减少公司内部压力来帮助组织增强适应性，进而真正实现组织的敏捷。

在从绿色到青色的范围内，组织结构更加灵活，能够根据需要定期进行变革，以适应业务环境以及工作人员的需要。人们通过加强和强调更为广泛的系统关系和本地需求的方式来组织结构和系统，换句话说，它们是系统的。预算旨在支持更广泛的机构事业，并且倾向于遵循业务流程和本地决策而不是等级节点。就汇报结构和职能隶属关系而言，员工是机动的：他们能跟着自己的灵感走，去做需要自己去做的工作。职能部门之间的界限更模糊，只需要最少的交接和仪式。没有任何结构或政策可以阻止人们直接找到与自己工作需求最相关的人。招聘时会更多地邀请直接受影响的成员（团队）参与，甚至可以授权他们来决定是否聘用。一般而言，这样的结构和系统有利于更广泛的组织适应性，能够同时满足业务和人员的需要。组织结构和系统的设计使其能够相对容易地进行变革或调整。这为允许更大的决策灵活性和战略延展性创造了条件。

9.3.4.2　发展路线：流动能力

第二条发展路线涉及贯穿整个组织中客户价值工作的流程与工作流。流动性指一个机构组织和管理工作流与流程的方式以及价值流动与价值创造的方式。流动能力指工作、决策、沟通以及其他业务流程组件在整个组织中流动的能力，流动时所带来的摩擦或浪费最小（从精益的角度来说）。

在流动能力的一个极端情况下（琥珀色到橙色端），工作流基于推模型（push model）。产品和服务起源于内部。也就是说，预算的设定、发布日期的确定以及产品的设计都在内部进行，然后沿着价值流推进，直到产品或服务达到最终目标，不管这是一个外部客户还是一个内部利益相关者，客户几乎是事后才会被人想起。单个工作流的优化常常是沿着职能线或者业务线进行的，没有考虑更大的机构流程，这样做往往会引发更多的交接和瓶颈。这带来的一种结果是，组织倾向于并行管理大量流程，这就需要对人员行为（"它"象限）和组织结构进行优化（或局部优化）以处理不可避免的多任务——这导致了大量的浪费，也成为痛苦的来源。一般而言，人们通常会同时开展多个项目，以满足所有利益相关者争夺其项目优先级的需要。

在另一端（青色端），优化工作流（减少浪费）是重中之重。因此，为了优化流动，人们将流动可视化，测量其周期时长，对流动进行实验并解决瓶颈。很多管理人员对整体流动的管理都给予很大关注，这比流动的局部优化更受青睐。诸如精益创业和客户拓展中的那些原则（埃里克·莱斯和史蒂夫·布兰克）能够指导管理层的关系，使其内部能力与客户的实际需要相匹配。像合弄制这样的治理结构，与这种基于利益与专业知识（而不是组织地位）的、去中心化的、及时的决策和监督相一致。在一个青色组织中，人们越来越了解并关注阻碍价值流动的因素，因此，减少浪费是一种有意识的习惯性行为。相反，处在这条发展路线中较低层次的组织，他们关注的重点通常过于集中在政治或其他分散组织的因素上，以至于无法充分关注价值流。

9.3.4.3 知行合一：不断进化的适应性架构

在考虑如何将该项整合修炼付诸实践时，我们回顾一下适应性架构的定义：设计并实施能优化流动、创造价值并提高人类福祉的组织结构、治理和政策。这项修炼能使我们确定哪些地方最需要优化（即结构与治理的灵活性和物尽其用的特性），或者侧重于流动属性，抑或两者兼而有之。

- 在自己的组织内部，价值流动是否可见？是否存在对瓶颈的度量？价值流是否能与绩效数据相对应？是否对吞吐量进行测量？

- 组织结构、系统、政策和治理的适应性如何？哪些东西引发了变革——严峻的危机、新上任的副总裁还是商机？这样的结构是僵化的还是柔性的？

- 显然，流动能力和结构适应性会相互影响，并且还与文化（"我们"象限）息息相关，因为一个组织的结构通常是其集体领导心智模式的体现。如何利用这种相互关联的特性呢？

9.3.5 不断进化的系统复杂性：发展组织文化与关系

我们在导入敏捷的时候，出现的最大问题或许就是敏捷所倡导的文化与实际组织文化之间的差异。当你进行敏捷转型时，并不是每次都能意识到现有文化可能需要有所改变。然而，如果这个问题一开始就没有很好地得到解决，那么后面人们将会很痛苦。因此，我们将"我们"象限的整合修炼定义如下。

不断进化的系统复杂性：在文化与人际关系这两个方面，朝着组织敏捷的方向（并为其打造一个舒适的环境）设计、转变并塑造组织的集体信念、风俗习惯和心智模式等。例如，在牢固的成就-橙色的文化中，我们很难真正推行敏捷。不断进化的系统复杂性将意味着从成就－橙色的思维模式与行动发展到多元－绿色。一个与之相关的概念是关系复杂性，从交易关系完全发展到人际关系。将人视为人而不是"资源"，这是一个系统复杂性的进化。

促进系统复杂性常常需要转变整体的组织愿景、业务目标以及存在方式。当领导团队审视自己的心智模式及其关系系统的效能时，会跟着采用更多与整合相关的方法：采取他者视角，了解自己的意义构建，直面群体阴影并看到群体良知对系统所产生的影响。在领导者助力组织发展文化的时候，他们自然会舍弃自己的意义构建，不得不直面自己的假设与一直以来所珍视的信念，联合起来共同维护关乎这个世界的心智模式，在文化层面推进那些能让系统生存下去而应该要做的事情。此时，我们便有机会创造一种刻意发展的文化，其中人们在获得业务成就的同时，不断进化的意识（个人层面和集体层面）也得到了组织的重视。

从"我们"象限视角来看，我们已经确定了两条发展路线：文化复杂性和系统意识。

文化是高层领导者在某些时刻需要思考的问题，否则组织敏捷将无法实现；不可能仅凭实践和框架就能达到目标。鉴于该问题的重要性，"我们"象限中的第一条发展路线就是文化复杂性，它指构建组织文化的主导价值观、信念体系和心智模型（本质上是莱卢或者螺旋动力学所识别出来的琥珀色、橙色、绿色以及青色）。

第二条发展路线是"系统意识"，这个概念解释起来有点复杂。敏捷即关系。因此，要使敏捷成功，关系的质量至关重要。低信任度、激烈的竞争、尊重的缺乏、"我们还是他们"的思维模式以及一种令人恐惧的文化都为跨组织边界的协作制造了障碍。实际上，这些存在于人际关系中的模式对我们来说并不是人类所固有的模式，而是人类社会与组织发展的产物，对此我们需要有能力觉察。要确保敏捷完全有效，我们首先要围绕关系开展工作并改变我们集体创造文化的方式；该项发展工作需要对意识进行扩展，我们称之为系统意识。

图 9.5 描绘了"组织文化与关系"（"我们"）象限中的这两个发展重点：文化复杂性（与它的价值体系相关）和系统意识层次（与不同合弄级别的集体意识相关）。

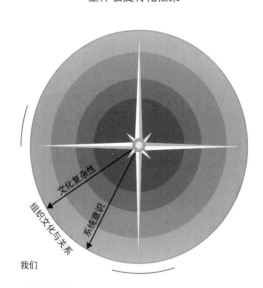

整体敏捷转化框架

图 9.5　整合敏捷转型框架：组织文化和关系象限中的发展

9.3.5.1 发展路线：文化复杂性

文化复杂性是指构成组织文化的主导价值观、信念体系以及心智模式。在螺旋动力学中，"价值模因"（value meme）一词用于描述组织的集体心智模式，它是一种吸引子（attractor，从混沌的意义上讲），能帮助创建特定价值取向的人工工件、符号和习惯。这包括很多方面，从公司空间的样式（带沙发的新潮、时尚的咖啡空间）到公司美食（从厨师准备的健康饭菜到自助餐厅的风格），再到解决远程办公的方式（最新技术工具）以及人才招聘。当我们审视组织的现有文化时，有多项指标可以帮助我们了解组织当前的运行方式以及这将如何影响到转型，例如，决策流程、管理冲突的方式、公司氛围以及政治所扮演的方式等（在本书的第 Ⅱ 部分，也讨论了领导者在文化中所发挥的作用）。

在这里，我们不仅要提供一系列有关该发展路线的信息，还针对每个层次进行了具体的研究。表 9.1 提取了本书第 3 章中的材料，从文化（"我们"）视角分别对该发展路线的四个高度加以描述。

表 9.1　整合敏捷转型框架：文化复杂性摘要

高度	核心价值观	模式	信念／心智模式
琥珀色	• 确定性 • 秩序 • 责任	• 层级组织 • 以权利为中心 • 专制主义（甚至更严格）	• 我们知道绝对真理；遵循它是我们的责任 • 正确的行为就是遵循规则。在清晰的结构下人们能以最好的状态开展工作
橙色	• 成就 • 自治 • 经验主义	• 战略组织 • 以结果为中心 • 拓展机会	• 多劳多得 • 正确的行为是求真务实 • 要想获得成就，必须给予人自由
绿色	• 多元化 • 紧密联系 • 和谐	• 平等组织 • 以关系为中心 • 自下而上的行动	• 最好的答案来自多样性的观点 • 正确的行为是遵循我们的价值观 • 每一个人都有被倾听的权利
青色	• 尊重系统 • 相互依赖 • 新兴的	• 自组织 • 以目的为中心 • 超越自我的智慧	• 我们在环境与所做的事情中取得平衡 • 正确的行为是为大众谋利 • 人们必须遵循自己内心的指南针

当我们的目标是让组织实现敏捷的时候，组织文化就必须向绿色或青色地带发展。如果我们设法转型到青色，那么就会使该文化看上去高度独立，但人们却有着与他人合作和向他人学习的内在愿望，尤其是在寻找最佳创意的过程中。人们对解决复杂问题的满意度很高，也有动力提出一个优雅的、能够满足大多数利益相关者的解决方案，而且人们也不愿意遵循传统形式的治理方式、组织结构或企业管理实践。

9.3.5.2 发展路线：系统意识

回想一下在"我"象限视角中，我们的主要模式是意识；我们可以进一步认为这是个体层面的意识。在"我们"象限中，它与集体相关，也是一种意识形态，但它是集体层面的，是个体合弄的下一级合弄。由于这种意识集中在各个系统上（团队、部门、组织），我们将该象限中的第二条发展路线称为系统意识。这条发展路线与左手象限的系统思维有关。系统意识可以描述为系统（团队、群体或者组织）如何理解自己的世界：有哪些规则、人们如何在社区中保持良好的信誉、系统的价值观以及信念是什么。

在系统级别上，意识意味着什么？我们许多人都有这样的经历：我们参加会议迟到了，即使没有亲眼看到造成眼前紧张会议局势的根源，也能感受到房间里压抑的气氛。你有过那种感觉吗？当我们深挖会议中出现的系统意识（即群体合弄的意识，而不是特定个体的意识）时，就会产生这样的感知。房间里充斥这种张力，一触即发。

系统意识也表现为行为的潜规则，即使没有人明确制定规则，"每个人都知道"你不会这么做。它包含集体所持有的信念或心智模式，基于这些信念或模型，我们形成决策、制定政策并且由此创造了组织结构。行为模式通常是从这些无意识的群体规范中创造出来的，这些规范反过来又创造了我们的文化。反之，改变文化不仅在于改变我们的行为，还在于改变我们的群体意识。再举一个例子，在会议开始时，每个人都打开自己的笔记本电脑并一边开会，一边工作。相反，假设会议规定是不可以打开自己的笔记本电脑。如果某个人决定这样做，那么房间的其他人将发出"信号"表示抗议。

对于我们而言，了解这条系统意识发展路线有什么重要的意义？为了实现持久的改变，我们必须在变革成为可能之前对当前规范和存在方式进行觉察（意识）。此外，如果我们意识不到，那么这些趋势就会降低我们当前的绩效，并使我们陷入意想不到的惯性行为模式中。例如，我们可以通过发展我们的关系系统智能（Relationship Systems Intelligence，RSI）来改善对系统意识的认知，这是对情感智能和社会智能的进一步发展。一个人的关系系统智能越发达，个体与团队合作的能力就越强。对情感领域进行命名，帮助系统揭示真相，使无意识的协议明确化，所有这些努力都能使人们更容易获得系统意识和更高的群体功能。系统排列（Systemic Constellation）是一种直接利用系统意识来理解系统内部潜在动力的高级形式，无论该系统是一个团队，一个业务部门还是一个组织。

在这个维度的琥珀色一端，人们要么完全不了解系统意识，要么主动忽略或抑制这种意识。他们不能有意识地觉察到自己或他人，无法看到他们共同创造环境的方式，同时也对正在运行的系统视而不见。

在这个维度的中间色谱区域，人们对系统意识有了一定的认知，譬如有人可以指出存在的问题。但是他们不为创建集体意识承担任何责任，也不认为自己有能力共同去改变这种意识，从而改变该系统意识所创造的那些东西（例如规范、政策和结构）。人们未必能看到，某个特定的行为其实是一种需要被倾听的"系统声音"，但他们却认为这样的行为需要加以管理。管理这样的声音并不能改变系统意识。

米歇尔的分享

多年以前，有位客户（此后还有好几位客户）来找我做咨询，问我是否应该"解雇"团队中的某个人。他们之所以提出这个问题，是因为他们认为这个人很"消极"，总是在自己的团队和其他合作团队中搬弄是非。他们尝试过将此人换到另一个团队。当我对这个人进行观察时，我意识到我所感知到的"消极"行为实际上是系统中的一种声音，它有着对官僚主义与政治的挫败感，表明此人在尝试运用所学的敏捷实践时遇到了困难。团队中的其他员工都保持沉默，或者只与可信赖的朋友或同事交流，以免受到惩罚。当客户向我咨询这个问题的时候，我如此回答："是的，你可以解雇此人，而且你聘请的其他人可能还会这样行为处事。或者说，你也可以倾听这些系统声音，它们是在尝试告诉并通知你要关注和排查哪些问题。"

在这一维度的绿色和青色端，我们开始认真地对待系统意识。我们能够表达情感方面的东西，例如在参加上述会议时，我们可能会说："哇，这个会议室让人觉得有点紧张。发生什么事情了啊？"我们开始感知正在产生作用的系统动力，它如何影响会议以及人们在"会议中"有什么样的感觉。当下，我们不仅能在自己的内在做到这一点，也能在整个团队中做到。此后，观察不再备受指责，而是可以站在第三方（系统）的角度进行。此外，我们开始对系统意识负责并看到我们如何共同利用它，使其成为变革文化、改变团队或部门关系和氛围的杠杆。

有些时候，我们可以"装，直到成真（Fake it till you make it）"，即不同象限之间相互影响。而在其他时候，我们则需要超越当前的自己。

9.3.5.3 知行合一：不断进化的系统复杂性

请回顾该项修炼的定义以便于我们开始采取行动：朝着组织敏捷的方向设计、转变并塑造组织的集体信念、风俗习惯和心智模式。为此，可能需要将文化复杂性和系统意识结合起来。此外，领导力的发展和个人意识的进化也是必不可少的。

● 首先可以在哪些地方开展此类工作？在领导团队的层面上，可以从建立更高的系统意识入手，包括使大家更加了解领导人之间的关系如何影响到自己的绩效，以及他们如何共同彰显组织文化。

● 如果整个组织在很大程度上与转型意图保持一致，那么更有可能直接开展与文化复杂性相关的工作。例如，可以将下一个较高层次（例如多元 - 绿色）的种子植入内部的沟通和活动当中。

9.4 小结

现在，我们已经结束了对各个象限中的整合修炼及其相关发展路线的讨论。请记住以下两点。

首先，每项整合修炼都是一种从该象限视角出发来聚焦工作的方式，并且极有可能需要选择——至少从我们已经识别出来（或你自己识别出来的）的发展路线中——某一条进行发展。集体采用整合修炼能确保组织能使用整合的方式推进敏捷转型。

其次，象限并不是真正割裂、离散的，而是对共同事物（无论是个人、团队、项目还是组织）所持有的不同视角。象限在发展过程中相互影响，但步伐并不一致。因此，一方面，如果领导者的意识层次变得更加复杂（"我"象限），那么该领导者的行为（"它"象限）也会随之改变——但这并不是绝对的；另一方面，我们经常看到人们徒有敏捷理念（"它"象限，从绿色到青色高度），却没有能力在"我"象限中以相同水准的复杂度进行工作——例如，某些人实际上无法作为仆人式领导者开展工作，因为此人尚未达到个人发展所要求达到的层次，这需要自主导向或更高的高度。各项修炼之间须协同。

9.5　知行合一

前面我们回顾了所有整合修炼及其相关发展路线，包括每次讨论中的"从洞见到行动"这部分内容，现在我们该放眼全局了。理想的情况是把第8章完成的整合组织评估结果作为任务的输入。该评估可以帮助你确定组织中需要发展哪些主要的领域。整合修炼的重点是聚焦使用 IATF 以迈向组织敏捷。因此，让我们考虑各个象限以及有意识变革，并至少考虑一组活动或实践以涵盖各项修炼。选择一种与该项修炼相关的度量方法也很有用，以便了解自己的进步过程。

第 10 章

领导敏捷转型

在本书最后一章，我们结合 IATF 及其支撑理论、方法以及概念，为领导者领导敏捷转型提供切实可行的指导，使大家能够带领组织达到更高的敏捷层次。领导敏捷转型的人通常都顶着一些头衔——敏捷转型领导者、转型发起人、敏捷变革倡导者或企业敏捷教练，无论什么头衔，本章都旨在帮助你，作为一名具有整合意识的转型领导者，与组织或客户进行共创与协作，从而达到更高的敏捷层次。

"转型始于领导力"这一主题始终贯穿全书，这需要采用一种带有整合意识的方法来推进变革。我们必须发展人的意识，包括转型领导者和参与者。我们将"不断进化的有意识变革"这项整合修炼作为我们的总体指导原则，同时获得相应的能力来指导转型，现在，让我们一起更加全面地探索如何领导敏捷转型。

10.1 如何开始

如果现有组织中还没有敏捷经验和技能，那么找到合适的人帮助自己从头开始就十分重要。无论是决定聘请熟练的全职敏捷教练，还是选择聘请供应商或合作伙伴来帮助导入敏捷，都要记住这是启动敏捷时必须做的最重要的决定。下面这些指导原则也许能帮助到你。

- 为敏捷过程采取有目的、有策略的方法，并将其作为高优先级的处理事项。

- 明确转型的目的，确定对自己重要的事情（本章的其余部分将有望帮助到你）。

- 如果要雇供应商或合作伙伴，他们能否具体说清楚怎样开展工作和如何配置人员？教练方法的一致性很重要。

- 如果一开始就打算雇外部教练，那么请确保教练采用的方法是一致的；否则，他们所采用的不同方法会使组织感到困惑。他们是否真正超越基本的敏捷流程框架而共享同一种通用的敏捷方法呢？

- 要雇具有不同能力的敏捷教练，例如精通技术（敏捷工程 / 技术实践）、精通业务（产品管理）、精通转型（组织发展，OD/ 具有转型变革背景）以及精通领导力（能够在各级领导力中开展指导工作）的教练。

- 在探索 / 评估阶段，涉及哪些人？这些人会参与这个阶段的工作吗？

- 教练可以清楚描述他们的变革方法吗？这些方法应该有如下信息：他们处理冲突的方法、处理抵制变革的方法、发展或扩展现有文化与心智模式的方法、应对组织变革障碍的方法以及与组织其他部门进行跨边界合作的方法。其他有助于确定该教练是否适合你的组织的因素还有：他们是否愿意将自己的知识传授给内部人员（如果他们是外部顾问的话）？他们是否具备必要的、有深度的技能和经验？

以上都是初始阶段需要注意的关键事项。聘用经验丰富且技术娴熟的顾问/教练可以为你提供更多指导，帮助你顺利度过整个初始阶段，甚至能参与整个转型过程。在初始阶段最重要的是找到合适的转型领导者。亲爱的读者朋友，我们认为此人非你莫属，本章的后半部分就是直接与你对话。

10.2 转型领导者的角色与能力

无论转型领导角色是内部或外部企业教练，还是组织中负责领导转型工作的领导者，我们在这里分享的能力普遍适用于敏捷转型领导力的各个领域。在过去的几年中，我们和一小群贡献者与 ICAgile 合作，为从业者定义了企业教练的敏捷路径能力（业务敏捷线图的一部分），旨在帮助他们成为企业教练中的特定"专家"，以下能力正是这些工作所取得的成果。虽然这些能力是为这些教练定义的，但我们相信任何参与领导敏捷转型的人使用这些信息作为发展路线图，都可以从中受益。

在撰写本书时，我们对这些能力中的每一项都做了深入思考，并研究了它们与领导者成果创造能力的一致性，而且还考虑了组织发展空间对领导组织变革能力所做的定义。接下来，我们首先简要定义每一项能力，然后依次针对每一项能力提供我们的观点和建议。

- 领导者自身的发展（变革工具）：了解自己的优势、劣势以及信仰体系；结合自我发展实践来跨越意图与成果之间的鸿沟；将自己视为变革推动者并进行自我管理。

- 教练范围：对个体与系统进行指导；以专业教练身份执教；帮助跨组织边界的团队发展；在企业层面提供指导和建议；能够为企业敏捷创建培训计划；在不同的组织级别和跨多个领域（例如技术和业务）进行指导。

- 发展组织领导力：鼓励发展各级领导力；指导并培养转型领导者；创建或影响领导力发展计划。

- 指导组织敏捷：处理复杂的适应性系统；设计组织结构；将适应性模式和原则应用到组织的设计和扩展中；了解整个价值流；参与业务流程与改进；指导产品创建实践、过程以及行动方向；使领导者参与组织文化的建设工作；度量业务成果。

- 指导变革过程：了解组织和人的变革过程；实施组织变革的系统启动；评估组织系统；设计变革策略；指导组织实施并维持变革；在组织层面进行沟通、教育和引导。

当我们对各项能力进行更详细的阐述时，请牢记你与每项能力之间的关系并思考你如何在该领域取得进一步发展，使其能在变革的过程中对你的工作产生更大的影响。接下来，我们当然是从"领导者自身的发展"入手！

10.2.1 领导者自身的发展

作为一名转型领导者，变革中最重要的工具或抓手就是你自己。"领导者的个人发展"这一旅程能帮助我们更清楚地认识个人的局限性，看到这些局限性如何在我们面临最困难的挑战时浮现出来。常言道，领导者没有能力让其他人比自己走得更远；当讨论主题涉及转型变革时，这个问题就变得尤为深刻，因为转型变革的风险很高，很容易引发焦虑。在处理个人或特定组织挑战的时候，我们通常会"陷入困境"，特别是当挑战涉及人的因素时。我们经常看到的一种模式，作为转型领导者，我们往往会被（与）我们在自己生活中正在处理的客户问题所吸引（纠缠）。此外，我们通常意识不到自己的偏见、自动驾驶方式、象限倾向以及发展水平；因此，我们可能并没有意识到，我们给出的建议其实也来自我们个人看待事物的方式、行事方式以及我们自身的个人需求，这些可能并不是客户需要的。为什么有些领导者可以成功，而另一些却无法取得进展，这就是关键原因。我们促进他人进行发展的能力完全依赖于我们在关系中所呈现的状态。作为领导者，经营个人的内在（发展意识和调整状态）是我们可以进行的最重要的工作。采取"教练立场"十分有用，因为我们在练习处理自身的内在状态，而这种状态体验更容易被他人感知到。简而言之，当我们在实践本书第Ⅱ部分所讲描述的内容时，就会遇到这样的情况。

确切地讲，关注当下（presence）对我们与他人的合作到底会产生什么样的影响呢？当我们进入一种状态时，我们会邀请另一个人也进入同样的状态。这就在关系空间中创造了不同凡响的能量。它邀请双方伙伴彼此之间建立更紧密的联结，放下抵抗与恐惧，寻求更深刻的意义与理解。在对话当中，我们才思敏捷、积极响应，能更深入地进行观察与倾听。我们用心去"聆听"而不仅仅是侧耳倾听。我们开始与对方建立更丰富、更深入的联结。这种基于关注当下的领导方式有助于我们自然而然地引发他人的转变。

作为转型领导者，开展自我意识与发展实践十分关键，这能帮助我们状态更好并在与他人合作的时候更具影响力、效能更佳。除了关注当下，我们的自我意识还能帮助我们将自身的触发因素、高度和象限偏见以及局限性视作"客体"，使得这些东西不至于变成他人的障碍。第Ⅱ部分所涵盖的领导者发展路径与敏捷转型领导者的发展路径相同。下面，我们列出了一些具体的与"领导者自身的发展"相关的能力。

- 能够对自己的情绪保持觉知并以此来指导自己在情绪激动时的行动方式。

- 能够展示自我控制能力并识别出自己的压力点。

- 能够经常照见自己以及自己在当下的行事方式并注意到这些方式对他人所产生的影响。

- 能够表达并全然接纳自己的"故事"，接纳这个"故事"在自己工作中所创造的优势与劣势。

- 能够适应他人的需求而不会损害自己的诚信。

要想提升这些能力项中的任何一项，都需要先了解自己当前在这一领域所处的能力水平，然后开展有助于增强这些能力的练习。我们每个人都有自己不同的优势；重要的是，需要在那些必要的领域发展以达到能应对敏捷转型工作复杂性的水平。举个例子，一个人在有情绪的时候要能保持对情绪的觉察并调整自己的行为，这就需要他／她在"情绪发展路线"上有一个相对较高的发展层次。与此同时，有许多人几乎无法觉察到自己的情绪，而且有时候即使是因为某事产生了情绪，却也无法描述或者回忆起这种情绪。因此，对于情商发展欠缺的人，最好设定一个具体的练习计划，这样不仅可以增强他们感知情绪的能力，还可以让他们应对让人感到困难或不舒服的情绪。

迈克尔的分享

下面这个具体的例子揭示了一个更为普遍的问题。这个问题在我的敏捷教练生涯中出现过数百次，其中教练对客户的"壮志雄心"已经开始损害到双方的关系。一个企业教练客户团队与客户制定了雄心勃勃的敏捷转型计划，但该计划没有任何进展。为了给教练留面子，客户被敏捷转型涉及的那些时髦的术语所吸引，心甘情愿地接受了这个计划。通过开展一些十分出色的个人工作，教练团队意识到他们已经帮助客户从本质上构想了多元－绿色（甚至青色）的转型愿景，但客户的文化和领导力显然还处于传统－琥珀色与成就－橙色之间。在这种情况下，这样的转型计划基本上是行不通的，这也解释了为什么该计划毫无进展。教练团队十分谦逊并且对接下来可能发生的事情持开放态度，后来，他们又重新回到画板前。他们这种敢于直面现实的勇气既可以作为道德行为上的一个范例，也可以证明，要想真正帮助到客户，我们需要开展内部工作。这给我们带来一个非常重要的教训：作为教练，我们有最好的意愿来帮助我们的客户，但如果我们的客户目前还没有能力达到一定的发展层次，那么勉强推着他们往前走最终只会使计划沦为"我们自己一厢情愿的想法"，而不是在客户所处的现实环境中使其走上理想的轨道。

米歇尔的分享

我的企业教练团队计划中有一位成员名叫克丽，她与我分享了她的故事，关于发展个人领导力并对生活产生了影响。

它让我意识到，如同所有人一样，领导者也是人。我想表达的意思是，过去的我可能根据某人的外在行为迅速对此人作出评价。在过去的一年里，我练习与很多领导互动并通过整合的视角看待他们。我把自己当作变革的工具，在这个工作过程中，我的眼神更加柔和，对他人也更加富有同理心；在我们的互动中，我努力保持好奇并减少偏见。结果令人感动不已！各个领导和我分享，说他们对我的重视与倾听很是感激。

10.2.2 教练范围

无论作为组织中的领导者还是教练，你都在指导人们的成长与发展。正如敏捷转型必须从领导者开始一样，教练也不例外。如果我们不发展自我，就会限制我们帮助他人进行探索的能力。我们的自我发展扩大了我们的教练范围（既包括纵向发展，也包括横向发展，例如学习新的教练技术），使教练活动随时都能开展。当教练范围扩大的时候，我们就能够更好地帮助他人发现更有效的方法，令他们克服障碍，对自身产生新的洞察并发现自己的潜能。作为领导者，扩大教练范围有助于自己更有效地与团队合作并解决跨组织边界的系统冲突，从而帮助团队成员参与新的、有效的行动。教练范围还包括拥有全方位的情感、全然地倾听他人以及引导他人成长的能力。

作为转型领导者，当情况需要时，教练立场（coaching stance）的掌控能力会帮助人们在自我和对象之间开辟一个不同寻常的关系空间。

敏捷教练立场（Spayd & Adkins, 2011）这一说法最初是在敏捷教练的背景下提出来的，初始的教练立场包括四个核心能力领域：两个面向过程的领域——专业教练和专业引导——以及两个面向内容的领域——教学和辅导。前两个领域是为他人提供工作与发展的空间，后两个则是为行动提供方向与约束。随着教练立场这个概念在使用中的不断发展，再加上各种专业教练的方法也被引入敏捷教练领域，除了以上四个核心立场，后面还出现了一组更为精细的划分，包括元技能（meta skill）——即我们在与人进行合作时用到的基础技能。因此，在某些情况下，一个群体可能需要"强悍"的引导风格，而在另外一些情况下，"松弛"的引导风格则更为合适。运用不同元技能（例如，真实、温暖、慈悲、无畏）的能力反映了我们自身的发展状况和情绪范围，并且这种能力必须能够适应情境的需要。

所有的领导者和教练，无论他们是否领导转型，都可以在自己的领导风格中运用这些技巧并从中受益。有些时候，领导者会采取培训、辅导或咨询的立场，特别是在端倪初现、团队新建或情况混乱之时；有些时候，领导者则需要鼓励个人和团队进行自组织、自决策或全然地接受某个解决方案。在这样的情况下，中立的引导或针对个人或团体的教练则被证实更为有效。有时候，教练立场可以流畅地切换，甚至在同一对话中，教练也可以在几个不同的立场之间来回切换（当你进行这些切换时，"发出切换信号"通常很管用）。总的来说，在这些不同的能力上进行一些培训和提升大有裨益。当你能在这些不同的立场之间流畅切换时，其他人对此是感知不到的。

对自己的教练范围进行一些思考，一种方法是使用三个关键维度：第一，在特定的某个时刻，你所采取的教练立场的适当性；第二，在各种教练立场之间进行切换的流畅度；第三，可以采取多少种教练立场或者涵盖哪些范围的立场。最后一点反映出你在这四个能力领域（教练、引导、辅导/咨询、教学）的熟练程度、在不同合弄级别上开展工作的能力（因为指导个人与指导作为系统的团队完全不同，与指导作为复杂、适应性系统的组织也完全不同）、容忍自己和他人一系列情绪的能力以及工作在层级制度中各种高度或级别的能力。例如，与处在绿色区域的团队成员、处在橙色区域的中层经理以及处在任意高度的高层领导一起工作时，需要运用不同的技能和处事方式。对于身为经理的转型领导者，获得此教练范围的重要性不亚于企业教练。

许多领导者主要采取的教练立场是培训或建议（指导）。通常情况下，在介绍新事物的时候，这样做很有用。然而，为了让人们找到自己的发展路径并充分拥抱新技能和新的实践意图，你不能在这种立场上停留太久或太过频繁地使用它。真正的引导技能需要你能够跳出内容，脱离结果，专心倾听，通过协作知识和其他的团队实践来全心全意地帮助团队实现他们所期望的成果。如果发现自己需要持续不断地为会议贡献内容，那么明智的做法是邀请一位引导师帮助自己的团队按照规划实现预期的目标。

教练立场主要用以帮助他人发展，取得成就。在商业环境中，"领导即教练"（leader as coach，也称"教练型领导"）旨在帮助人们在有助于他们实现目标的领域内发展能力，并在真实有效而且能产生预期业务成果的行为方面发展能力。这看起来与培训或辅导截然不同（尽管这些立场也很有价值）。作为转型领导者，你在跨组织以及各级组织中指导员工的能力和才干将深刻影响你激发变革的能力。这是教练涉及多大范围这个能力的本质所在。

10.2.3 在组织中发展领导力

关于自身和他人领导力的发展，我们在前面已经做过很多讨论。在这里，我们之所以还要提及，是为了强调掌握一种适合组织内各级领导者发展的方法，是企业教练（或任何转型领导者）的一项重要能力。我们所说的发展领导力，不仅仅是指通过技能培训所获得的横向发展（尽管这类培训显然是需要的），还包括提高人们内在意识层次的纵向发展。在该项工作中，我们发现，困难之一是领导力发展通常属于人力资源或公司内部变革管理的范畴，有时人们并不理解横向发展与纵向发展之间的区别，或者没有考虑它们的优先级。我们并不是说企业教练一定要负责领导力的发展计划，但至少要与人力资源合作（稍后会详细介绍这个话题）。

从一开始，敏捷专家就倾向于主要在"它"象限开展工作。在"它"象限，大家并不认为领导力发展是敏捷转型范围内的活动（正如我们在整本书中所强调的那样，这种方法站不住脚）。实际上，领导力所受到的关注或支持往往少得多，部分原因是人们与领导者的接触仅限于"它"象限这一个关注点（例如：流程）。领导力培训通常是半天（或更少）的活动，这种培训虽然让领导者对敏捷活动有了更高的认识，但忽视了这些领导者自身所需要的深刻变革。培训内容也许会包括敏捷领导者的特质，例如成为"公仆式领导"、鼓励"对团队赋能"而不是"命令和控制"以及对 Scrum 有一个基本的了解。但是，我们遇到的大多数领导者都没有深入领会公仆式领导的概念，更不用说能够神奇地变成那样的领导了。

我们早就应该去改变这种状况。帮助我们的领导者在领导效能与敏捷转型和成功之间建立关联至关重要。大多数组织似乎都缺少这样的关联。建立这种关联需要我们集中精力，与人力资源和变革办公室或者领导力发展领域相关的部门建立伙伴关系。至少，我们应该教育我们的客户，使其了解纵向发展与敏捷成功之间的联系。与此同时，如果人力资源部有责任制定促进组织领导者发展的计划，但我们又不尊重自己与他们之间的界限，那么我们将遭到抵制。人力资源部门的专业人员会感受到威胁，因为他们自身的身份认同感悬于一线。随着他们的目标感以及对个人身份认同的基本需求被踩踏，他们无疑会以保护自己的方式做出响应。通常情况下，企业教练也会采取响应立场，将变革进展缓慢或不成功归咎于人力资源部门或领导层。这个例子说明了为什么有意识的转型领导力如此之重要。在自动驾驶模式下，我们会展现出习惯性的行为。遇到不起作用的时候，我们还会把自己扮成"受害者"。

企业教练的另一个关键特点是，有能力与组织各级领导者（教练范围的一部分）一起工作。如果你直接参与领导力发展，那么看一下这是否也是你自己的局限性：许多企业教练刚开始的时候是敏捷团队教练，或许担任的是 Scrum Master 的角色，所以他们并不总是能很舒服地、经验十足地或有足够的技能以教练 / 发展的方式与执行领导一起工作（尽管他们可能是非常熟练的执行顾问）。要想过渡到高管教练，你还需要发展一些必要的能力，它们是"我即工具"和"教练范围"中的一部分能力。

- 对自己很有信心，常常工作在高水平创造力的模式下。你不会被有权威的人吓倒，而是能克服自己的恐惧，以良善和尊重的姿态"对权力讲真话"。

- 你能够把握系统视角，这是高级领导者观察世界所使用的方式。

- 你可以提供即时而具体的反馈。

- 你既能挑战领导者，也能支持领导者。

- 你能够将教练与业务成果联系起来并保持专注。

- 你可以建立情景与环境间的关系和联结，并密切关注线索。

- 你能够处理各种情绪，包括领导者的焦虑（甚至在领导者对这种焦虑感到不舒服的时候）。

- 你允许他人对自己的目标、成功以及过失负责。

- 当然，你还是一位出色的聆听者，既能与客户保持联结，也能持续对空间保持感知。

作为企业教练，在目前的组织工作当中，人们或许并不要求你去教练领导者，你也没有签署过这样的协议。有的时候，情况恰恰相反：你没有签订教练领导者的协议，却发现自己已然处在这个位置上。无论哪一种情况，就你的角色以及你指导他们的愿望和能力与领导者进行公开、透明的对话，然后与他们建立联盟，都是很重要的。要与高管或高级领导者就你所担任的教练角色进行正确的对话，需要你运用某些技巧并呈现出正确的状态。此刻，他们如何看待你，你需要做些什么才能让他们以不同的方式看待你？如果你扮演的是"拯救"他们的角色，而他们却是为你提供"饭碗"的人，那么他们可能不会把你视作战略层面的教练或思想家。

要想看到领导力的转型变革，我们需要做出一些有意识的解锁行动。解锁行动来自基于关注当下的教练立场。当我们对他人变得十分好奇时，当我们寻求倾听和理解胜于我们的发言时，当我们富有同情心和同理心时，当我们用心而不是大脑同他人讲话时，当我们能够像他们一样看待事物时（如他们所见），当我们不再仅仅是审视他们时，奇迹就会发生。我们通过模仿有意识转型领导者的行为，并就思维模式和内在自我如何驱动外在行为与他们真正进行对话，来帮助他人"觉醒"。

知行合一：我即工具

在前面的章节中，我们介绍了有意识变革的方方面面。这些方面使你既关注自己作为转型领导者自身的发展，也关注其他人的领导力发展。请花些时间思考下面几个问题。

- 当前如何通过实践来发展自我意识并克服自己的局限性？

- 作为转型领导者，你认为自己最大的个人挑战是什么？我们不是指你与其他人的挑战，而是指你面临的个人的挑战，即那些阻碍你与他人进行工作的"卡点"。

- 作为领导者，在对教练立场的能力和范围进行思考时，可以做哪些具体的练习？

- 如何影响组织，使其更加重视领导者的纵向发展？

10.2.4 组织敏捷指导

组织敏捷指导所需要的能力涵盖组织希望进行转型的多个核心动机，尤其是与右手象限相关的动机，尽管左手象限也非常需要。敏捷转型特别适用于重塑组织的工作方式、组织结构、适应性与价值的流动（例如价值流）以及与价值创造和创新相关的业务流程与实践，还包括文化及这些右手象限结果背后的心智模式。它基本上可以与任何必要的东西配合，从而达到所需要的敏捷层次。

进行敏捷转型，就表明你正在为基础业务经营寻求彻底的变革或方向，以获得完全不同的效能。从这个意义上说，"转型"（transformation）并不等同于"转向"（turn around）或"过渡"（transition），因为后两个术语都意味着你在当前运行的同一层次上取得渐进式的进展。作为转型领导者，要想在这个转型过程中起作用，就必须理解一些主题，例如：复杂适应性系统、如何将适应性模式应用于组织设计与结构、如何映射并处理价值流、如何发展创新并开发产品以及如何帮助领导者改变组织文化。

敏捷转型的目的不只限于"实施"敏捷（例如采用新的方式交付软件产品）。你可以对现实状况进行这样的检查：如果组织的实际意图只限于采用 Scrum 或看板方法，那么就要承认你所寻求的变革类型是战术性质或过渡性质的，而不是变革性质的，而且还需要调整方法来适应这种类型的转变，以增强组织的清晰度。尽管"敏捷转型"已成为所有敏捷实践者的流行语，但若是在这种情况下还继续称之为"敏捷转型"，会令人感到困惑，并且还可能降低士气。

我们再举一个例子来认识转型：如果你小时候在某个城市长大或者居住过一段时间，某一天你又回到这个城市。在你离开的那段岁月里，这个城市重新修建了不同的高速公路和道路,还开发了新的住房和购物中心。你很有可能没有认出来,甚至可能还会迷路!当一个组织想要自我转型,想要以不同的方式开展业务,并且想要取得不同的结果时,那么就需要进行同等程度的变革。因此,作为转型领导者,我们首先要对自己提出下面几个问题。

- 我想要什么结果?我想要的结果与我今天取得的结果有何不同?

- 通过这次变革,我能怎样从根本上提升结果?

- 如何能让创新在我们的公司中产生作用?

- 如何将我们的敏捷转型与变革驱动因素和预期结果联系在一起?

让我们以一个业务驱动因素为例来探讨这个逻辑。多年来,我们通过与客户进行的实践了解到,组织转向敏捷有以下多种可能的驱动因素:缩短上市时间、提高客户满意度、加大产品创新的力度、更早的投资回报(ROI)、更好的协作、更高的质量、构建正确的产品以及提高团队士气。如果你停下来并把其中一项因素拿出来剖析,你将看到组织在寻求完全实现此利益的时候四个象限如何发挥各自的作用。

让我们来思考第一个可能的因素:缩短上市时间。如果我们仅仅在软件交付团队的级别导入敏捷实践,那么团队通常会面临以下障碍:

- 缺乏真正的产品所有权;

- 严重的审批延迟;

- 缺失信息;

- 缺乏清晰的业务愿景;

- 业务人员认为敏捷是一个信息技术流程;

- 在整个企业中竞争优先级;

- 团队成员报告给不同的经理,而这些经理有着不同的绩效指标并且相互竞争;

- 缺乏测试环境;

- 缺乏优秀的技术工程实践;

- 度量指标导向了错误的行为;

- 每个冲刺都有越来越多的交付压力,导致技术债的产生或代码质量的下降以及团队士气的倦怠和低落

- 组织文化不能接纳试验和失败,导致组织缺乏透明度

- 领导力是授权风格而不是领导风格

如果上市时间真的是一个业务驱动因素,那么这件事情一定是敏捷转型工作中的关键事务与重中之重。业务部门、技术部门以及整个组织都需要解决该问题所涉及的所有相关障碍以缩短上市时间。心智模式、文化、行为、流程、系统、结构——所有这些都有助于我们解决团队面临的障碍。可事实上,大多数领导者都试图以他们解决问题的一贯方式来处理这些事情,结果便是大家维持现状而不是转型变革。在这种情况下,敏捷变成替罪羊。无论业务驱动因素是什么,都要仔细检查内部和外部的变革动力如何影响转型结果。

总之,转型关系到创新、颠覆、想法、可能性以及创造力。这正是组织不仅能够生存下去而且还能在不断变化的世界中蓬勃发展的秘诀。敏捷转型即是组织变革,需要整个组织参与进来并致力于变革,还需要在进行转型时留意所有四个象限。

10.2.5　指导变革过程

在指导组织变革的过程中，敏捷转型领导者或企业敏捷教练（无论是内部教练还是外部教练）起着非常关键的作用。请注意，我们这里的用词是"指导"，而不是"为之负责"。变革过程是与客户一起——尤其是与敏捷转型社区成员一起——共创的过程。我们在前面已经明确了领导者不将转型领导责任强制委托或者授权给他人的重要性。只有立足于创造成果的心态，从热爱学习、拥抱他人观点、对他人持有怜悯之心、不太关注自己的个人需要和愿望而更关心整个组织这样的心智模式和思维方式，才能催生出共创能力。

在第 8 章，我们提出要使用整合组织发展（OD）方法并有意识地关注内部和外部的变革动力，这就是你在组织中构建变革能力的方法。那么，这个方法看起来应该是什么样子呢？

10.2.5.1　变革的人性方面

从领导者的警铃响起之时，变革中的人性因素就存在了。当领导者意识到自己领导组织的方式需要变革时，当他们认识到自己的工作和应对挑战的方式需要发生大的转变时，当他们开始觉得手忙脚乱和无所适从时，他们的情绪、情感、恐惧、好奇心以及激情，即他们的人性，都已经进入了变革的过程。他们也许并没有认识到这些，或者也能与之和谐相处，但这些人性方面的东西总是存在。而且无论他们采取任何行动适应或应对变化，人性方面的因素总会出现在最前面。让领导者清醒地认识自己在变革中表现出来的人性，有助于他们更加清楚地看到这些变革如何影响组织的其他部分。这还有助于他们设计变革计划，将人们对变化的反应纳入考量，以及每一步都以满足这种需求的方式来推进变革。不这样做的话，变革进展就会屡屡受挫，无法展开实际的变革行动，最终导致整个变革过程陷入困境。

有许多不同的变革模型试图帮助人们应对变化，无论这些变化涉及哀痛、死亡、离婚、失业、工作变动或其他事宜。其中某些模型以非常线性的方式谈论人们对变化的反应。以我们从事组织变革工作的经验看，人们并不是必须要以相同的方式或以线性的方式应对这些变化。某种程度上，如果有意识地带着这种理解来设计变革，你就有能力成功克服使组织陷入困境的许多变革障碍。让我们来看一个变化模型（即萨提亚变革模型），它描述了人的变化过程，如图 10.1 所示。

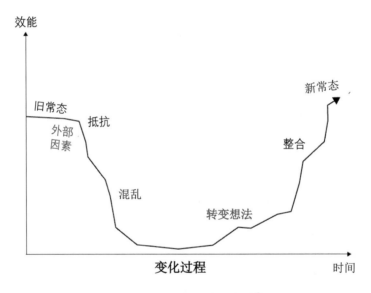

图 10.1　萨提亚变革模型 [①]

在典型变革管理待办方法中，变革是在闭门造车的情况下计划出来的，然后组织发布正式的企业红头文件来通报变革，旨在"抛出"变革而不

① 　图片来源：https://10minutehr.com/2013/11/11/chaos-in-the-organisational-change-process-dont-try-to-avoid-it-manage-it/。

是真实地传达变革，一线工作人员几乎没有输入任何信息，也没有参与解决方案的共创设计。通常，这种方法自然会引发众多抵制。诱发这种抵制的真正的根本原因是，人们认为这项变革是用来对付他们的，而不是由他们或通过他们来实现的。但是相反，如果在一开始，当外来因素引起或揭示了需要改变现状时，你有意识地引入整合组织发展方法，会发生什么事情呢？然后，情况看起来又如何？阻力可能会小得多。

与普遍的理念相反，人们并不会天然地抵制改变，尽管人们确实会抵制强加给自己的改变。以下是人们抵制变革的其他原因。

- **风险**：公司地位或安全感的丧失。人们相信变化会使自己受伤。

- **非强化奖励系统**：人们看不到这种变化的好处。"这对我有什么好处？"

- **惊奇和对未知的恐惧**：人们没有足够的信息。例如，人们不理解变化如何影响他们的工作、日常沟通或他们的未来。

- **同伴压力**：人们想要保护"集体"。

- **不信任的气氛**：存在太多未解决的、糟糕的历史问题。

- **组织政治**：每个人都有个人动机。人们相信领导也有个人动机。

- **失败的恐惧**：人们质疑自己的能力。

- **缺乏智慧或时机不当**：人们讨厌领导者的实施方法。

要真正推动变革，需要更有意识地使用以人为本的方法，这意味着在变革工作开始之初就要考虑变革的障碍并关注人们的需求。我们知道，这要求领导者必须自我察觉、怀有先见之明关注其自身的发展及与他人的合作方式，以及站在他人的角度思考问题。

10.2.5.2　组织方面的变革

组织方面的变革通常最受关注，多年来众多的组织变革模型大行其道。其中，约翰·科特（Kotter，1996）的方法和 Prosci 方法的 ADKAR 模型非常有名。但不管什么框架或模型，有效用好才是关键。就像变革的人性方面不是一个线性且可预测的模型，组织变革模型也不例外。虽然某些变化元素是线性的，但在敏捷的环境中，我们会采用适应性方法，建立频繁的反馈循环并不断修正方向，我们将整个系统纳入一个刻意设计的过程，包括所有象限和高度的视角。我们还应该尽早开始并在整个变革过程中建立可持续性。

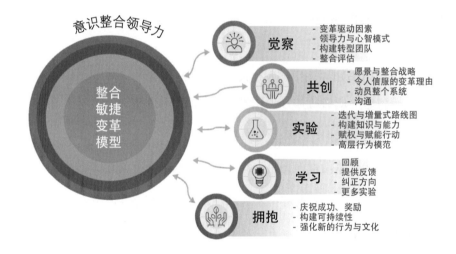

图 10.2　整合敏捷变革模型

我们将自己的变革模型称为"整合敏捷（IA）变革模型"。在这个模型的最高级别，意识整合领导力是最重要的组成元素，因为变革的每一步都会涉及它（图 10.2）。以下是这个模型的五个主要阶段。

1. 觉察（Awareness）：这个阶段包含更深的、多层次的觉察。它包括通过组织评估来理解这么几个方面的情况：为什么要开始这种变革（例如业务驱动因素）；在具体的环境中转型意味着什么；它在领导力和承诺方面的要求；对领导力和心智模式的自我觉察；对组织在领导变革有效性的认识；在具体的领导力和转型社区内建立变革意识；了解你现在从哪里开始。觉察活动不会止步于开始，它贯穿于所有活动和手头工作及其上下文环境的整个过程。

2. 共创（Co-create）：我们特意使用"共创"这个词，旨在特别强调共创是敏捷转型活动的关键起源，让人们觉得他们足够深度地参与变革因而拥有了主人翁意识，并且确保解决方案质量高且有效。这个维度包括阐明令人信服的变革原因、共同创建变革愿景以及动员整个系统都参与进来。

3. 实验（Experiment）：这个阶段以身心敏捷的方式应对变化。它要求采用适应性——探测－感知－响应——的思维方式，而不是来自反应性心智模式的预测与计划性方法。实验意味着尝试新的做事方式，并以不同的规模、以迭代和增量方式进行。这可能也意味着创建行动路线图并频繁对其进行评估。人们需要进一步了解新的工作方式，使其能够实际进行实验——这在部分上解决了前面所列出的变革障碍。当你赋能人们使其能够进行实验时，你将有能力回头专注于自己的领导力发展，能够退后一步来应对内心深处的焦虑、恐惧情绪以及掌控形势的需要。当你决定进行敏捷转型时，实验至关重要，对了解当前的文化以及对风险和失败的容忍度也不例外。因此，尽早就转型变革进行对话非常重要。一旦选择了转型，很可能就得改变当前的工作方式，领导层也必须以身作则，并期望员工也能有所行动。这需要一些练习、一些实验以及相当的耐心和同情心。

4. **学习（Learn）**：我们尝试学习和成长。回顾自己以往的做法，然后继续坚持有效的，而在无效时学习并纠正方向。我们必须乐于提供和接受反馈，以在个人和组织上都能有所学习和成长。学习会产生新的实验，进而带来新的学习，周而复始。这需要有意识地努力创造一种以实验和学习为特征的文化，而根据现有的文化，需要考虑如何将其纳入自己的变革战略。

5. **拥抱（Embrace）**：一旦真心拥抱变化，就可以准备庆祝成功了；不需要疑惑是否应该继续如此，而是应该思考如何强化学习和成功。这个维度举例说明了整合敏捷变革模型为什么不是线性的。

随着新事物的出现和发展并在变革尝试的过程中不断发生变化，上述这些步骤中的每一步都应该是一直循环进行的。最重要的是，领导层应该拥抱变化。

下面让我们更详细地探索整合敏捷（IA）变革模型的关键组成部分，进一步了解其实际步骤。

10.2.5.3 系统进入

了解了刚才所介绍的变革中的人性和组织，作为变革领导者，你以什么样的方式开始与即将发生变革的系统协同工作就至关重要。从有关变革的第一次对话开始，你就是系统的一部分。在组织发展学中，这个关键时刻称为"系统进入"（Systems Entry）。这也是变革过程的一部分，从此，事情要么开始变得顺利，要么严重偏离正轨。如果是外部企业教练，那么系统破冰的想法可能很有意义，但如果是一名内部员工，这似乎是一个奇怪的想法。我们的经验是，这个阶段对内部人员来说可能更具挑战性，但它同样是至关重要的时刻。

对于系统破冰，主要的任务是，确定谁是真正的客户，与关键参与者建立融洽的关系，了解变革的总体"内容"和"原因"，并就你的角色范围及合作方式达成一致。传统上，系统破冰以与发起人及其他清晰阐明这种理解的关键参与者签订社会契约合同而结束。这个过程，尤其是如何与客户（内部或外部）"签约"的概念，彼得·布洛克在其著作《完美咨询》（Block 2011）中进行了充分的阐述。根据我们的目的不同，他区分了需要敏捷顾问开展工作的三种方式，分别是拥有授权的专家、只处理领导的"待办事项"列表的助手以及以协作方式工作（这是我们的首选方法，也就是我们所说的共创）的个体。布洛克指出，在开始的时候，你与客户系统的合作方式影响最大。需要特别指出的是，如果你表现得过于好说话、缺乏诚信，从我们的经验来看，你将来肯定会后悔。

这就是"我即工具"（self-as-instrument）从意识意图出发来领导变革工作的重点。我们必须认识到，我们创造了自己的现实经验，并对自己的行动、行为和结果负责。当我们不能有意识地去创造自己想要的结果时，我们就只是在随波逐流。然后，我们就很容易陷入"受害者"心态，即当事情没有按预期进行时就会责怪别人。在此期间，作为转型领导者，明确我们自己的愿望和需求就成了一项必不可少的任务。

一旦开始启动系统变革，就需要考虑下面这些重要因素。

- **确定真正的客户是谁**。这是一项看似奇怪的任务，但实际上有些棘手。例如，从某种角度来看，按道理讲，客户就是变革发起人，甚至可能是你曾经的老板；从另一个角度来看，它可能是变革团队或转型社区，但从再一个角度来看，客户是系统本身，与变革的组织范围相一致的系统。这些观点中，个个都有效。更复杂的是，这些系统又是相互嵌套的。明确如何考虑客户是谁——无论对你自己，还是对与他人的沟通和协调——都将创造更大的清晰度并使变革过程变得更好。如果不能澄清谁是真正的客户，那必会徒留遗憾。

- **确定变革发起人。**这是一个非常关键的决定，特别是当某个人被指定担任变革发起人但他并不真正适合该角色时。对于发起人来说，有两件事必不可少：承诺和影响力。发起人必须有足够坚定的承诺来全力以赴支持该动议，甚至将其部分声誉投入到变革的成功之中；缺少这一点，转型之路将举步维艰。第二个概念——适当的影响力和组织权力——最好由对组织的变革范围拥有最终权力的人来负责。换句话说，如果变革范围确实是整个企业，那么发起人应该是 CEO；相反，如果范围是一个业务部门，那么发起人应该是负责该业务部门的总经理（或其他同等头衔）。

- **确定所有利益相关者。**某些利益相关者显而易见，而其他利益相关者却难以识别。你可以询问来自不同角色和组织的各个级别的不同人员，以及那些将受到变革影响的人。这将让你构建一张大网，并逐渐开始与各路人马建立融洽关系。

- **签约。**正如我们已经提到的，"进入系统"是你以变革领导者的身份开始讨论契约（社会契约，不一定是法律契约）的重要时机。无论是被赋予此职责的内部人员还是进入系统的外部敏捷教练，对这个角色都有一些常见的误解，如果没有公开的契约讨论，就会做出许多假设，甚至会有潜在的错误假设。在这些不适当的假设导致问题之前就开展契约讨论是一种有意识进入系统的方法。如果你是进入系统的外部教练，并且你没有参与最初的"兜售和解决方案"流程，那就坐下来了解自己的角色，让客户了解自己的工作方式、你的价值观和指导原则，这一步更为重要。通过这种方式，有意与客户共同构建伙伴关系。

- 与转型团队及所有相关的利益关系人建立融洽的合作关系并设计一个联盟。这项活动旨在对你们的合作方式达成共识和期望——清晰理解各自的角色、责任、预期承诺、如何处理冲突、对方如何提供反馈以及合作等的总体指导原则和价值观。

- 澄清业务案例。与客户合作确定变革的业务案例、预期结果和工作范围至关重要。如果这一步没有完成，或者当使用常用行话草率地完成时，你就无法充分理解成功看起来是什么样子以及如何知道（衡量）何时实现了成功。因此，领导层也不知道他们的敏捷转型是否成功，也看不到支持成功的数据。

- 明确教练角色。在与领导层合作时，明确自己的教练角色也很重要。这可以被视为签约的一部分，你应该与你指导的任何领导者建立一个经过设计的联盟关系。在大多数情况下，组织领导者并不真正期望企业敏捷教练提供个人领导力指导，尽管他们可能会寻求"如何才能变得更加敏捷"的建议。与不同级别的领导一起工作需要一套不同的教练技能，以及对每个领导者的业务背景和挑战有更深入的了解。事先明确教练关系至关重要。当假设被弃之不管时，我们会发现自己并没有完全掌握自己的力量，因为我们不确定自己是否走在正确的轨道上、是否越界、是否步子迈得不够大等。

10.2.5.4　了解变革驱动因素

向人们充分展示组织面临的挑战以及为什么需要进行敏捷转型，以这样的方式来理解变革的推动因素是非常重要的，这不仅仅只是想想就算了解它们了。变革的驱动力可以来自很多地方，比如组织、市场、环境、技术、文化、领导力以及心智模式等诸多因素。很多时候，我们将组织、市场尤其是技术因素视为推动变革的业务原因。领导者经常忽略的一个事实：即使是技术实践这样的大规模变革，可能也需要组织文化和心智

模式的转变——不仅是领导者，还有员工也应如此。下面举例说明一家
公司如何认为自己只是在做技术变革而完全忽略了来自文化、心智模式
和环境的变革驱动因素。

米歇尔的分享

几年前，我母亲在一家大型医药公司做兼职。她的工作是向整个州
的私人疗养院和其他大型护理机构运送非常重要的药物。该公司雇
了将近 1 千名员工来做这个事情。当然，还有经理、药剂师和大量
员工在支持这项服务。

随着时间的推移，这个行业的情况发生了变化，政府和州的法规收
紧后，交付方式发生了变化，政府颁布了有关可管理药物类型的其
他法规、健康保险流通与责任法案（HIPAA）以及强制执行的电子
数据采集和归档法律等。受此影响，该公司被迫改变与其客户的基
本合作方式。他们的高层领导人开始关起门来进行改革，然后在紧
迫的期限和任务下"推出"面向整个公司的大规模变革措施。变革
中领导者并没有考虑文化或心智模式或人类的基本尊重需要，以及
可能导致的意外后果。

整个公司几乎所有司机都是年龄较大、退休的或兼职的人员。这些司
机已经在各个疗养院和大型护理机构及其员工中建立了良好的声誉，
但是，他们并不精通技术。很多司机因为害怕、沮丧、无法学习新技
术等原因而辞职，或者因为不遵守新的规则而被解雇。虽然公司确实
为他们提供了一些培训，但远远不够，因而结果自然也可想而知。

护理机构也没有为此项变革做好准备；事实上，他们甚至直到事后
才意识到这些变革。当医药公司的司机辞职或被解雇时，护理机构

变得非常不满，他们很不高兴。重要药物的运送开始延误，导致护士们不得不走捷径。因为护士们也要遵守病人的用药指导方针，所以这些变化也会对他们产生影响。

这个例子充分说明了领导者忽略本来认为只是"技术变革"所产生的影响。这种变革要取得成功，实际上需要关注所有四个象限，并制定意识层面和战略层面的变革方法。你可能会说，最终改变不还是发生了吗？！也许的确如此，但组织、领导者、员工、客户以及客户留存和员工留存的成本都很高。你也许可以通过被动的反应性心智模式来完成一些事情，但总会带来与之相关的高昂成本。此外，你也不会获得变革性的、突破性的结果。

理解业务变革驱动因素是一项有意识的练习，需要了解变革带来的影响、相互依赖性和更深层次的结果。它不会自动完成。在敏捷转型中，前面提到的许多变革驱动因素都将发挥作用，重要的是要梳理每一个驱动因素来清楚地了解所涉及的变化、你想要的结果、哪些重要的度量措施和指标需要跟踪、你需要使用现有哪些数据、需要哪些新的行为、哪些孤立组织结构导致了这个驱动因素以及成功看起来是什么样子等。这些信息将帮助你构建一个对组织非常有意义的变革故事。

10.2.5.5　评估组织

组织评估，在我们的具体语境中有时也称为"敏捷成熟度评估"，从不同的角度来检视，并使用考虑所有四个象限以及组织的高度和发展路线的结构化整合方法，旨在使组织系统的当前状态清晰呈现出来。我们建议你在第 8 章结果后以非正式的方式开始为自己的评估制定相关的问题列表。即使你在转型工作中做得很好，但现在你已经阅读了本书并开始内化我们所提到的整合方法，我们建议你认真考虑开展这项评估。如果不出意外，你将能够澄清自己在案例中已经隐约（并且可能是无意识地）采取的行动。

整合组织评估包括查看客户个人及其集体的信念、心理安全水平、有助于保证输出和可交付成果质量的行为和态度、业务实践和流程以及它们与敏捷实践的对齐程度、组织系统和结构及其适应性和价值流动的水平、治理、决策、对试验的容忍度、人力资源绩效系统、领导力的心智模式及其有效性等。这将帮助你以变革领导者的身份更清楚地了解组织当前所处的位置，进而采取适当的行动，并与客户当前所处的位置相匹配。这项评估应该明确组织当前状态与理想状态之间的差距，并为指导后续行动步骤提供清晰的信息。

对于如何和何时进行组织评估以及是否收费，咨询公司和独立教练有不同的处理方法。在我们对组织进行评估之前，我们经常按要求在销售流程的早期提出一份完整成熟的提案，其中包含明确的转型方法。在没有评估的情况下就提出解决方案暗示有那么一种"万能"的敏捷转型方法。如果组织正在寻找真正的合作伙伴帮助其开发一套解决方案和方法并在解决方案的设计中考虑其组织背景、挑战和愿景，那么会在完成评估后才给出这样的建议方法或解决方案。当然，评估不需要持续数周或数月。与客户打交道的企业教练应在变革团队其他成员的帮助下引导评估，然后与高层领导团队分享调查结果及相应建议。出于这个原因，我们认为，组织为评估付费通常更可取，因为他们会收到有价值的评估输出作为可交付成果。这个评估时间让客户有机会见证教练/顾问的行动，并了解他们的工作质量和个人动力。

10.2.5.6　构建敏捷转型社区

无论是对个人还是组织，一旦听到变革的呼声并了解使这种变革成为现实的前提条件，你就必须确定如何领导变革。这一步自然也需要有意识地进行计划。事实上，在整个转型过程中，每一步都需要有意识的变革领导。

敏捷转型社区包括齐心协力指导变革的各级领导小组，他们都是变革的领导者。这个角色并不是在他们已经负责的诸多事情之外"额外"增加的责任，而是组织非常重视和认可的关键职责。我们见过一种模式，转型社区中包含各种正式的敏捷角色，例如产品负责人、变革发起人、敏捷转型领导者和敏捷倡导者等，这些角色由管理层"选择"，然后分配给有更多可用时间（但不一定有正确的技能）的人或者追加到那些本来就很忙碌的人身上使其更忙。这些做法都是大错特错的。如果敏捷转型努力的成果是公司优先级最高的事项之一，就必须问问自己，是否真正为成功做好了充分且必要的准备。

在建立敏捷转型社区时，请考虑各种不同的因素。例如，对变革的热情和愿景、真正想要担任这个角色的人、所需的能力和技能、多样性、在组织中的影响力、以完成任务而闻名的"明星"、受人尊敬的领导者、思想开明的领导者、优秀的倾听者、卓越的沟通者、鼓舞人心的领导者、指导和发展员工的领导者还是微观管理者、不惧试验失败的领导者、优秀的协作者、能够平衡工作和个人生活的领导者等。虽然这个列表看起来有些理想化，但以谨慎而周密的方式建立这个团队，非常值得投入时间和精力。从某位具有前述这些特征的领导者着手，有助于建立敏捷转型社区。

敏捷转型社区应该包括来自各个领域的代表，而非只是 IT 领域。特别应该包含如下人员：

- 变革发起人；

- 高管领导团队（与组织的变革范围相对应）；

- 转型领导者；

- 敏捷转型或变革团队；

- 企业敏捷教练和团队敏捷教练。

迈克尔的分享

我们在金融服务行业有一个中等规模的客户组织，他们有一个优秀的敏捷转型社区案例。工程副总裁迈克和业务组织副总裁史黛西有一个牢固的伙伴关系，这为该集团的成功经营奠定了坚实的基础，后者是麦克的客户。两人真正建立了一个共同的愿景，他们创造了业务技术合作伙伴关系的典范，许多敏捷教练发现，自己的转型客户中，普遍缺乏这种合作关系。该集团还将负责公司治理的项目管理办公室（PMO）副总裁安琪加入这个变革团队中，从领导者的角度来看，这项举措使变革成为组织工作的重心，充分体现了领导者优先负责变革的做法。

我建议转型小组在开始启动敏捷团队之前就开始处理组织变革问题，虽然这不是他们期望的，但他们仍然认真接受了我的建议。结果，在他们领导的团队面临变革问题之前，领导者真的知道了组织层面上有哪些期待。他们被视为真正在领导组织变革。我们后来增加了一名 Scrum Master、一名技术主管和一名一线团队经理，从组织层面上平衡各个层级。这个敏捷转型社区至少指导公司成功实现了某些方面的转型。

10.2.5.7　变革战略指导

企业教练在帮助客户共创转型的变革战略上发挥着重要的作用。变革战略（战略转型设计）是一项高层级规划，通过该规划把企业愿景变为现实。该变革战略应该包含以下要素。

- 一套与客户共创设计变革战略的结构化方法，而不是由专家来领导。这会让客户成为变革的责任人，在你的指导下，强化、对齐并增加客户更快达成目标的可能性。

- 人员和业务系统的敏捷性（变革的内部和外部动力）。使用整合敏捷转型框架（IATF）作为指南针和地图，企业教练能够清楚地看到每个象限需要哪些关键战略，从而更有效地设计出战略。

- 计划如何向组织沟通自己的转型和变革故事。

- 一套结构化、设计好的方法，用于处理当前文化与期望文化之间的不匹配。

- 如何做决策，包括决策和变革治理的传达流程。

- 当所赞成的变革努力因强加的限制——例如价值观、文化、能力、领导力、意愿等——而无法实现时，与客户进行勇敢、真实的对话。

- 变革过程中组织需要遵守的原则（例如目的和组织价值观）。

- 一种迭代式、自适应性的而非确定性的方法，具有基于经验的"检视和调整"模型的内置反馈循环。

- 一种方向修正模型，其中正反馈加强从当前现实到设想状态的现有方向，负反馈使学习和方向修正的需求变得透明。方向修正要求停下来学习并朝着新的方向前进——要求人们意识到他们的反应性倾向可能会成为他们的障碍，因为方向修正对大多数人来说是一个不小的挑战。它要求人们转向并接受不清楚的模棱两可的事物，接纳错误和失败，承认脆弱感，并理解自己的素质或能力可能需要提升。如果不以成果创造思维展开行动，我们可能会变得反应过度，出现混乱、自我怀疑、情绪化并被害怕失败的心理吞噬。或者（但仍然是被动的），我们可以通过强迫确立尚不成熟的决定来克服这种不确定性，但这需要在内部保持多方面的协作，使组织能够实现自我调整。

10.2.5.8　共创一个引人注目的变革故事

在理解变革的驱动因素并为变革制定愿景之后，是时候在更大的范围内广泛沟通这些信息并获得组织内部认可了。这时就需要一个"变革故事"。共创变革故事，需要以一种人们可以理解并能够感受到变革之必要性的方式，清晰地阐明变革驱动因素以及变革愿景。

非常常见的情况是，变革是使用正式的官方沟通方式来传达的——可能是电子邮件或一些正式的"企业公告"。组织过去可能经历了多种类型的变革举措，但令人惊讶的是，组织中如此多的员工无法阐明任何特定变革的具体原因。大中型组织中的普通员工似乎与敏捷转型的愿景毫无关系。当我们向团队成员甚至中高层管理人员询问为什么要进行变革时，我们听到了各种各样的答案，其中包括"我不知道为什么"——但他们常常会对变革的合理性做出自己的假设。

如果先前经历过任何类型的转型，如果过去尝试过敏捷转型但以失败告终，或者即使正在进行第一次真正转型之类的变革，那么锁定一个令人信服的理由，让人们能够参与到变革中来，是绝对必要的。他们需要看到这次变革完全不同于过去任何失败的努力，沟通工作需要的也不仅仅是来自领导层的寄语。员工需要从领导层看到变革的真实性，并观察到与以往不同的行为及思维模式。这也是集体领导有效性发挥作用的时候。如果组织内的横向边界之间存在异议和分歧，员工也会出现分裂、孤立和抵制等反应。要真正参与变革，这些员工需要成为变革过程的一部分并提供自己的意见；他们需要感受并看到好处，而且能够看到领导层实际上正在领导和身体力行地贯彻着他们希望看到的变化。

领导者经常会问我们如何才能为变革打造一个激动人心的故事。尽管拥有一套鼓励人们参与且涵盖全面的方法并且能够让合适的人参与其中很重要，但确实没有一成不变的实践套路或者魔法般的神奇公式。为变革构建吸引眼球的故事，第一步也是最关键的因素是，使这件事情本身成为一个有意识的共创过程。在完成创建这个激发兴趣又引人关注的变革故事的过程中，集体意识觉醒很重要。组织中有其自己的关于它曾经在哪里、如何到达那里、什么有效以及什么不再有效的轶事传闻。组织有很多值得骄傲和欣赏的事情，但有些事情现在需要放弃了，因为这些事不再能够帮助组织迈向其设想的状态。当下，你正在为组织铸就更多新的辉煌。

10.2.5.9　个人变革能力的考量

敏捷领域通常不讨论变革能力。因此，让我们暂时跳出敏捷领域。

前面我们说过，组织需要真正变得善于变革，因为变革总是会发生。花一分钟想想在你工作过的所有组织中必须经历的所有变化。那些变化很可能包括小到流程变化，大到较大的过渡措施，甚至更大的革命性转变。近年来，很多组织不得不经历更多的转型变革，生存是其惟一的目的。

现在，想想你所经历的变革中有多少是与组织中发生的其他变革行动相协调的。是否考虑过对变革、影响、相互依赖性或变革疲劳的优先级排序？在我们合作过的所有组织中，"组织变革"并没有成为有意识的和刻意而为的工作。在大多数组织中，没有负责所有变革工作的统筹领导团体（umbrella group）。人们只能承受如此大的变化，但并不总是有足够的能力同时开展许多或大型的变革行动。如果不能以战略性、规范性且有意识的方式进行变革，职业倦怠、员工士气低落和人员流失就不可避免。你不能指望从精疲力竭的员工那里获得创造力和灵感。

当走出敏捷领域时，我们会考虑其他变革举措，我们会询问人们并寻求发现其他变革努力将如何影响敏捷转型，以及它们如何在人员、流程和技术方面与敏捷变革重叠。我们会考虑如何协调工作，使其与组织共同的目标保持一致，传达一致的信息，如此等等。我们还开始教育组织如何以完全不同的方式应对变革。

组织需要一种机制来管理变革、确定优先级并考虑是否有能力发起更多变革。想一想这个问题：如果组织真的非常擅长变革，会取得哪些竞争优势？如果善于变革优先级最高，又会怎么样？一旦想到改变，是感到沮丧而倍感焦虑，还是满心抵抗？感受一下，并探明自己可以从改变中学到什么，找到自己的心智模式和改变的方法。想想员工，当另一个变化从上层推下来，使其本已负荷满满的工作越积越多时，是否可能有相同感受？你可能会听到这样的话："太好了，又来了——又一个变化，要添加到我现有工作负荷中的其他新玩意！"这就是变革疲劳的迹象。对变革有抵触情绪的原因很多，这只是其中之一。

在践行整合修炼的时候，成果创造型领导者会在评估组织的变革能力时查看所有四个象限。如果我对压力做出反应，那我只是在推动我的员工；我在做决定并且我在强制改变。我们需要有意义的愿景、战略聚焦、系统意识和系统思考（超越眼前的压力）、可持续的生产力以及发自内心的关心人，才能深思熟虑地实施组织变革。

10.2.5.10　实施并持续变革

一旦制定变革策略，就可以将其付诸实施。企业教练将敏锐地识别所有会影响组织从当前状态转变为理想状态的能力因素。教练会看到当下可提供支持的东西、当下缺失而需要创造的东西以及阻碍或妨害成功的东西。人们需要采取谨慎的结构化方法来确定这些因素，发现更多必要的行动信息，也包括需要回答哪些问题以及需要哪些支持，然后开始创建转型待办工作事项并通报其路线图。重要的是要优先考虑这些问题，并将重点放在可能阻碍或破坏转型工作的事情上，使其完全透明。虽然我们在敏捷中推广透明度，但根据文化和变革型领导者自己的反应倾向，人们拒绝提供一些确凿的事实或提出一些深刻的问题，也并不罕见。

路线图或实施计划应当包含以下关键要素。

- 排好优先级顺序的工作事项（行动）。

- 每个行动事项的负责人。

- 个人或团队在事项上的工作。

- 时间线：路线图是一份在线文件，着眼于更短的时间框架，允许检视和调整以及纠正方向的行动。

- 影响、依赖关系、彼此依赖性：受变革影响或涉及变革的组织领域。

- 工作人员及资源：开展工作所需要的时间、材料和预算。

如果组织正在招聘外部顾问和教练，那么早期的一个重要步骤是将如何维持变革纳入组织的战略考量。这不仅限于外部教练离开后将如何维持敏捷转型，相反，重要的是要在转型的早期阶段就建立一个有意识的战略，以便于外部敏捷教练指导和培养即将担任这个角色的人。此外，制定战略和行动计划来维持人们的积极性并保持动力持续也是至关重要的，特别是对于可能需要很长时间的敏捷转型。企业教练和转型领导者应当全面鼓起人们的精气神儿，感知并响应它。更重要的是，他们应该在整个转型之旅中积极构建能够维持人们变革动力的战略举措。

10.2.5.11　处理变革障碍

组织障碍往往会在变革过程中暴露无遗。在组织层面，这些障碍可能阻碍你实现敏捷能力。这些障碍的类型通常涉及变革驱动因素、愿景和变革战略等领域的战略错位；它们影响着文化、心智模式、结构和实践的所有象限。如果领导者面对当下应解决的问题、解决方案和执行时不能保持一致，那么变革过程中的诸多障碍就会以众多互不相同的形式展现出来。

很多时候，可以在前期评估中识别出一些变革障碍，我们建议在变革战略的实施过程中加入用于克服这些障碍的方法。值得注意的是，当组织不愿意首先针对文化变革而开始转型时，各种挑战将会暴露无遗，而且亟待解决，其中很多挑战我们在早先讨论变革的人性和组织方面时已经介绍过。

在处理组织的变革障碍时，领导力态度将成为你在解决这些挑战时进行协作和共创的关键因素。处理这些问题的一种方法是建立一个跨职能、跨层级的组织级团队，在这个组织级团队里培养好奇心而不是恐惧或焦虑文化，遵循的实践来自"感知并响应"（sense and respond）思维模式，这将引导我们用客观方式来区分哪些是事实、哪些是感受而哪些是假设。

10.2.5.12　知行合一：指导变革过程

从有意识地考虑变革的人性和组织，到贯穿于实施和维持变革的所有方式方法，我们已经对变革指导过程中诸多要素提出了相当多的建议。取决于组织变革所处的上下文环境，可以采取许多不同行动。以下是可能需要尝试的一些行动。

- 观察自己如何关注变革中的人性及其如何为自己造成变革障碍。自己是如何对这些障碍做出个人反应的？

- 评估自己正在使用的方法，以及变革模型是否包含整合象限的方方面面。如果目前还没有使用任何变革模型，又该如何影响和修改当前的方法呢？

- 花些时间仔细查看一下本小节的每个部分，记录一下你可能采取的行动（旨在解决当前的变革障碍）。

- 一旦采取这些行动并与他人进行对话，就要时刻保持好奇心并向他们虚心请教。请留意为了匹配他们当前所处位置并有助于获得新的见解，到底需要什么。当你感到"卡壳"的时候，停下来，深呼吸，挑战一下自己的思维，并有意识地选择下一步行动或措施。

- 记住"超越并包含"（transcend and include）方法。一旦感到沮丧或"卡壳"，请注意其他人的思想或想法中健康或部分真实的部分，承认那些积极的并将之包含在自己的方法中。一旦可以更一致地这么做，将能够开展合作式讨论。深入思考这些问题的一个好方法是，使用"是的，并且"（yes, and）的句式。一旦采用这种来自即兴戏剧的沟通技巧，就不至于再次拒绝其他人的灵感了。

10.3 启动整合修炼

在即将结束本书之前，让我们评估一下当前所处的状况。你可能觉得我们貌似只是用各种令人困惑的视角、反思、实践以及潜在的行动来打击人。事实上，此刻将 IATF 付诸行动似乎是一项艰巨的任务，毕竟，有无数个选项摆在你的面前。为了帮助你集中思考，接下来我们为整合修炼中的每一项列出一到两个行动，我们认为这些行动可以帮助你启动敏捷转型工作。或许可以将它看作是一份能将 IATF 应用在敏捷转型上的活动列表，其中列出一些"马上就可以开始落实的行动"。

将整合修炼作为组织的指南针

要想取得显著的效果，莫过于聚焦于行动。整合修炼给我们提供一个行动框架来帮助我们进行敏捷转型。接下来让我们以人为例，通过类比的方式来了解这一思路。

如果一个人希望自己各方面都尽可能健康且高效，那么某些形式的训练和练习相对来说对他会更适合。倘若我们想要身体上、情感上、精神上以及心灵上都井井有条的生活，那么一个随意的计划是不会见效的。无论是最新潮的饮食计划还是评价最高的锻炼计划，都不会让我们实现所有的目标。相反，我们需要设计一个重点突出的计划，这样既能节省我们的精力，还能有"交叉训练"的协同优势。其中，某一项训练（例如力量训练）与另一项训练（例如瑜伽或普拉提）是互补和协同的。同时开展这两项训练最终能让我们更快地实现总体目标（当前这个例子中的总体目标也许是增加身体的核心力量）。

一些高级整合实践者与肯·威尔伯合作，采用多项修炼、交叉训练的原则来开展整合式生活练习（Integral Life Practice），旨在帮助人们在各个关键维度上实现最高生活目标。整合式生活练习有四个核心模块：心智、肉体、灵性、阴影。我们可以直观地理解为，在我们的生活当中，建立一种完整和平衡的感觉相当有意义。整合式生活练习的创立者和我们自己都认为，如果从各个模块中分别选取一项练习，以自律的方式有规律地进行实践，就会产生惊人的结果。整合教练过程采取相同的原则，在四个象限中使用不同的发展路线来帮助客户成长。我们已经运用这一基本设计原则开发了整合修炼。

整合修炼定义了五大领域，在各个领域中采取一些有规律的行动，将会大大增加成功的机会。与其采用以"它"象限为中心进行"教学、作业和实施"的敏捷实践方法后将"安装"敏捷 OS 而来的一系列领导力和文化问题合理化，还不如从一开始就采用一种平衡的方法。这并不一定意味着我们在每项修炼中所做出的努力都是均等的，但我们也不会忽视其中的任何一个。每一项修炼的工作量不必很大，但确实需要付出一致且实质性的努力。

这五项整合修炼是敏捷转型的指南针，它为我们设定了方向，能让我们在前行中检查自己所处的位置。为了帮助你沿着这个方向前行，在本书最后这个部分，我们分别针对五项整合修炼中的每一项来探讨那些可以付诸实践的行动。

行动 1：不断进化的有意识变革

评估当前的变革过程：

- 你当前的变革过程是什么？你如何有意识、有意图地将变革中涉及人员和组织的内容纳入其中？

- 尝试对整合模型进行实验。请注意观察整合方法中可能缺失了哪些元素（例如组织评估和组织约定）。尝试在这些缺失的元素之中选取一些能对结果产生重大影响的关键要素，然后付诸实践。

- 组织是否能有意识地关注组织中所有的变革计划，并且在维护共同利益的前提下对所有变革工作进行优先级的排序和协调？可以先尝试建立一个小型变革办公室。发掘组织当前正在进行的所有变革工作，并尽量多了解，包括人的感受。一旦获得这些数据，就会对组织当前的变革能力有更加深刻的认知，比如把敏捷转型作为另一个变革计划。

行动 2：不断进化的意识

对组织的领导者进行纵向培养。要想通过转型来领导组织，就需要培养应对复杂性的内部能力和外部能力，这就进一步需要发展纵向领导力。鉴于许多领导者面对转型可能都会"不知所措"，所以当务之急是帮助所有参与转型的领导者获取有效的 360 度反馈，然后根据人们需要进一步发展的能力制定结构化的领导力发展计划。在制定计划时，我们建议你向人力资源团队报备并尽可能与他们合作，因为他们可能管理着领导力教练和 360 度评估工具的使用。在敏捷转型背景下，将敏捷领导力发展与人力资源部门的领导力发展工作协同起来，这一点至关重要。

培养集体领导效能。支持纵向领导力发展的另一种附加（补充）方法是建立同级领导力教练小组。在这些群体当中，领导者在领导力发展目标上可以相互支持、相互提供反馈并且相互责善，使彼此对自身和集体的发展目标负起责任来。

行动3：不断进化的产品创新

确定当前产品开发成熟度所在的级别。首先，需要评估组织当前在产品开发实践方面所处的高度。如果当前仍然是由高级管理层设定产品发布的最后期限而不是由产品负责人决定是否准备就绪，那么说明组织大概率采用的是更加面向目标的开发方法。正如我们在第9章中所说，这种处于中间高度范围（橙色到绿色）的组织，需要从关注产品目标（进度、成本、范围）转变为关注客户并倾听客户的声音。如果组织过于关注实现产品的项目管理目标，那么向着以客户为中心的方向发展就是一项强有力的举措。所有敏捷方法在本质上都包含以客户为中心的方法，尽管有些组织可能不会以这种方式实践；相反，如果组织已经运行在以客户为中心的级别上，那就太棒了！下一步的工作是进一步转向以组织为中心的方法，这样一来，不仅客户的声音能被聆听到，系统中所有的声音都能被听取并被纳入考量。

采取少量面向组织驱动的产品开发新实践。采取何种实践以及如何使用这些实践取决于起点（来自评估行动）。如果一开始就从以目标为中心的地方入手，则可能很难一下子就达到以组织为中心的级别，因此应该瞄准以客户为中心这样的中间级别。从某种程度上讲，我们推崇这种渐进式的方法，因为对于橙色文化的组织来说，相比让他们关注整个组织，关注客户更容易一些。如果组织已经能稳定地以客户为中心，那么通过定义更为广泛的产品负责人团队的职能，采用诸如深度民主的变革促进技术，实施跨边界实践，就可以一步步地迈向以组织为中心的级别。

- 将每个人的声音视为系统的一部分。

- 创建并提供变革的容器。

- 深度实践民主。

- 采用跨边界实践（特别是协调、反思、联结和动员）。

- 建立产品负责人委员会。

行动 4：不断进化的适应性架构

确定当前适应性架构的性能。该项行动同样也是评估的一部分，它应该在开始实施干预之前得到解决。你可以在多个可能的地方对组织结构、政策以及 / 或者治理着手进行研究。尝试确定最高的杠杆点，以便增强组织结构的适应性，提高组织与敏捷哲学的契合度，例如，通过围绕价值流进行调整。我们也许会提出下面这几个问题：

- 组织能否支持并提供产品流动的可见性？它是否能围绕价值流进行对齐？

- 组织结构以什么样的方式赋能或限制价值的流动？

- 面对不断变化的环境条件，组织结构的转换和适应能力怎么样？

- 当前流程的精益程度如何，这将如何影响到组织的敏捷性？

- 组织的治理方法怎样影响转型的适应性？

接下来，根据评估结果选出一个要关注的目标区域并尝试进行一些实验。我们建议你刚开始的时候只选取一个区域：可以是某个特定范围内的组织结构或者是围绕敏捷哲学的政策对齐（绩效管理和资金可能是有价值的两个目标），也可以是一些有关组织成套的产品组合的治理。以下是一些可能的干预措施。

- 围绕自然存在的价值流，对指定领域进行重组。

- 重新对产品组合中比重足够大的那部分设计治理流程与结构，以方便查看效果。

- 在规模相当大的业务单元里，对一些关键政策启动调整计划。

行动 5：不断进化的系统复杂性

评估当前的文化第一步，从"我们"象限出发，对现有组织文化进行评估。同时，参照那些有利于促进敏捷、有利于组织实现敏捷并且符合愿景的组织文化，看看它们之间的匹配程度。如果对自身组织文化的模因集合缺乏基本的了解，例如琥珀色－橙色（Amber-ORANGE），橙色－绿色（ORANGE-Green）或橙色－绿色（Orange-GREEN）②，那就很难知道接下来有可能会发生哪些事情，以及我们首先要关注什么。你可以在变革团队、敏捷转型社区以及其他关键利益相关者群体内部进行这项评估。

可以使用一个简单的卡片归类技术③来评估组织文化所处的高度，该活动大约需要 10~30 名参与者。每张卡片代表一个高度数值（为每个高度都提供相同数量的卡片，例如 5 张）。参与者需要对这些卡片进行数值排列，然后将它们各自归类（这种方式可以让我们为每个高度所分配到的数值计算总分）。例如，可以使用这样的数值来描述我们的组织：几乎总是（得 5 分）、有时候是（得 3 分）以及很少是（得 1 分）。表 10.1 为每个高度列出一些具有代表性的词汇，这些词汇可能会写到每个高度所对应的卡片上。

---

② 大写的颜色类型代表该组织的主导类型，小写的颜色类型代表其出发或走向的类型。例如橙色－绿色（ORANGE-Green）表示组织当前主要是成就－橙色，但正在向多元绿色发展；而橙绿色（Orange-GREEN）则表示组织原先是成就－橙色，但当前已经主要运行在多元绿色上。

③ 卡片归类技术是一种常用的工作方法。通过将一张张标有产品可能具有的特征、功能以及设计特点的卡片分发给用户，让他们按照对自己有意义的方式对这些产品分类。这种方法可以帮助我们快速、轻松地讨论并识别出用户最看重的事物并据此制定解决方案。

表 10.1 用来描述每一高度的关键词概念

高度	关键词
传统 - 琥珀色	• 传统 • 保守的 • 可预测性 / 结构化的 • 控制的 • 分层级的
成就 - 橙色	• 自由 / 自力更生 • 目标驱动 • 创新 • 责任制 • 理性成就
多元 - 绿色	• 平等 • 听取众人意见 • 多样性 • 敏感 / 联结 • 多元主义
进化 - 青色	• 有创造力的 • 自决权 • 系统的 • 自组织 • 目标驱动

从这些数据中，我们可以评估组织当前的文化模因栈。例如，15 位参与者对每个高度的 5 张卡片归类后计算并得到的分数如下 [④]：

- 琥珀色卡片得分：75 分

- 橙色卡片得分：264 分

- 绿色卡片得分：130 分

- 青色卡片得分：67 分

这个评分结果显示，该文化是橙色 - 绿色（ORANGE-Green），即原本是稳定的成就 - 橙色，但正在向多元 - 绿色演进。这个结果将影响到我

---

④ 此处具体的得分数值仅做示例。

们尝试使用敏捷的方式——也许可以强调时间和成本的节约，并谨慎利用正在出现的绿色元素，着重强调关系、共识以及想法和意见的多样性。

此外，为了更好地了解文化与关系，我们可能会提出如下问题：

- 领导团队是否能以身作则，为他们想要的文化行为做出表率？
- 有哪些政治因素在起作用？它如何作用于环境？
- 有哪些团体会对这项工作产生重大的影响？
- 组织的现有文化在哪些方面与敏捷价值观相一致？
- 弹性关系处在哪个级别：在人们的关系中，大家更偏向于交易还是更加以人为本？
- 在多大程度上，我们能进行跨组织边界的工作，从"我们还是他们"的思维模式转变为"我们一起"的思维模式并超越典型的"部门壁垒之战"？

10.4　小结

本章，我们立足于变革领导者需要具备的一系列能力框架，全面探讨了领导组织转型的话题，其中涵盖五项整合修炼，并且还特别强调了有意识变革。

10.5　结语

在本书伊始，我们将 IATF 称作"罗塞塔石碑"，可以在人们需要的不同观点、不同的上下文以及不同的敏捷转型方法之间进行转换。这种系统思维工具旨在帮助你看得更清楚，做得更有效。我们希望这个元框架对你来说已经是一个切实可行的框架，并且你将以更深入的方式运用它。

在我们撰写这本书的时候，我们的世界正面临着当前最为复杂的全球性挑战。新冠肺炎的大流行清楚地表明，我们每个人在人性、脆弱性以及为未来创造新愿景的潜力方面都是一样的。每个行业、每个国家以及所有人都受到了它的影响；我们现在所做的决定会对未来产生什么样的后果和结果，无人能全部知晓。然而，面对这种不确定性，我们依然要求领导者做出决定并采取行动。如果说有某些时候我们必须要提高自己的意识，那么非此刻莫属。

现在，我们每个人都应该继续在这个世界中不断地进化意识——通过我们的组织、我们的实践、我们的领导者以及为组织做出贡献的人。这个努力只能始于我们个人和集体，因为转型始终是一项内在工程。

转型，是我们改变游戏的方式。

参考文献

1. Anderson, Robert J. (2006). *The Leadership Circle ™ and Organizational Performance.* The Leadership Circle. https://jp-ja. leadershipcircle.com/wp-content/uploads/2018/03/ The-Leadership-Circle-and-Organizational-Performance.pdf

2. Anderson, Robert J. (2008). *The Spirit of Leadership,* Position Paper, theleadershipcircle. com.

3. Anderson, Robert J., & Adams, William A. (2016). *Mastering Leadership: An Integrated Framework for Breakthrough Performance and Extraordinary Business Results.* Hoboken, NJ: John Wiley & Sons.

4. Anderson, Robert J., & Adams, William A. (2019). *Scaling Leadership: Building Organizational Capability and Capacity to Create Outcomes That Matter Most.* Hoboken, NJ: John Wiley & Sons.

5. Anderson, R., & Garvey-Berger, J. (2019). *Integral Self Informed by Grace.* Coaches Rising Seminar.

6. Bánáthy, B. H. (1997). *A Taste of Systemics.* The Primer Project. http://www.newciv.org/ ISSS_Primer/asem04bb.html

7. Bateson, Gregory. (1979). *Mind and Nature: A Necessary Unity.* New York: Ballantine. 中译本《心灵与自然》，译者钱旭鸯

8. Beck, Don Edward, & Cowan, Christopher C. (1996). *Spiral Dynamics: Mastering Values, Leadership and Change.* Oxford, UK: Blackwell Publishing.

9. Beckhard, Richard. (2013). *Organization Development: Strategies and Models.* Reading, MA: Addison-Wesley.

10. Bertalanffy, Ludwig Von. (1968). *General System Theory: Foundations, Development, Applications.* New York: George Braziller.

11. Bertalanffy, Ludwig Von. (1974). *Perspectives on General System Theory.* Edgar Taschdjian, ed. New York: George Braziller.

12. Block, Peter. (2011). *Flawless Consulting: A Guide to Getting Your Expertise Used.* 3rd ed. San Francisco: Wiley. 中译本《完美咨询》，译者黄晓亮

13. Bradden, Gregg. (2019, November 7). *The Language That Will Change Our Future* [Video]. https://www.youtube.com/watch?v=8Y4K6TJoPUk

14. Burns, James MacGregor. (1978). *Leadership.* New York: Harper & Row.

15. Capra, Fritz. (1997). *The Web of Life: A New Scientific Understanding of Living Systems.* New York: Anchor.

16. Davidson, Mark. (1983). *Uncommon Sense: The Life and Thought of Ludwig von Bertalanffy, Father of General Systems Theory.* Los Angeles: J. P. Tarcher, Inc.

17. Ernst, Chris, & Chrobot-Mason, Donna. (2010). *Boundary Spanning Leadership: Six Practices for Solving Problems, Driving Innovation, and Transforming Organizations.* New York: McGraw-Hill Education.

18. Esbjörn-Hargens, Sean. (2010). *Integral Theory in Action: Applied, Theoretical, and Constructive Perspectives on the AQAL Model.* New York: SUNY Press.

19. Gardner, Howard. (1983). *Frames of Mind: The Theory of Multiple Intelligences.* Needham Heights, MA: Allyn & Bacon. 中译本《智能的结构》，译者沈致隆

20. Goldratt, Eliyahu. (1990). *Theory of Constraints: What Is This Thing Called Theory of Constraints and How Should It Be Implemented?* Great Barrington, MA: North River Press.

21. Graves, Clare. (1971). *How Should Who Lead Whom to Do What?* http://clarewgraves. com/articles_content/1971_ YMCA/1971_YMCA_ 10.html#fig1

22. Graves, Clare. (2005). *The Never Ending Quest.* Christopher Cowan & Natasha Todorovic, eds. Santa Barbara, CA: ECLET Publishing.

23. Hellinger, Bert. (1998). *Love's Hidden Symmetry: What Makes Love Work in Relationships.* Phoenix, AZ: Zeig, Tucker & Co.

24. *ICAgile®*. Enterprise Coaching Competencies. www.icagile.com

25. Integral Coaching Canada. https://www.integralcoachingcanada.com/icc-advantage/ coaching-method; https:// www.integralcoachingcanada.com/sites/default/files/pdf/ jitpintroduction.pdf

26. Joiner, Bill, & Josephs, Stephen. (2007). *Leadership Agility: Five Levels of Mastery for Anticipating and Initiating Change.* San Francisco: Josey-Bass.

27. Kegan, Robert. (1982). *The Evolving Self.* Cambridge, MA: Harvard University Press.

28. Kegan, Robert. (1994). *In Over Our Heads: The Mental Demands of Modern Life. Cambridge,* MA: Harvard University Press.

29. Kegan, Robert, & Lahey, Lisa. (2009). *Immunity to Change.* Cambridge, MA: Harvard Business Press.

30. Kotter, John. (1996). *Leading Change.* Boston: Harvard Business Review Press. 中译本《领导变革》，译者徐中

31. Kotter, J., & Heskett, J. (1992). *Corporate Culture and Performance.* New York: Simon and Shuster.

32. Laloux, Frederic. (2014). *Reinventing Organizations: A Guide to Creating Organizations Inspired by the Next Stage in Human Consciousness.* Brussels: Nelson Parker Publishing. 中译本《重塑组织：进化型组织的创建之道》，译者进化组织研习社

33. Larsen, Diana, & Shore, James. (2018). *The Agile Fluency Model* [Ebook]. https://www. agilefluency.org/ebook.php

34. Laszlo, Ervin. (1996). *The Systems View of the World.* Cresskill, NJ: Hampton Press.

35. Lavigne, Genevieve. (2011). *Self-Determination Theory.* https://journals.sagepub.com/ doi/pdf/10.1177/0146167211405995

36. Meadows, Donella, & Wright, Diana, eds. (2008). *Seeing Systems: A Primer.* White River Junction, VT: Chelsea Green Publishing.

37. *Organization and Relationship Systems Coaching (ORSC).* https://www.crrglobal.com/ courses.html

38. Oshry, Barry. (1995). S*eeing Systems: Unlocking the Mysteries of Organizational Life.* San Francisco: Berrett-Koehler Publishers.

39. Pruyn, Peter W. (2010, June 9). "An Overview of Constructive Developmental Theory Developmental Observer [Blog]. http://developmentalobserver.blog.com/2010/06/09/ an-overview-of-constructive-developmental-theory-cdt/

40. Regojo, Cecilio Fernández. (2016). *Organizational Constellations.* http://www. nasconnect.org/uploads/1/0/7/4/10746039/systemicmanagement-ebook.pdf

41. Ries, Eric. (2011). *Lean Startup: How Today's Entrepreneurs Use Continuous Innovation to Create Radically Successful Businesses.* New York: Crown Business. 中译本《精益创业》，译者吴彤

42. Rooke, David, & Torbert, William. (2005, April). "Organizational Transformation as a Function of the CEO's Developmental Stage." *Organization Development Journal* *26*(3), 86–105.

43. Schein, E. H. (1980). *Organizational Psychology.* 3rded. Upper Saddle River, NJ: Prentice-Hall. 中译本《组织心理学》，译者马红宇等

44. Schneider, William. (1994). *The Reengineering Alternative: A Plan for Making Your Current Culture Work*. Burr Ridge, IL: Irwin Professional Publishing.

45. Senge, Peter. (1990). *The Fifth Discipline: The Art and Practice of the Learning Organization*. New York: Doubleday. 中译本《第五项修炼》，译者张成林

46. Senge, Peter, et al. (2004). *Presence: Human Purpose and the Field of the Future*. New York: Society for Organizational Learning. 中译本《第五项修炼：终身学习者》，译者张成林

47. Snowden, David, & Boone, Mary. (2007, November). "A Leader's Framework for Decision Making." *Harvard Business Review, 85*(11), 68–76, 149.

48. Spayd, Michael, & Adkins, Lyssa. (2011). *Developing Great Agile Coaches: Towards a Framework of Agile Coaching Competency* [White paper]. Agile Coaching Institute. https://www.agilecoachinginstitute.com/wp-content/uploads/2011/08/Agile-Coaching-Competencies-whitepaper-part-one.pdf

49. Weinberg, Gerald. (1975). *An Introduction to General Systems Thinking*. New York: Wiley-Interscience. (2001 ed.: Dorset House). 中译本《系统化思维导论》，译者王海鹏

50. Wiener, N. (1967). *The Human Use of Human Being: Cybernetics and Society*. New York: Avon. 中译本《人有人的用处》，译者陈步

51. Wilber, K. (1995). *Sex, Ecology, Spirituality: The Spirit of Evolution*. Boston: Shambhala Publications. 中译本《性、生态、灵性》，译者李明

52. Wilber, K. (1996). *A Brief History of Everything*. Boston: Shambhala Publications.

53. Wilber, K. (2000a). *A Theory of Everything: An Integral Vision for Business, Politics, Science and Spirituality*. Boston: Shambhala Publications. 中译本《万物简史》，译者许金声

54. Wilber, K. (2000b). *Integral Psychology: Consciousness, Spirit, Psychology, Therapy.* Boston: Shambhala Publications. 中译本《整合心理学》，译者聂传炎

55. Wilber, K. (2006). *Integral Spirituality: A Startling New Role for Religion in the Modern and Postmodern World.* Boston: Integral Books. 中译本《灵性的觉醒》，译者金凡

56. Wilber, K., Patten,T., Leonard, A., & Morelli, M. (2008). *Integral Life Practice: A 21st-Century Blueprint for Physical Health, Emotional Balance, Mental Clarity, and Spiritual Awakening.* Boston: Shambhala Publications. 中译本《生活就像练习》，译者金凡

57. Zenger, John, & Folkman, Joseph. (2009). *Extraordinary Leaders: Turning Good Managers into Great Leaders.* New York: McGraw-Hill.

《非凡敏捷》读后感

——致敬那些敏捷布道者

文 / 伍雪锋

"当你这么想的时候，你一定要开始这么做。

当你这么做的时候，你一定要坚信能做成。

当你真做成的时候，你一定要记得去分享。

敏捷布道者不是一种职业，而是一种生活态度。"

回首过去十年，我很感激敏捷带给我的美好。回顾 2024 年 7 月 25 日大暑这一天，我很开心和大家分享了《非凡敏捷》。此时此刻，我想再一次致敬非凡，致敬每一个勇于在非凡与平凡之间自由切换的你我他。

《非凡敏捷》不同于我之前看过的讲敏捷的书，说实话，幸亏有之前的心理学和教练技术打底，使我不至于把看书变成"啃书"，有滋有味的那种。

作者在书中讲到了整合敏捷转型框架（IATF）的缘起。基于对敏捷转型现状的诊断，两位作者进一步追根溯源，去拆解决定敏捷转型成败的关键动因。组织 / 项目 / 团队 / 个体的敏捷成熟度如何，这四个对象分别有哪些隐含的假设。合上书之后，我尝试着简单呈现一下我对《非凡敏捷》一书的理解。

话说某天夜观天象，我突然被灵感击中：企业的竞争本质上是管理上的竞争。在忽略资源的前提下，管理中的人和事，按照 MECE 原则，横向可以拆解为人和事，纵轴可以拆解为个体和集体。至于人，可以继续拆解为我和我们；至于事，可以进一步分为我的事和我们的事。就这样，《非凡敏捷》的两位作者通过整合敏捷转型框架（IATF）把4个视角、4个阶段、4个发展路线、4个关键要素完美融会贯通。

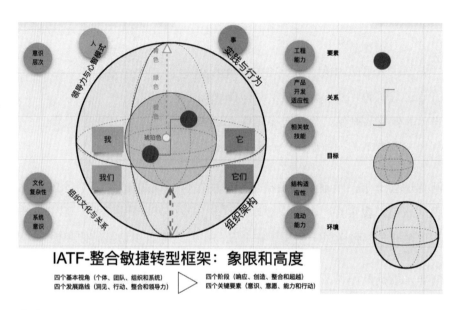

瞧瞧！《非凡敏捷》提出看似平凡其实不凡的5W1H六大重磅问题：

- Why 为何变——现状分析，威胁与机遇

- What 变什么——愿景、目标、范围

- Who 谁来变——领导、团队（内/外）

- When 何时变——变革计划、启动时机

- Where 切入点——业务模块、试点选取

- How 如何变——重要的策略、方法

基于这些核心问题，两位作者提出了自己的核心主张：整合心理学＋合弄＝整合敏捷转型框架。在"人"和"事"的四个象限中，我们知道"事"有其价值，但我们更倾向于"人"的价值，做"事"之前，看见的是"人"。然而，何为看见？何为被看？何为看见自己被看？正所谓《威尼斯商人》中鲍西娅看见巴萨尼奥时的内心 OS："我眼中的我不是我，他人眼中的我不是我，我眼中的他人才是我自己。"

分享完成后，我的脑海中涌现出两个关键词：眼中有人和厚德载物。

- **眼中有人**：两位作者可谓是人间清醒，深知在软件的这个领域里，管理实践和工程实践的背后是一个个活生生的人，当组织的变革代理人眼里没有人时，所有的动作都会变形，这个代理人的下限会成为敏捷效果的上限。

- **厚德载物**：当变革代理人发现了自己的隐含假设，看见了团队的隐含假设，看见了组织的隐含假设，鼓起勇气重构了那些看不见的结构（组织架构、流程、沟通方式、绩效考核），也就重构了组织的工作流程，正所谓看不见的结构决定看得见的内容。

瞧瞧，两位作者根据十多年的观察和实践，发现了决定敏捷转型成败的关键因素——领导者的操作系统（LOS）以及知与行的重要性（being agile over doing agile）。

想想，组织为什么要导入敏捷呢？提效降本是最大的动因，这个目标受限于整个组织内外部环境。除了敏捷变革的目标，组织还有业务增长、技术创新等目标，作为变革代理人，必然要管理组织变革发起人的期望，在既要、又要、且要和还要的条件下，区分什么是需求，什么是要求，同时还要对需求做好优先级排序、向上充分表达变革的要求，以及要有敢于说不的勇气。如果你想走捷径，更快成为精通心理学、变革管理和转型领导力的变革代理人，《非凡敏捷》可以帮助你进入认知升维的快车道。

亲爱的读者，我在分享中提出的两个小问题（组织导入的是什么敏捷框架？从哪些基本视角衡量敏捷的成效？），还没有来得及回应，下半场《一蓑烟雨任平生》就开始啦！如果你有答案，不妨加入我们的共读群。一个人读，可以读得很快，一群人共读可以把书从厚到薄，从薄到厚，美妙的共创时间，集体潜意识会帮助留下很多记忆。

变革的本质是流动，一场认知的双向流动，一场情感的双向流动，更是一场情绪和价值的双向流动，共读《非凡敏捷》就是平凡和非凡的双向流动，快来加入我们这个流动的场域吧！

关于自动驾驶与本自具足

文 / 李杰鹏

《非凡敏捷》第 7 章提到"自动驾驶模式"，由此想到我们对习惯的理解。

对于习惯，有很多人表达过不少的观点，例如，大卫·休谟说："习惯就是人生的最大指导。"而且，他认为因果律不过是建立在习惯上的心理联想。这个观点给了康德极大的触动。又如，威廉·詹姆斯说："习惯是社会的巨大飞轮，是最宝贵的传统影响力，它仅凭一己之力就把我们限定在法令的纽带之中。"另外，约翰·杜威如是说："人既非理性的生物，也非本能的生物，而是习惯的生物。"

习惯是有机体与环境（自然环境、社会环境）交互作用的产物。习惯本身是不可改变的，我们说谁谁谁改变了习惯，事实上是指他 / 她建立了新的习惯、导致原有的习惯不复存在；新习惯的建立仍以既有习惯为基础，除了有机体的最初阶段，这个阶段依赖于本能的冲动；不管是有意识还是无意识建立的新的习惯，都是有机体与环境交互作用的产物；觉察是指对有机体和环境交互作用的关系的觉察，否则觉察多半是原地打转。我们这里提到的有机体指的是个体、团体和群体。习惯对于思想，有两种看似矛盾的影响，其一是习惯解放了思想，其二是习惯禁锢了思想。

"本自具足"是一种人生智慧。例如，六祖开悟时所说："何其自性，本自清净；何其自性，本不生灭；何其自性，本自具足；何其自性，本不动摇；何其自性，能生万法。"由此，又联想到西方哲学中理性的概念，从柏拉图的理念论，到笛卡尔的"我思故我在"，再到黑格尔的绝对精神，理性孕育于古希腊的经验传统中，经过苏格拉底的"助产"，逐渐从屠龙少年而终成恶龙。我们人生活在现实之中，人是感性的人，从事着感性的实践活动。我们人在连续的、有节奏的、有高潮、有低谷的过程中活动，在这个过程中形成和发展着我们人的心灵。若在现实中欲而不得，有一部分人便会转而寻求心灵的庇护所。